図解入門
How-nual
VisualGuideBook

よくわかる最新
PMBOK
第5版の基本
ピンボック

プロジェクトマネジメントを基礎から学ぶ

品質・コスト・納期の徹底管理

鈴木安而 著

秀和システム

●注意
(1) 本書は著者が独自に調査した結果を出版したものです。
(2) 本書は内容について万全を期して作成いたしましたが、万一、ご不審な点や誤り、記載漏れなどお気付きの点がありましたら、出版元まで書面にてご連絡ください。
(3) 本書の内容に関して運用した結果の影響については、上記(2)項にかかわらず責任を負いかねます。あらかじめご了承ください。
(4) 本書の全部または一部について、出版元から文書による承諾を得ずに複製することは禁じられています。
(5) 本書に記載されているホームページのアドレスなどは、予告なく変更されることがあります。
(6) 商標
　　PMI®は、Project Management Instituteの登録商標です。
　　PMPは、PMIの登録商標、または商標です。
　　PMBOK®は、PMIの登録商標です。
　　その他本書に記載されている会社名、商品名などは一般に各社の商標または登録商標です。

はじめに

　1940年代に近代的なプロジェクトが始まって、はや70余年が経ちました。当時は管理工学のひとつとして扱われていたプロジェクトが発展して、各国で標準化を目的とした活動が進められてきました。今やそのマネジメント手法が確立したものとして、各国の手法がまとめられ、国際標準としてISO21500を制定することが決定され、8年余の検討の結果、2012年8月に内容が発表されました。

　本書は、プロジェクトとプロジェクトマネジメントの歴史を振り返りながら、その礎となった『プロジェクトマネジメント知識体系ガイド』、いわゆるPMBOKガイドの基礎と要点を平易に解説します。

　PMBOKガイドそのものは、米国プロジェクトマネジメント協会より、英語版以外に日本語を含め世界10ヶ国語に翻訳されて出版されていますが、なかなか理解困難な表現となっているのが実情です。その要因として、専門用語が多い、カタカナ用語が多い、翻訳が直訳型である、などと指摘されています。翻訳では、英語と日本語とは一対一の関係にはなりにくく、さまざまな翻訳の制約条件のなかで、本来の意味を正しく伝えることは非常に困難です。

　本書では、著者の『PMBOKガイド第5版』翻訳・監訳チーム・リーダーとしての経験を活かして、本来の意味を伝えられるようにかみくだいて解説し、なるべく一般用語と対比させて理解しやすいように表現しました。さらに、イメージしやすいように図解したことによって、初心者からベテランまでPMBOKガイドの本質が理解可能となりました。

　また、PMBOKガイドを単純に解説しただけでなく、本書には実際のプロジェクトを進めるにあたってのヒントやノウハウがたくさん詰まっており、特に第6章以降では、具体例としてIT系プロジェクトの進め方について、プロジェクトの立上げから終結までを紹介しています。

　プロジェクトには、似たものはあっても、同じものが存在しません。従って、初心者には本書を活動の目安のひとつとして、あるいはベテランには振り返り用として、日々のプロジェクト活動の参考書としてお役にたてていただければ幸いです。

平成25年7月著者

よくわかる
最新PMBOK第5版の基本
CONTENTS

第1章 PMBOKガイド総論

- 1-1 PMBOK ガイドの目的 …………………………………… 10
- 1-2 PMBOK ガイドと PMI ………………………………… 14
- 1-3 プロジェクトマネジメントの4つのガイド ………… 16
- 1-4 他の標準との相互関係 ………………………………… 20

第2章 プロジェクトとプロジェクトマネジメント

- 2-1 プロジェクトの定義 …………………………………… 24
- 2-2 プロジェクトの特性 …………………………………… 26
- 2-3 プロジェクトマネジメントとは ……………………… 30
- 2-4 マネジメント・プロセスと成果物指向プロセス …… 32
- 2-5 フェーズ構成 …………………………………………… 36
- 2-6 テーラリング …………………………………………… 39

第3章 プロジェクト・マネジャーの役割

- 3-1 職務 ……………………………………………………… 42
- 3-2 コンピテンシー ………………………………………… 44
- 3-3 ステークホルダー・マネジメント …………………… 47
- 3-4 PMI の倫理規定 ………………………………………… 49

第4章 プロジェクトと組織

- 4-1　組織体の環境要因 …………………………… 52
- 4-2　プロジェクトマネジメントと定常業務マネジメント … 54
- 4-3　プロジェクト体制 ……………………………… 58
- 4-4　PMO …………………………………………… 60
- 4-5　組織のプロセス資産 …………………………… 62

第5章 10の知識エリア

- 5-1　プロジェクト統合マネジメント ……………… 66
- 5-2　プロジェクト・スコープ・マネジメント …… 69
- 5-3　プロジェクト・タイム・マネジメント ……… 71
- 5-4　プロジェクト・コスト・マネジメント ……… 74
- 5-5　プロジェクト品質マネジメント ……………… 77
- 5-6　プロジェクト人的資源マネジメント ………… 79
- 5-7　プロジェクト・コミュニケーション・マネジメント … 81
- 5-8　プロジェクト・リスク・マネジメント ……… 83
- 5-9　プロジェクト調達マネジメント ……………… 85
- 5-10 プロジェクト・ステークホルダー・マネジメント …… 87

第6章 5つのプロセス群……立上げ

- 6-1　5つのプロセス群 ……………………………… 90
- 6-2　プロジェクト憲章作成 ………………………… 95
- 6-3　ステークホルダー特定 ………………………… 98
- 6-4　PMBOKガイドとIT系プロジェクト運用例
  　　　①立上げ ……………………………………… 100

第7章 5つのプロセス群……計画（1）

- 7-1 プロジェクトマネジメント計画 …………………… 108
- 7-2 スコープ・マネジメント計画 ……………………… 111
- 7-3 要求事項収集 ………………………………………… 113
- 7-4 スコープ定義 ………………………………………… 116
- 7-5 WBS 作成 …………………………………………… 119
- 7-6 スケジュール・マネジメント計画 ………………… 122
- 7-7 アクティビティ定義 ………………………………… 125
- 7-8 アクティビティ順序設定 …………………………… 128
- 7-9 アクティビティ資源見積り ………………………… 130
- 7-10 アクティビティ所要期間見積り …………………… 132
- 7-11 スケジュール作成 …………………………………… 136
- 7-12 コスト・マネジメント計画 ………………………… 140
- 7-13 コスト見積り ………………………………………… 142
- 7-14 予算設定 ……………………………………………… 145

第8章 5つのプロセス群……計画（2）

- 8-1 品質マネジメント計画 ……………………………… 150
- 8-2 人的資源マネジメント計画書作成 ………………… 153
- 8-3 コミュニケーション・マネジメント計画 ………… 156
- 8-4 リスク・マネジメント計画 ………………………… 159
- 8-5 リスク特定 …………………………………………… 162
- 8-6 定性的リスク分析 …………………………………… 165
- 8-7 定量的リスク分析 …………………………………… 168
- 8-8 リスク対応計画 ……………………………………… 171
- 8-9 調達マネジメント計画 ……………………………… 174
- 8-10 ステークホルダー・マネジメント計画 …………… 178
- 8-11 PMBOK ガイドと IT 系プロジェクト運用例
  ②計画 ………………………………………………… 180

第9章 5つのプロセス群……実行

- 9-1 プロジェクト作業の指揮・マネジメント …………… 190
- 9-2 品質保証 …………………………………………… 193
- 9-3 プロジェクト・チーム編成 ………………………… 196
- 9-4 プロジェクト・チーム育成 ………………………… 199
- 9-5 プロジェクト・チーム・マネジメント …………… 202
- 9-6 コミュニケーション・マネジメント ……………… 206
- 9-7 調達実行 …………………………………………… 209
- 9-8 ステークホルダー・エンゲージメント・マネジメント
  …………………………………………………………… 212
- 9-9 PMBOKガイドとIT系プロジェクト運用例
  ③実行 ………………………………………………… 215

第10章 5つのプロセス群……監視・コントロール

- 10-1 プロジェクト作業の監視・コントロール ………… 222
- 10-2 統合変更管理 ……………………………………… 225
- 10-3 スコープ妥当性確認 ……………………………… 228
- 10-4 スコープ・コントロール ………………………… 231
- 10-5 スケジュール・コントロール …………………… 234
- 10-6 コスト・コントロール …………………………… 237
- 10-7 品質コントロール ………………………………… 240
- 10-8 コミュニケーション・コントロール …………… 243
- 10-9 リスク・コントロール …………………………… 246
- 10-10 調達コントロール ……………………………… 249
- 10-11 ステークホルダー・エンゲージメント・コントロール
  …………………………………………………………… 252
- 10-12 PMBOKガイドとIT系プロジェクト運用例
  ④監視・コントロール …………………………… 254

第11章 5つのプロセス群……終結

11-1 プロジェクトやフェーズの終結 …………………… 262
11-2 調達終結 ……………………………………………… 265
11-3 ドキュメント作成 …………………………………… 267
11-4 PMBOKガイドとIT系プロジェクト運用例
　　　⑤終結 ……………………………………………… 269

　　　参考文献一覧 …………………………………………… 274
　　　著者紹介 ………………………………………………… 275
　　　索引 ……………………………………………………… 276

コラム目次

ステークホルダーの扱い方のノウハウ ……………………………… 64
近代プロジェクトの歴史①マンハッタン計画 …………………… 73
近代プロジェクトの歴史②アポロ計画 …………………………… 76
動機付け理論①マグレガーのXY理論 ……………………………… 118
動機付け理論②期待理論 …………………………………………… 124
スケジュールで考える全体最適と個別最適 ……………………… 148
動機付け理論③ハーツバーグの動機付け理論 …………………… 167
動機付け理論④マズローの欲求5段階説 ………………………… 211
クリティカル・チェーン法（CCM）……………………………… 230
主なリスク特定手法 ………………………………………………… 233
マネジメント能力の強化 …………………………………………… 260
保管すべき資料の例 ………………………………………………… 264

第1章

PMBOKガイド総論

現代では、ソフトウェア開発から社会インフラまで、さまざまなものがプロジェクトマネジメントのもとで作られています。プロジェクトマネジメントとはどのようなものなのでしょうか。この章では、PMBOKガイドについての目的や歴史、基本的な概念や他の標準との関係、発行元の米国プロジェクトマネジメント協会などについて解説します。

1-1

PMBOK ガイドの目的

PMBOK ガイドは、「プロジェクトマネジメント知識体系」(Project Management Body of Knowledge) の略語で「ピンボック」と発音します。この節では、まずは PMBOK ガイドとは何かを解説します。

▶▶ PMBOKガイドは世界標準

　PMBOK ガイドは、当初、建設業と製薬業におけるプロジェクトマネジメント業務の標準化をめざして、1987 年に米国プロジェクトマネジメント協会 (PMI) から発刊されました。以後、世界中のより広い分野のプロジェクトマネジメントから得られた知見や優れた実務慣行を収集、プロジェクト実務担当者からフィードバックを受け改定されて続けています。プロジェクトマネジメントは PMBOK ガイドの登場で、より多くのシーンで用いられるようになりました。

　なお、「優れた実務慣行」とは、「プロジェクト実務担当者が有益であると認めている、多くのプロジェクトに適用可能な実務慣行」を意味します。そこから PMBOK ガイドは、プロジェクトマネジメントの世界標準といわれています。その内容は、さまざまなプロジェクトにおける成功事例の集大成で、ほとんどのプロジェクトに適用できるように体系的に記述してあります。従って PMBOK ガイドは、新たにプロジェクトを開始する際に、「他社の例はどうか」、「よい参考事例はないか」などと探し回らずに済む、手軽に参照できる事例集といえます。さらに PMBOK ガイドは、「概念化」＊の考え方を元に標準化されており、プロジェクト実務者にとっては最良の参考書です。プロジェクトは開始後に初めて認識される問題もありますが、PMBOK ガイドを参照することによって、プロジェクトをうまく進める手掛かりが得られるのです。

▶▶ PMBOKガイドはプロジェクトマネジメントの羅針盤

　PMBOK ガイドは、非常に広範囲な知見を含んでいます。実際には、業種や適用分野ごとにさまざまなプロセスや手法に特徴があり、それらをすべて記載すると膨大な量になってしまいます。そこで、適用される各分野に共通する考え方や手法を

＊概念化　対象となる物事を個々の構成要素に分解し、さらに他の事柄との共通点や相違点あるいは因果関係や相関関係について考察すること。

集めて「ガイド」としました。従ってPMBOKガイドの内容は、広く一般に認められたものとして、ほとんどの業種に適用できます。

「ガイド」はプロジェクトを進める上での指針ということです。決して強制するものではありません。定められたルールや規制は順守しなければならない事項ですが、ガイドは参考書として活用するものです。つまりPMBOKガイドはあくまで指針です。それでも特定のプロセスや技法を活用してプロジェクトを進めることもあると考え、PMIではいくつかの分野でPMBOKガイドの拡張版を発刊しています。

ルールとガイドの違い

ガイド	ルール
●合意が形成され、公認団体により承認された文書 ●活動や所産に対する規則、指針、特性を共通的に繰り返し使用できるように規定 ●所定の環境のもとで最適な結果を実現することが目的	●政府が課す要求事項で、関連行政機関を含め、製品、プロセス、サービスの特性を指定し、順守すべきもの
●推奨されるアプローチを記述する指針 ●広く採用されるにつれ、規制と同様に一般に受け入れられるようになる	●さまざまな組織レベルが順守を強制する ・政府機関 ・母体組織のマネジメント ・プロジェクトマネジメント・チーム

▶▶ PMBOKガイドはPMP資格試験の主たる出題範囲

　PMBOKガイドは、プロジェクトマネジメント・プロフェッショナル（PMP）の資格を認定するための基本的な学習書であり、共通概念や共通用語を定義し、プロジェクトマネジメントの世界での標準テキストとしての役割を担っています。共通概念や共通用語を決めておくことは非常に重要です。言語や文化の違いによる誤解は、国家間だけでなく業界・企業慣行によっても発生します。それらの問題を未然に防ぐため、共通な用語や概念の明確な定義が必要となります。

　PMP資格試験ではPMBOKガイドの用語が採用されています。PMBOKガイドにおける概念とプロセスの目的や活動、そしてプロセスのためのインプット情報、ツールと技法、およびアウトプット情報が出題されます。さらに、知識だけでなく経験が試される内容で、多様な場面におけるプロジェクト・マネジャーとして

1-1 PMBOK ガイドの目的

の意思決定や行動のあり方が出題されます。さらに出題内容は応用的なものが多く、PMBOK ガイドを丸暗記すればよいものではなく、基本的な考え方をしっかり身に付けることが重要です。PMBOK ガイド以外からは、人間関係などの一般的なマネジメント・スキルや、PMI の倫理規定[*]が出題されます。

プロセス群の出題数

番号	出題範囲	プロセス数	出題率
1	立上げプロセス群	2	13%
2	計画プロセス群	24	24%
3	実行プロセス群	8	30%
4	監視・コントロール・プロセス群	11	25%
5	終結プロセス群	2	8%
合計		47	100%

▶▶ PMP資格試験の出願条件

　PMP 資格試験の受験のためには、表「PMP 受験申請の要件」にあるような、プロジェクト・マネジャーとしての経験、あるいは同等の実務経験が必要です。さらに公式な学習時間として 35 時間が必要となります。実際の試験問題の内容は、PMBOK ガイドの内容に加え、プロジェクトの実務者としての幅広い知識と経験が試されます。

　なお、PMP とは別の資格試験として CAPM（Certified Associate in Project Management）があります。CAPM は、プロジェクト・マネジャーとしての実務経験は不要であり、プロジェクト・メンバーや経験の浅いマネジャー、さらに学生を対象として、経験や知識の度合いを図るものです。

　PMP と CAPM は日本語で受験可能で、プロメトリック社のコンピューター・ベース（CBT）試験として随時受験可能です。詳細は PMI 日本支部のホームページ[*]を参照してください。

＊倫理規定　「第 3 章 プロジェクトマネージャの役割」で解説。
＊PMI 日本支部のホームページ　URL https://www.pmi-japan.org/

1-1 PMBOKガイドの目的

PMP受験申請の要件

両方の条件を満たすこと	内容
条件1 35時間以上のプロジェクトマネジメントに関する学習実績があること。	●プロジェクトマネジメントに関する研修受講の書面による証明 ●大学での授業、企業内研修、外部セミナー、講習会などが対象 ●研修名、研修場所、実施日及び内容に関するリストを用意する ●学習期間に制限はないが、提出書類に詳細に明記すること ●学習内容がPMBOKガイドの10の知識エリアに関連していること
条件2 プロジェクトマネジメントの指導・監督する立場での経験があること。なお、経験の基準は次のa)、b)のカテゴリーに分類され、いずれかを満たす必要がある。	a) カテゴリー1 ・大学卒業（学士）以上で、以下の条件をすべて満たすこと ・プロジェクトマネジメント経験が4,500時間以上あること ・過去8年間以内に3年間（36ヶ月）以上にわたること ・異なるプロジェクトで重複する期間は算入しない ・PMBOKガイドの5つのプロセス・グループに関連すること b) カテゴリー2 ・高校卒業又はそれに準じ、以下の条件をすべて満たすこと ・プロジェクトマネジメント経験が7,500時間以上あること ・過去8年間以内に5年間（60ヶ月）以上にわたること ・異なるプロジェクトで重複する期間は算入しない ・PMBOKガイドの5つのプロセス・グループに関連すること

CAPM受験申請の要件

条件	内容	
対象	プロジェクト・チームメンバー、新人のプロジェクト・マネジャー、大学生、大学院生	
受験資格	高校卒業の資格、またはそれに同等にあたるものを保有していること。 さらに次のa)、b)のいずれかを満たす必要がある。	a) プロジェクト・チームでの1,500時間の経験 b) 23時間の公式なプロジェクトマネジメントの研修の受講

1-2

PMBOK ガイドと PMI

米国生まれの PMBOK ガイドは、時代に要求にあわせて変遷してきています。この変遷の歴史と内容を理解しておくことは、日々変化の激しいプロジェクトマネジメントの実務にきっと役立つと思います。

▶▶ PMBOKガイドの誕生

PMI が設立されたのは 1969 年のことです。建設業と製薬業の異なる分野のプロジェクトに多くの共通点がある、という観点から 5 人のボランティアによって米国ペンシルバニア州に協会が設立され、文書化のための調査・研究が開始されました。1976 年頃には、プロジェクトマネジメントの実務慣行を標準化できるのではないか、との考え方が世の中に広まってきました。このことからプロジェクトマネジメントという職業が始まったといわれています。実際に概念化され定義されたのは 1981 年のことでした。ここで議論になったのは次の 3 点です。

- 実務専門家の持つべき明確な特性（倫理）
- 専門分野の知識体系の内容と構造（標準）
- 専門家の業績の認知（認証）

この議論の結果は 1983 年に発表されました。

- 倫理規定および規定実施手順
- 6 つの知識エリアからなるベースライン（スコープ*、タイム、コスト、品質、人的資源、コミュニケーション）
- 認証（教育機関が提供するプログラム品質の認定：REP）と資格認定（個人の職業資格の認定：PMP）のガイドライン

さらに、リスクと契約・調達の 2 つの知識エリアが追加され、1987 年に初めて「プロジェクトマネジメント知識体系（PMBOK）」という名称で出版されました。

▶▶ PMBOKガイドへの発展

その後も改訂が続けられ、1996 年には名称も「プロジェクトマネジメント知識体系ガイド」と変更されました。この内容が現在の PMBOK ガイドの原型となり、

---

*スコープ 「5-2 プロジェクト・スコープ・マネジメント」で解説。

9つの知識エリアとプロセス群が定義されました。

　名称が「ガイド」に変更された理由は、PMBOK ガイドがプロジェクトマネジメント知識体系のすべてを規定するものではないことを強調するためです。その他、用語の定義を明確にし、「プロジェクトとは、独自のプロダクトやサービスを創造するために実施される有期的な業務である」というプロジェクトの定義を提示しています。日本語への翻訳が始まったのもこの 1996 年度版からです。

　この後は 4 年ごとに改訂され、第 5 版では、知識エリアがひとつ増えて 10 となりプロセス数も 47 となりました。これは 2012 年に発表された、プロジェクトマネジメントに関する国際標準としての ISO21500 に準拠するためと、さらなる改善のためです。

PMBOK ガイド関連年表

年号	プロジェクトマネジメント関連事項
1942年	「マンハッタン・プロジェクト」原子爆弾の開発
1967年	国防総省（DoD）調達規定制定 DoD5000
1969年	「アポロ計画」（NASA）
1969年	プロジェクトマネジメント協会設立（PMI）
1987年	PMBOK 発刊（PMI）
1996年	PMBOK ガイドとして大幅改定（PMI）
2000年	PMBOK ガイド第 2 版発刊（PMI）
2004年	PMBOK ガイド第 3 版発刊（PMI）
2008年	PMBOK ガイド第 4 版発刊（PMI）
2012年	PMBOK ガイド第 5 版発刊（PMI）

▶▶ PMI情報

　PMI は会員制で、誰でも会員になれます。会費は、入会した年で入会金＄10 をあわせて＄139 です。3 年後の継続時に＄129 必要になります。日本支部会員になるためには別途＄50 が必要です。なお、PMI の会員にならないと日本支部の会員にはなれません。2013 年 4 月現在の会員数と PMP 資格保持者の人数を次に示します。

PMI 会員	世界 424,657 人	日本支部会員	3,179 人
PMP 資格保持者	世界 537,413 人	日本在住	30,448 人

1-3
プロジェクトマネジメントの4つのガイド

PMIからはPMBOKガイド以外にも4つのガイドが刊行されています。ポートフォリオマネジメント、プログラムマネジメント、組織的プロジェクトマネジメント成熟度モデル、プロジェクト・マネジャー・コンピテンシー開発体系の順に解説します。

❶ポートフォリオマネジメント標準

プロジェクトマネジメントでは、個々のプロジェクトや関連業務、さらにそれらをまとめたプログラムマネジメントの集合体を「プロジェクト・ポートフォリオ」と呼んでいます。そして組織全体として、「どのプロジェクトを選択して運営し、組織の戦略目標の達成に貢献するか」をマネジメントする枠組みをポートフォリオマネジメントといいます。ポートフォリオマネジメントは、組織戦略に基づき、図にあるような条件、例えば「環境変化への対応」や「戦略的・定常的目標の達成」などを考慮し、いわゆる「選択と集中」を行い、個々のプロジェクトやプロジェクトからの成果物の活用状況などを監視して、ビジネス目標の達成に貢献するように働きかけを行います。

プロジェクト・ポートフォリオの構築

- 戦略計画によって伝達
- 事業遂行のために継続実施
- 環境変化への対応
- 優先順位付けされた戦略的、定常的なプログラムとプロジェクト
- 戦略的、定常的目標の達成

組織戦略と目標
定常業務計画／戦略計画
施策
プロジェクト・ポートフォリオ
組織の資源

❷プログラムマネジメント標準

　プログラムマネジメントは、「プログラムの戦略目標と成果価値を達成するために、プログラム全体の調和を保ちつつ一元的にマネジメントすること」と定義されています。プログラムとは、下の図のように相互に関係する複数のプロジェクトを構成要素として集めたもので、担当する部署の責任者をプログラム・マネジャーといいます。プログラム・マネジャーは、プロジェクトに対する総合的なガバナンス（統制）活動を担い、プログラム目標全体に責任を持ちます。そして個々のプロジェクトの成果をベネフィット（成果価値）とし、プログラムマネジメントから総合的なベネフィットを生み出します。なお、プログラム・マネジャーの責任はプログラム全体の目標達成にあり、個々のプロジェクトごとの目標達成よりも優先されます。

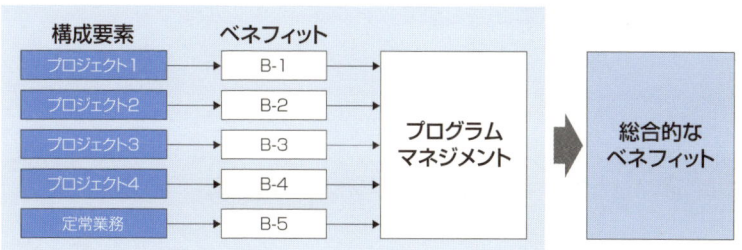

プログラムマネジメントの概念

プロジェクト、プログラム、ポートフォリオの関係

　プロジェクトは組織戦略の達成手段と位置付けされており、まずは組織戦略が必要です。その戦略に基づき、ポートフォリオマネジメントの活動によってプロジェクトが選定され実行されます。このポートフォリオープロジェクトのつながりが基本形です。なお、プロジェクトマネジメントでは、これにプログラムを加え、略してPPPと呼ぶこともあります。

　ポートフォリオの構成要素として複数のプロジェクトが設定されることがあり、その中で、いくつかのプロジェクトをグループ化できる場合があります（図「PPPの関係」参照）。そしてポートフォリオの下に、さらにポートフォリオが構成される場合があります。例えば企業全体の経営ポートフォリオがある場合に、その下にサービス・ポートフォリオを構成して、サービス関係のビジネスを遂行する場合です。

1-3 プロジェクトマネジメントの4つのガイド

一般的にサービス企画部門などがその任に当たることになります。その下にプロジェクトが設定されてサービス開発が行われるのです。同様にプログラムの下にプログラムが構成されることもあります。ポートフォリオやプログラムは開発を行いませんが、図にあるようにポートフォリオやプログラムの下位に位置付けられたプロジェクトが成果物を作成し、戦略目標達成に貢献します。

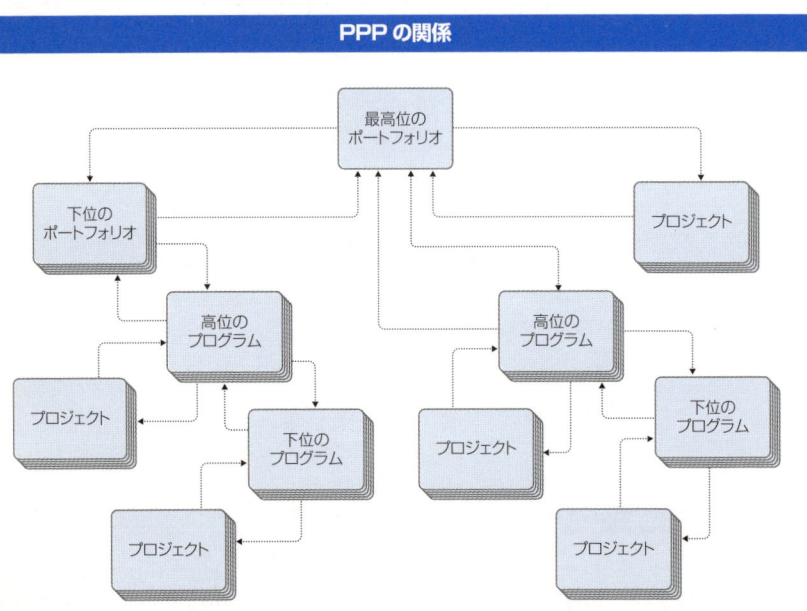

PPPの関係

❸OPM3

　OPM3（組織的プロジェクトマネジメント成熟度モデル）は、「組織が、ポートフォリオマネジメント、プログラムマネジメント、およびプロジェクトマネジメントを適切に運営しているかどうか」という観点で自己査定を実施して、継続的な改善活動を行うためのガイドです。500項目程度のベストプラクティスが評価項目として定義されているので、項目ごとにYes／Noの採点を行い、ポートフォリオ、プログラム、プロジェクトの3つのマネジメント領域ごとに得点を出します。その結果を分析し、組織の弱みを洗い出し改善活動を開始します。この活動を、デミング・サイクルと呼ばれる「プラン・ドゥ・チェック・アクション（PDCA）」の原理に基づいて継続的に実施することにより、組織全体のマネジメント能力強化を図ります。

❹PMCDF

PMCDF（プロジェクト･マネジャー･コンピテンシー開発体系）は、個々のプロジェクト・マネジャーの能力査定を行うためのガイドです。これにも600程度のベストプラクティスが評価項目として定義されているので、それに従って一人ひとりに対して項目ごとにYes／Noの採点を行い、結果を分析して対応策を実施します。この場合は、一人ひとりに対する追加トレーニングやメンタリング*なども計画されます。

OPM3とPMCDFによる組織とプロジェクト・マネジャーへの査定

OPM3
によるレビュー
・ポートフォリオマネジメント
・プログラムマネジメント
・プロジェクトマネジメント
組　織
PMCDF
によるレビュー
・プロジェクトマネジメント
プロジェクト･マネジャー

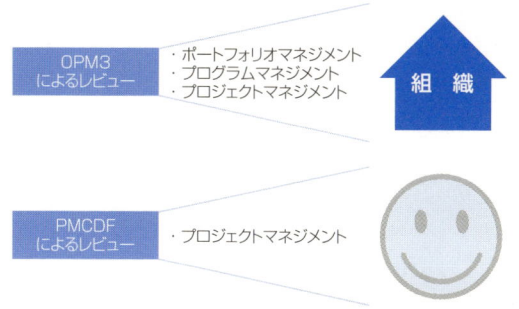

デミング・サイクル

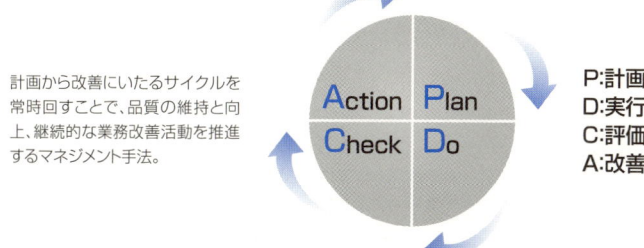

計画から改善にいたるサイクルを常時回すことで、品質の維持と向上、継続的な業務改善活動を推進するマネジメント手法。
Action
Plan
Check
Do
P:計画
D:実行
C:評価
A:改善

*メンタリング　人の育成・指導方法。指示や命令ではなく、メンター（Mentor）と呼ばれる指導者が、対話による気づきと助言で対象者を育成する。

1-4 他の標準との相互関係

PMIから刊行されている5つの標準の相互関係と、プロジェクトの上流といわれるBABOKガイドやシステム運用に関わるITILとの関係について解説します。

▶▶ PMIの5つの標準の関係

「1-3 プロジェクトマネジメントの4つのガイド」で解説したように、PMIではプロジェクトマネジメントの他に、ポートフォリオマネジメント、プログラムマネジメント、組織的プロジェクトマネジメント成熟度モデル、プロジェクト・マネジャー・コンピテンシー開発体系という4つの標準を定めています（表「5つの標準の関係」参照）。

右側の3つの標準は、英語の頭文字をとって「PPP」と呼ばれるマネジメント領域です。ポートフォリオマネジメントは、プロジェクト・ポートフォリオと呼ばれる活動で、組織としての戦略に基づいて実施されるべきプロジェクトを選択します。プログラムマネジメントは複数プロジェクトをまとめてマネジメントする活動についての標準です。これらは、基本的な「ガバナンス」の仕組みによって、報告、監視、コントロール、レビューなどの活動を中心に、相互に作用し合います。そしてプロジェクトの役割はすでに解説した通りです。

組織的プロジェクトマネジメント成熟度モデル（OPM3）は、この3つの活動が組織全体で実施されている状況を査定し、改善を働きかけます。

同様にプロジェクト・マネジャー・コンピテンシー開発体系は、個々のプロジェクト・マネジャーの能力を査定し、育成をサポートします。この査定のための質問項目にPMBOKガイドが採用されています。

5つの標準の関係

組織的プロジェクトマネジメント成熟度モデル（OPM3）	ポートフォリオマネジメント
	プログラムマネジメント
	プロジェクトマネジメント
プロジェクト・マネジャー・コンピテンシー開発体系（PMCDF）	

▶▶ PMBOKガイドとBABOKガイドの関係

　BABOKガイドとは、『ビジネスアナリシス知識体系ガイド』のことです。カナダの国際ビジネスアナリシス協会（IIBA）から発行された標準書で、顧客のビジネス上の要求事項を把握・分析してプロジェクトの発足につなげ、プロジェクトの成果を評価するためのフレームワークを標準化したものです。

　PMBOKガイドが開発のマネジメント部分に焦点を当てているのに対して、BABOKガイドは、顧客の要求事項の把握に焦点を当てて、その実現をマネジメントします。目標の実現にはプロジェクトが必要であり、PMBOKガイドとBABOKガイドは密接な関係にあります。しかし両者はそれぞれ別個に概念を定義しているため、PMBOKガイドとBABOKガイドには重複があります。例えばPMBOKガイドに定義されているスコープ・マネジメントの領域における「要求事項収集」のプロセスは、BABOKガイドにおける「引き出し」と呼ぶプロセスに相当します。

　またPMIのポートフォリオマネジメント標準やプログラムマネジメント標準との相互関係もあります。BABOKガイドの「ソリューションのアセスメント」は、ポートフォリオマネジメントやプログラムマネジメントにおける「コンポーネント選定」に相当します。これらの標準を上手に活用することで、組織としてのマネジメント能力の効果的な向上が期待できます。

BABOKとの関係

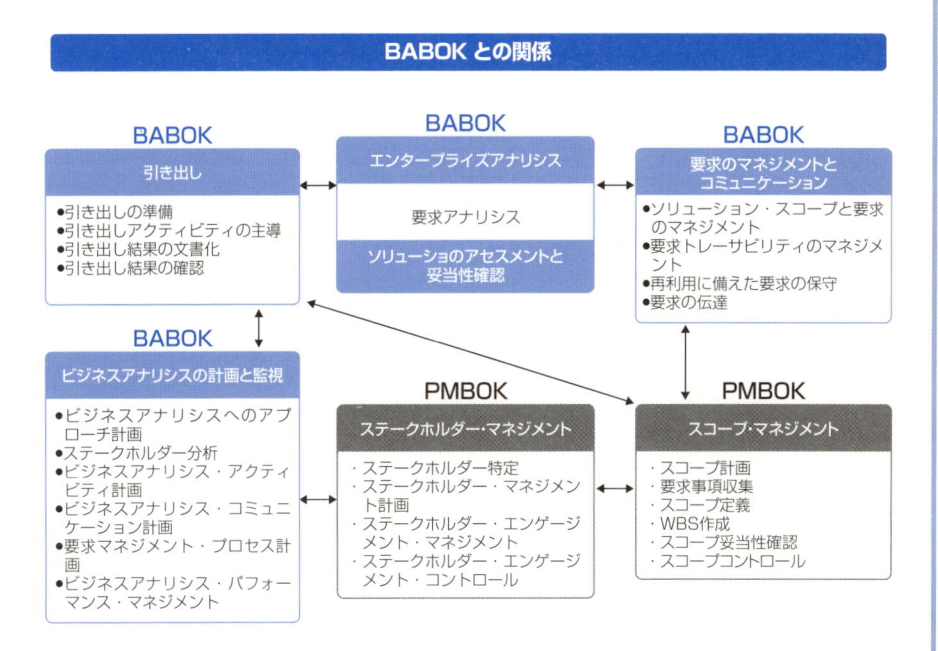

BABOK　引き出し
- 引き出しの準備
- 引き出しアクティビティの主導
- 引き出し結果の文書化
- 引き出し結果の確認

BABOK
- エンタープライズアナリシス
- 要求アナリシス
- ソリューショのアセスメントと妥当性確認

BABOK　要求のマネジメントとコミュニケーション
- ソリューション・スコープと要求のマネジメント
- 要求トレーサビリティのマネジメント
- 再利用に備えた要求の保守
- 要求の伝達

BABOK　ビジネスアナリシスの計画と監視
- ビジネスアナリシスへのアプローチ計画
- ステークホルダー分析
- ビジネスアナリシス・アクティビティ計画
- ビジネスアナリシス・コミュニケーション計画
- 要求マネジメント・プロセス計画
- ビジネスアナリシス・パフォーマンス・マネジメント

PMBOK　ステークホルダー・マネジメント
・ステークホルダー特定
・ステークホルダー・マネジメント計画
・ステークホルダー・エンゲージメント・マネジメント
・ステークホルダー・エンゲージメント・コントロール

PMBOK　スコープ・マネジメント
・スコープ計画
・要求事項収集
・スコープ定義
・WBS作成
・スコープ妥当性確認
・スコープコントロール

PMBOKガイドとITILの関係

　ITIL とは、OGC（Office of Government Commerce：英国政府商務局）によって定義された、システム運用を中心とした標準で『インフォメーション・テクノロジー・インフラストラクチャー・ライブラリー』のことです。プロジェクトによって開発されたシステムを運用してビジネス目標達成に貢献するための標準プロセスを定義しているので、PMBOK ガイドやポートフォリオマネジメント標準とは密接な関係にあります。ITIL も大きく改訂され、現在は V3 になっています。ITIL V3 では、その運用を IT サービスと位置付けて、組織戦略から、サービス戦略、サービス設計、サービス移行、サービス運用、継続的改善までの流れを「サービス・ライフサイクル」と定義しています。

　内容的には、ITIL V3 の「サービス戦略」は、ポートフォリオマネジメントやシステムアナリシスに含まれますし、同じく「サービス設計」と「サービス移行」はプロジェクトに含まれます。ビジネスの目標達成の監視との観点からは、BABOK ガイドとの相互関係も存在します。

　BABOK ガイドでは、要求事項の達成状況を追跡し、ビジネスへの貢献度合いを測定して評価しますから、サービス運用の結果を評価することにもなります。

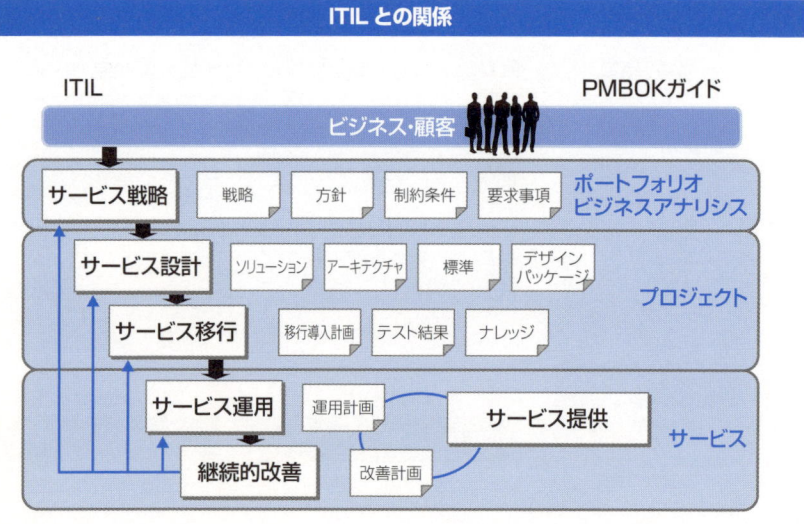

ITILとの関係

第2章 プロジェクトとプロジェクトマネジメント

この章では、PMBOKガイドによるプロジェクトの定義やPMBOKガイドでのプロジェクトの意味を解説します。その上でマネジメントプロセスと成果物指向プロセスという2つの考え方、プロジェクトによって構成されるフェーズの概念、そしてプロジェクト自身の方向性を決めるテーラリングについて解説します。

2-1

プロジェクトの定義

さまざまなプロジェクトが「プロジェクト」であるためには、ある共通の要素を持たねばなりません。国家規模の巨大プロジェクトであろうと夏休みの宿題であろうと、プロジェクトの観点から見れば、実は共通の要素を持っているのです。

▶▶ プロジェクトの独自性

PMBOK ガイドでは、「プロジェクトとは、独自のプロダクト、サービス、所産を創造するための有期性の業務である」と定義しています。この定義におけるキーワードは、「独自性」と「有期性」です。

まず「プロダクト、サービス、所産」を解説します。「プロダクト」は製品、「サービス」はいわゆるサービスを提供する能力、「所産」はプロジェクトの結果として得られた文書類や成果（改善や改良されたプロセスやシステム、組織）を指します。よく「結果を出せ！」といわれますが、その「結果」と考えると理解しやすいと思います。「結果を創造する」というと、ますますわかり難くなってしまうので PMBOK ガイドでは「所産」という用語をあてています。この3つをひと括りにして、プロジェクトの成果、あるいは成果物とも呼びます。

「独自性」とは、創造されるプロダクト、サービス、所産が基本的に各々が独自のものであることを意味します。世の中にはたくさんのプロジェクトが存在しますが、類似のプロジェクトがあっても、「まったく同一のプロジェクトは存在しない」との概念です。目的が違えば目標や手法も変わってきます。人が変われば考え方も千差万別なので対応の仕方も変わってきます。言い換えれば「定常的なルーチンワークではない」ともいえます。例えば、先端的なプロジェクトは世界で初めてかもしれません。従って、プロジェクトは不確実性が高い業務だといわれるのです。「不確実性が高い」ということは、「繰り返し型のルーチンワークができない」と考えられます。そして、不確実性はリスクそのものですから、リスク・マネジメント*が不可欠なのです。

---

*リスク・マネジメント　「5-8 プロジェクト・リスク・マネジメント」で解説。

▶▶ プロジェクトの有期性

　2つめのキーワードである「有期性」は、プロジェクトには必ず「始まり」と「終わり」が存在することを意味します。PMBOKガイドでは、「プロジェクトの立上げ」と「プロジェクトの終結」と表現しています。業界や業種によっては、継続される特定の業務を「プロジェクト」と呼ぶ場合がありますが、PMBOKガイドの定義上では「プロジェクト」とは扱われません。PMBOKガイドの定義では、必ずプロジェクトの「完了」を定義しなくてはいけません。別の例で、組織によっては小規模な改善活動を「タスク」と呼ぶことがあります。PMBOKガイドの定義では「完了」条件が明確であれば、その「タスク」は「プロジェクト」になります。「完了」とは、目標を達成し終了するか、何らかの理由で中止になるか、のどちらかを指します。PMBOKガイドでは、プロジェクトの目標を明確にして、その達成基準を設定することが求められます。

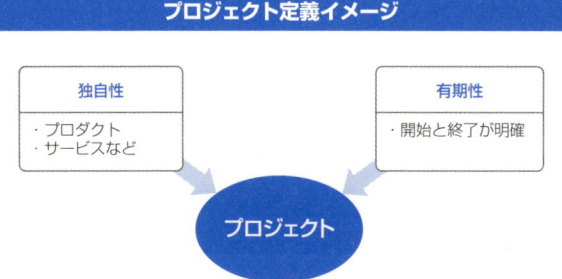

プロジェクト定義イメージ

▶▶ 日々の活動の中のプロジェクト

　独自性と有期性という条件を考えると、さまざまなプロジェクトが浮かんできます。たとえば生活に密着したプロジェクトを例に挙げると結婚披露宴や旅行、運動会、同窓会など、いくらでも思いつきます。これらのイベントはサービスという性格がありますが、「満足」や「感動」という目的があり、独自性と有期性があります。夏休みの宿題もプロジェクトといえます。これには「提出物」という明確な成果物と期限があるので理解しやすいでしょう。

2-2

プロジェクトの特性

プロジェクトの特性について、PMBOK ガイドによるプロジェクトの定義から具体的に考えていきます。制約条件や段階的詳細化、そして業界や業種で異なるプロジェクトの特性について解説します。

▶▶ マネジメント・プロセスの特性

　PMBOK ガイドは、プロジェクトマネジメント・プロセスを表「プロセス群とプロセス数」にある 5 つのプロセス群＊に分類し、それぞれに詳細なプロセス＊を定義しています。なお、プロセスは必ずしも時系列に並んでいるわけでもありません。プロセスは相互に影響しあいながら進捗します（図「プロセス群の相互作用」参照）。

　これらのプロセスを図「プロセス例」にあるように、インプット情報をもとにプロセスでツールと技法を活用し、アウトプット情報を生成します。このプロセスを効果的に稼働させることで、ステークホルダーのニーズを満たし、プロジェクトの目標を達成します。ステークホルダーのニーズは、一般には要件定義書といわれる「要求事項文書」にまとめられますが、顧客の要求事項を正確に把握することが重要です。これによって「何を作るのか」という「スコープ」が明確になるのです。

プロセス群とプロセス数

プロセス群	プロセス数
立上げ	2
計画	24
実行	8
監視・コントロール	11
終結	2

＊**5つのプロセス群に含まれる各プロセスの詳細**　「第6章 5つのプロセス群……立上げ」で解説。
＊**含まれるプロセス名**　「6-1　5つのプロセス群」の表「全体のマップ」で解説。

2-2 プロジェクトの特性

プロセス群の相互作用

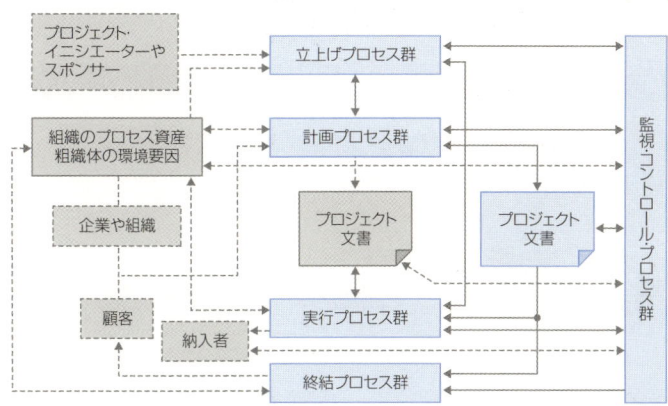

プロセス例

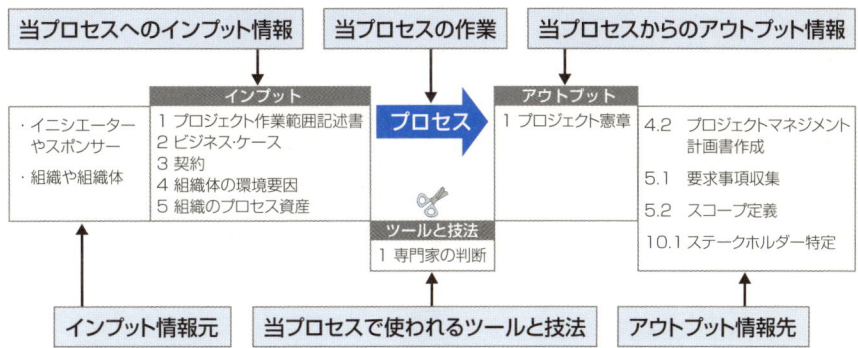

▶▶ 制約条件のバランス

　プロジェクトを進めるにあたっては、さまざまな制約条件が登場します。制約条件とは「意思決定を制限する条件」のことですが、見方を変えると、プロジェクトの目標にもなります。制約条件はプロジェクトによって異なります。表「代表的な制約条件」に代表的な制約条件を解説しています。その他、規制やルールからの制約、輸出入関係の制約、契約上の制約など、考慮しなければならない制約条件がありますので、すべてを洗い出し、一覧表にして管理することが重要です。

　プロジェクトの発注側、そしてプロジェクト側は制約条件をめぐって対立しがち

2-2 プロジェクトの特性

です。この対立を解決し、プロジェクトを効率的に進めるためにはお互いの要求事項の間で最適なバランスをとることが重要です。

代表的な制約条件

分野	制約条件
スコープ	成果物の仕様や作業内容
品質	品質基準
スケジュール	納期など、マイルストーンからの制約
予算	予算上のコスト
資源	人、機材など
リスク	リスク状況

バランス

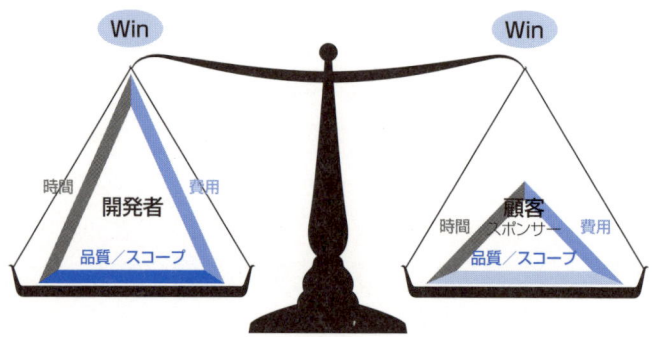

▶▶ 段階的詳細化

　プロジェクトでは各事項への変更が発生します。理想としては、計画した事項が変更なくスムーズに進められることが望ましいのですが、現実はそうはいきません。さまざまな変更や変化について、PMBOKガイドは「段階的詳細化」という用語をあてています。その「段階的詳細化」の例として3つの考え方があります。

①ローリング・ウェーブ計画法

例えば、予算やスケジュールが詳細化できるのは直近の会計年度のみとする場合、次会計年度分は次の計画時に詳細化するものです。

②継続的改善

例えば、作業を進めていたら不具合が生じたのでプロセスの改善を行い、それを計画書へ反映する場合です。

③変更への対応

例えば、顧客から仕様変更要求があり、それを認めて計画書を変更する場合です。

これらの項目は、「デミング・サイクル」と呼ばれる「PDCA」の概念に基づいた活動です。PDCAを回して詳細化していく、とする考え方です。

▶▶ 業界で異なるプロジェクトの特性

プロジェクトの定義では、独自性と有期性がポイントになっていましたが、それ以外にも業種によって独特な特性が見受けられます。

IT系プロジェクトを例にとってみます。特にソフトウエアという成果物の特徴は、プロジェクトへの不確実性を高める大きな要素となっています。「コンピュータ、ソフトなければただの箱」といわれているように、コンピュータ内部でハードウエアという機器に、ソフトウエアと呼ばれる、いわゆるプログラムが命令を与えて動かします。プロジェクトの視点では、ソフトウエア開発は大きな不確実要素です。理由は、ハードウエアと異なり、具体的な進捗状況や成果物を見ることができないからです。これが顧客と開発者の間に不信感を抱かせ、あるいは安易な仕様変更の要求を出させ、混乱の要因となります。IT系プロジェクトでは、プロジェクト全体をいかに可視化させるかが重要なカギです。

2-3
プロジェクトマネジメントとは

今まで、プロジェクトについて解説してきましたが、ここではプロジェクトを進めるフレームワークといわれるプロジェクトマネジメントについて解説します。

▶▶ プロジェクトマネジメントの定義

　ここで「プロジェクトマネジメント」について定義します。PMBOKガイドによれば、「プロジェクトの要求事項を満たすため、知識、スキル、ツールおよび技法をプロジェクト活動へ適用すること」と定義しています。具体的に解説すると、次のようになります。

①**適切なプロセスの選択および実施の厳密さの決定**
　「テーラリング」＊を実施します。

②**プロセスの中で活用されるべき適切なツールと技法の決定**
　プロセスごとに、適切なアプローチやツールおよび技法を選び決めます。

③**ステークホルダーのニーズと期待に応えるマネジメントの実施**
　ステークホルダーとのコミュニケーションを密にします。

④**競合する要求事項間のバランス**
　例えば、品質要求とコストとのバランスを考えた品質基準を設定します。

▶▶ プロジェクトは組織戦略の達成手段

　プロジェクトは、プロジェクトマネジメントの実施によって、組織が意図する成果を創造します。「1-4 他の標準との相互関係」で解説しましたが、プロジェクトは、組織が立てた戦略目標を達成する手段として活動します。プロジェクトの上位がポートフォリオであれば、ポートフォリオの目標達成に貢献するようマネジメントし、上位がプログラムであればプログラムの成果価値（ベネフィット）の実現に貢献するようにマネジメントします。

　ポートフォリオやプログラムがプロジェクトを発起する理由として、代表的な例は次の通りです。

＊**テーラリング**　「2-6 テーラリング」で解説。

①**市場の需要**
　市場調査の結果から新製品を開発します。
②**戦略的機会**
　新しいビジネス分野へ挑戦します。
③**ビジネス・ニーズ**
　市場の変化に合わせて改革を行います。
④**顧客要求**
　営業活動による受注プロジェクトを開始します。
⑤**技術的進歩**
　クラウド利用等によるコスト削減を目指します。
⑥**環境への影響**
　環境負荷の低減を図ります。
⑦**法的要件**
　規制の開始や撤廃に応じビジネス範囲の拡大を狙います。

　プロジェクトマネジメントは、組織の目標達成の手段として、プロジェクトを推進していくためのフレームワークです。

プロジェクトと組織戦略

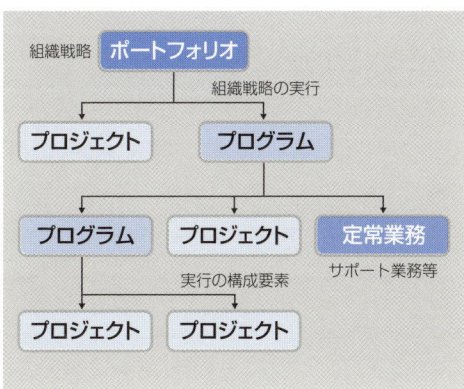

2-4 マネジメント・プロセスと成果物指向プロセス

マネジメント・プロセスは、一般にいうところの管理プロセスです。それと同時に成果物を作成するプロセスが必要であることは自明です。その両方の関わりを解説します。

▶▶ プロダクト・ライフサイクルとプロジェクトマネジメントの関係

　製品開発プロセスの大きな流れは、市場や顧客からのフィードバックを受けて繰り返されます。この流れを「プロダクト・ライフサイクル」といいます。このライフサイクルは、製品企画から始めて開発工程を経て市場に送り出されるか顧客に納入されます。最後は市場からの撤退や撤収となります。このプロダクト・ライフサイクルとプロジェクトマネジメントの関係は下のようになります。

プロダクト・ライフサイクル

▼

プロジェクト・ライフサイクルなどで構成

▼

フェーズ*

▼

マネジメント・プロセス

　これを実際のプロダクト・ライフサイクルの流れで解説します（図「プロダクト・ライフサイクル」参照）。プロジェクトは、ビジネス計画や概念化を経てプロダクトの開発工程を担当し、いくつかのフェーズを持つことがあります。図の場合は3つのフェーズを持ち、それぞれのフェーズにおいて、立上げ、計画、実行、終結のマネジメント・プロセス群と、監視・コントロール・プロセス群がすべてのフェーズを貫くように活動します。プロジェクトの成果物は顧客に納品された後、その使用した結果がフィードバックされます。このフィードバックが再びビジネス計画に反映されることで成果物はよりよいものに改善されるのです。

＊フェーズ　「2-5 フェーズ構成」で解説。

2-4 マネジメント・プロセスと成果物指向プロセス

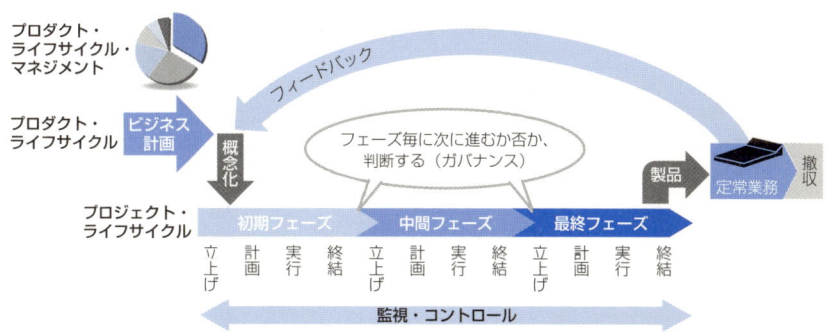

▶▶ 成果物指向プロセスとスコープ・マネジメント

　他方、実際にプロダクトを作成するための開発手法「成果物指向プロセス」があります。成果物指向プロセスは、基本的にプロジェクトの成果物の仕様を決め、それを作るためにどうすればよいかを具現化していく方法です。

　この手法は、業種や成果物の特性によって大きく変わります。例えばIT業界で成果物指向プロセスに基づいて業務用コンピュータ・システムを構築する場合は、要件定義から始まり、アーキテクチャーを作成します。そこから設計が行われ、設計が完成すると関係者の承認を得て実装が開始されます。各種テストなどを経て、完成したら運用部門へ移管されます。

▶▶ IT業界での開発例

　さらに理解しやすいように次ページの図「スコープ・マネジメントと成果物指向プロセス例」を参照しながら、IT業界での開発手法を例にスコープ・マネジメント*と成果物指向プロセスについて時系列に沿って解説します。

　この成果物指向プロセスとマネジメント・プロセスはまったく別個の存在ではなく、相互に影響し合います。まずマネジメント・プロセス側の計画により、成果物指向プロセスの方針が決定され、作業が始まり進捗を見ながら、目標を達成するようにコントロール、必要に応じて作業計画を更新します。この流れは、図にあるように並行して進みます。

＊スコープ・マネジメント　「第5章 10の知識エリア」と「第7章 5つのプロセス群……計画 (1)」で解説。

2-4 マネジメント・プロセスと成果物指向プロセス

　スコープ・マネジメントは、プロジェクトの成果物を得るためのものであり、成果物指向プロセスとの相互関係を理解するのに最適です。図「スコープ・マネジメントと成果物指向プロセス例」のスコープ・マネジメント・プロセス内「WBS作成」までが計画プロセスです。完成したWBS(ワークブレークダウンストラクチャー)は、成果物を得るための作業工程全体を可視化・明確化し、成果物指向プロセスにおける設計の元になります。

　スコープ・マネジメントのプロセスは、プロジェクトの成果物の定義から納品前の検査までを担当します。最初に立上げで特定されたステークホルダーと協議し要件定義を詳細化するための「要求事項収集」を実施し、次に「スコープ定義」と「WBS作成」でスコープ・ベースラインを作成します。成果物に関する設計ができたら、ステークホルダーの承認を得て実装を開始します。このベースラインに従って成果物指向プロセスにおける「設計」が行われ、実行プロセス群によって成果物が作成されます。作成中は「スコープ・コントロール」によって実績管理が実施され、必要な対策が講じられます。

　実行プロセスは品質検査直前まで続き、作成された成果物は「品質コントロール」と「スコープ妥当性確認」における検査を受け、合格したら「プロジェクトやフェーズの終結」によって顧客や運用部門へ引き渡されます。実際には繰り返しやプロセス間の相互作用があるので、単純な形でのフローチャート化は困難です。

2-4 マネジメント・プロセスと成果物指向プロセス

スコープ・マネジメントと成果物指向プロセス例

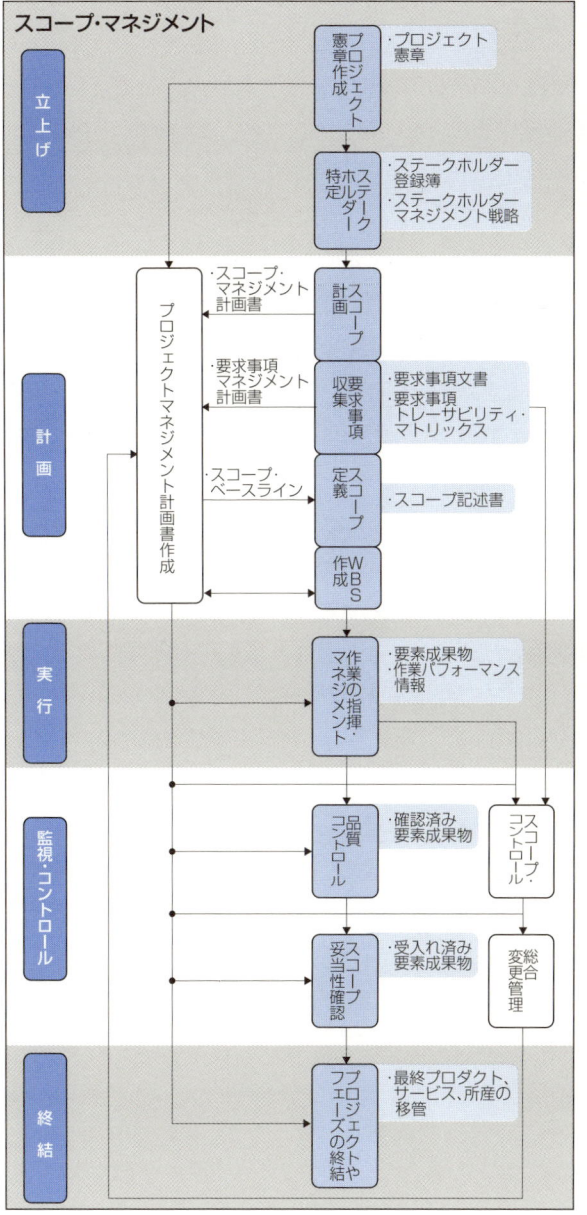

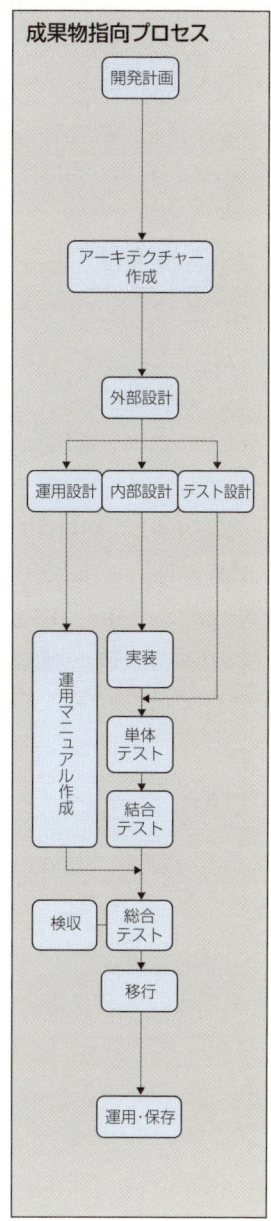

スコープ・マネジメント

- 立上げ
  - プロジェクト憲章作成 ・プロジェクト憲章
  - ホステークホルダー特定 ・ステークホルダー登録簿 ・ステークホルダー・マネジメント戦略

- 計画
  - プロジェクトマネジメント計画書作成
  - スコープ計画 ・スコープ・マネジメント計画書
  - 要求事項収集 ・要求事項文書 ・要求事項トレーサビリティ・マトリックス
  - スコープ定義 ・スコープ・ベースライン ・スコープ記述書
  - WBS作成

- 実行
  - 作業の指揮・マネジメント ・要素成果物 ・作業パフォーマンス情報

- 監視・コントロール
  - 品質コントロール ・確認済み要素成果物
  - スコープ・コントロール
  - スコープ妥当性確認 ・受入れ済み要素成果物
  - 統合変更管理

- 終結
  - プロジェクトやフェーズの終結 ・最終プロダクト、サービス、所産の移管

成果物指向プロセス

- 開発計画
- アーキテクチャー作成
- 外部設計
- 運用設計
- 内部設計
- テスト設計
- 運用マニュアル作成
- 実装
- 単体テスト
- 結合テスト
- 検収
- 総合テスト
- 移行
- 運用・保存

第2章 プロジェクトとプロジェクトマネジメント

2-5

フェーズ構成

フェーズはプロジェクトを構成する重要な要素です。フェーズは複数設定されることがあり、プロジェクトの規模や目的に合わせ、直列や重複などさまざまな形で設定されます。

▶▶ フェーズとは

　プロジェクトにおけるマネジメントや計画およびコントロールを行いやすいように、ある区分を設定し、プロジェクトを分割することがあります。このように分割された区分を「フェーズ」といいます。区分する基準は、通常、組織の方法論としてガバナンスの仕組みの中で定義されますが、その定義がない場合は、プロジェクトの特性にあわせて定義します（図「フェーズの種類と特徴」参照）。

　プロジェクトは複数のフェーズで構成されることもありますが、小規模の場合には単一フェーズのみの場合もあります。複数のフェーズの場合、フェーズとフェーズの間でレビュー（評価）が行われて、プロジェクトの継続か中止の判断がなされます。このチェックポイントは、一般にゲート・レビューやステージゲートなどと呼ばれ、事前に決められるマイルストーンとして定義されて、プロジェクト・スケジュール進捗管理の基準となります。フェーズごとに異なった成果物が作成され、あるいは後続フェーズによって付加価値が追加され、最終的には運用部門などに引き渡されて、フェーズやプロジェクトの終結となります。

　個々のフェーズは、必ず「立上げ、計画、実行、監視・コントロール、終結」の5つのマネジメント・プロセス群で構成されます。単独のマネジメント・プロセスだけで構成されることはありません。フェーズの名称は自由ですが、マネジメント・プロセス群と同じ名前では混乱するので避けます。例えば「立上げフェーズ」や「計画フェーズ」という名称は好ましくありません。

▶▶ フェーズの種類

　フェーズは、プロジェクトの特性やガバナンスの要請から、さまざまな種類が作られます。通常、プロジェクトマネジメント計画の最初の段階でフェーズ構成を定

義します。

典型的なフェーズについて特徴を解説します。

典型的なフェーズ

名称	特徴
単一フェーズ	・小規模プロジェクトで採用されるフェーズ構成 ・5つのプロセス群が一組のみ定義され、フェーズの終結が即ちプロジェクトの終結となる
直列フェーズ	・複数のフェーズを定義し、順次実行する ・実行中のフェーズが終結してから次のフェーズを開始するため、確実に進捗しリスクは少ないが、総期間を短縮することはあまり期待できない
重複フェーズ	・複数のフェーズを定義し、実行中のフェーズの終結前に次のフェーズを開始する ・ファスト・トラッキングとも呼ばれる総期間を短縮する方法だが、手直しリスクがある

フェーズの種類と特徴

単一フェーズ

| 立上げ | 計画 | 実行 | 監視・コントロール | 終結 |

直列フェーズ

| 立上げ | 計画 | 実行 | 監視・コントロール | 終結 | 立上げ | 計画 | 実行 | 監視・コントロール | 終結 |

重複フェーズ

立上げ	計画	実行	監視・コントロール	終結
立上げ	計画	実行	監視・コントロール	終結
立上げ	計画	実行	監視・コントロール	終結

▶▶ ライフサイクルの種類

ライフサイクルはフェーズの組合せといえます。典型的なライフサイクルについて特徴を解説します。

2-5 フェーズ構成

典型的なライフサイクル	
名称	特徴
予測型ライフサイクル	・計画駆動型やウォーターフォール型として知られているライフサイクル ・プロジェクト・スコープと、その達成に必要な時間とコストが実際上可能な限りプロジェクト・ライフサイクルの初期に決定される ・もっとも一般的で伝統的な形式
反復型と漸進型ライフサイクル	・反復とも呼ばれるプロジェクト・フェーズで、複数のプロジェクト活動を意図的に繰り返すライフサイクル スコープが不確定であっても繰り返すことによってプロジェクト・チームによるプロダクトの理解が深まる ・反復型では一連のサイクルの繰り返しを通してプロダクトが作り上げられる一方、漸進型では継続的にプロダクトの機能が追加されていく ・フェーズ内で実施してもよく、反復自体は直列や重複の形式で実施される 特徴： ①プロジェクトの複雑さを低減することができる ②採用されるケース 　→目標やスコープの変更をマネジメントする必要がある場合 　→製品の分納がステークホルダーにとって有益である場合
適合型ライフサイクル	・変化駆動手法またはアジャイル手法とも呼ばれるライフサイクル 特徴： ①高度な変更およびステークホルダーの継続的な関与に対応できる ②適応型手法も反復的かつ漸次的だが、反復の期間は通常2〜4週と非常に短く、時間とコストが固定される ③それぞれの反復でいくつかのプロセスを実施するが、初期の反復では計画策定に重点が置かれる ④採用されるケース 　→変化の激しい環境へ対応する場合 　→要求事項とスコープを事前に定義することが難しい場合 　→ステークホルダーに価値を提供するために細かい漸進的な改善の定義が可能な場合

2-6 テーラリング

プロジェクトの成否は、プロジェクト・マネジャーがどのような方針でプロジェクト全体を設計、運用するかにかかっています。PMBOK ガイドなどを参考にしつつも、柔軟な発想でプロジェクトを設計することが重要です。

▶▶ テーラリングとは

「テーラリング」とは、プロジェクトの設計を意味する言葉です。テーラリングを行なう際、プロジェクトの方針や戦略をあらかじめ明確にしておきます。そして方針を決めた後、PMBOK ガイドや他のガイドブック、経験を取捨選択してプロジェクトを肉付けしていきます。

▶▶ プロジェクトの設計とフェーズ

プロジェクト全体の枠組みを設計する場合のテーラリングを考えます。大企業などでよく標準化されている枠組み（フレームワークとも呼ぶ）ではプロジェクトをいくつかのプロジェクト・フェーズに分割し、管理することもあります。次にフェーズの例を示します。

①**企画フェーズ**
②**設計フェーズ**
③**実装フェーズ**
④**導入フェーズ**

このような方法論が組織で決められている場合は、組織経営の観点から、フェーズのテーラリングはあまり許されないのが一般的です。なお、組織に標準的なフェーズの定義がない場合は、プロジェクトごとに決定します。例に挙げたフェーズでは、通常、1 から 4 へと順番に進めるのが一般的です。ただし、担当するプロジェクトの特性にあわせ、フェーズの数を決めたり、設計フェーズを企画フェーズと並行に進めることがあります。これにより最も効果的で、効率的であると考えられるフレームワークを決定します。

フェーズの種類

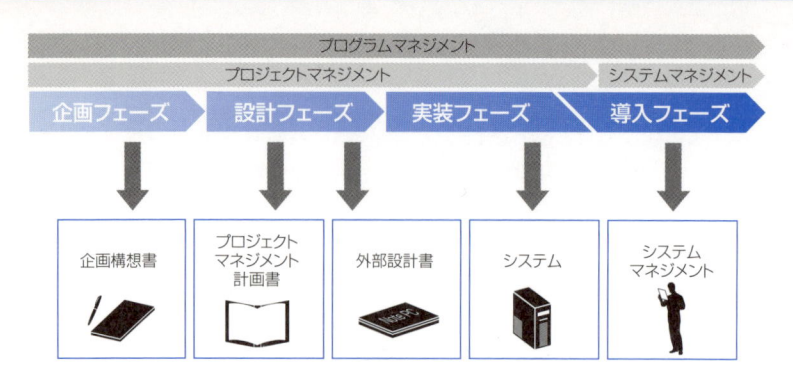

プログラムマネジメント

プロジェクトマネジメント

システムマネジメント

企画フェーズ → 設計フェーズ → 実装フェーズ → 導入フェーズ

- 企画フェーズ → 企画構想書
- 設計フェーズ → プロジェクトマネジメント計画書
- 実装フェーズ → 外部設計書
- → システム
- 導入フェーズ → システムマネジメント

▶▶ プロジェクトマネジメントの設計

　プロジェクトマネジメントのテーラリングでは、プロジェクト全体の流れを検討し、「どのプロセスをどういうタイミングで動かすか」を決定します。このとき、PMBOKガイドを鵜呑みにして使うのではなく、プロジェクトマネジメントに対するしっかりした方針を立案することが重要です。その上で「立上げをどうするのか」「計画は……」「実行は……」というように時系列に考え、各フェーズで必要なプロセスを決めます。次にプロセスごとに、インプット、作業を効率的に進めるためのツールと技法、アウトプットとしての成果物を定義して全体の構成を完成させます。ただし、プロセス間の相互関係はかなり複雑になるので、プロセスをフローチャート化することは困難です。できればデータ間のつながりを定義したデータフロー・ダイアグラムにすることをおすすめします。

データフロー・ダイアグラムの例

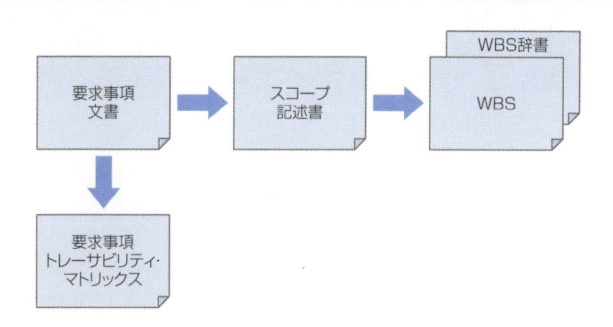

要求事項文書 → スコープ記述書 → WBS辞書 / WBS

要求事項文書 → 要求事項トレーサビリティ・マトリックス

第3章

プロジェクト・マネジャーの役割

　プロジェクト・マネジャーは、プロジェクトの総責任者です。プロジェクトは、制約のある期間や予算の中で、決められた成果を達成することを期待されています。これは企業の経営そのものといえます。プロジェクト・マネジャーは、「プロジェクトの経営者」とも呼べる存在です。この章では、プロジェクトの経営者として、どのような役割を果たすべきなのかを中心に、プロフェッショナルとして期待される厳しい倫理事項についても解説します。

3-1

職務

プロジェクト・マネジャーに求められる職務について解説します。一般的なリーダーとしての役割や管理者という役割など、幅広い役割と責任があります。

▶▶ 「プロジェクトマネジメント・プリンシプル」による定義

　PMIは、『プロジェクトマネジメント・プリンシプル』という書籍の中で、プロジェクト・マネジャーの職務を解説しています（表「プロジェクト・マネジャーの職務」参照）。

▶▶ 役割

　組織的には、プロジェクト・マネジャーの上位マネジメントである、ポートフォリオ・マネジャーやプログラム・マネジャーとの連携が求められます。

プロジェクト・マネジャーの職務

職務	内容
マネジメント機能	一般的な管理者（マネジャー）としての職務。プロジェクト全般に渡り、観察や調整などを実施
インターフェース・マネジメント	適切なコミュニケーションで組織対組織、人対人などのインターフェース機能を果たす
インテグレーター	ベンダーを含め、部署間や関係者間の調整にリーダーシップを発揮
コミュニケーター	情報伝達により、関係者とのコミュニケーションを促進する。コミュニケーションは、プロジェクト・マネジャーの業務の過半を占める
顧客第一主義	顧客はプロジェクトの主たる利害関係者。顧客はプロジェクトの状況を把握する権利があり、最大の配慮を必要とする
コンフリクト・マネジメント＊	人の集団で遂行するプロジェクトでは対立が起きやすい。業務上の対立はオープンにし、チーム内で早期に解決を目指す
その他の職務機能	プロジェクトの目標達成に必要な、あらゆるマネジメント職務を担当。マネジメント・チームを編成し適切な権限委譲を行い、効率的かつ効果的なプロジェクト運営を目指す

＊**コンフリクト・マネジメント**　「第9章 5つのプロセス群……実行」で解説。

プロジェクト・マネジャーの役割

役割	内容
チーム・リーダー	小規模・少人数のプロジェクトでは、マネジャーとリーダーの兼任が多い。なお、リーダーシップについては「3-2 コンピテンシー」で解説
意思決定者	プロジェクトにおける最終的な意思決定者のこと。プロジェクト内の考え方をとりまとめ、最終決定を求めて顧客やスポンサーとの折衝に当たる
ムード・メーカー	チームのパフォーマンスやモチベーションを左右する非常に重要な役割

「プロジェクト・マネジャーの役割」の中でもムード・メーカーは大変重要です。プロジェクト・マネジャーの態度や表情などは、言葉以上にチームへ影響を与えることがあります。特に、プロジェクトの状況が悪い場合に、プロジェクト・マネジャーが暗い表情や態度を見せると、たとえ明るい言葉で繕っても、チーム・メンバーはすぐに状況を感じ取ります。そうするとチーム内に不安が蔓延し、ヤル気が失せ、チームのパフォーマンスが下がってきます。この悪循環を断ち切るためには、情報をオープンにし共有化することによって、全員の理解を得ることが重要です。

マネジャーとリーダーの対比

	マネジャー	リーダー
立場	管理者	指導者
役割	観察と調整	牽引と推進

マネジャーは管理手法や技術に関する専門知識と見識を持ち、プロジェクトを円滑に進め成功させるものです。一方、リーダーはプロジェクトの対象領域に関する専門的な知識を持ち、プロジェクトの成果に対する方向付けや意思決定を行います。

3-2 コンピテンシー

ここでは、プロジェクト・マネジャーが職務の上で、プロジェクトマネジメントを効率的に実施するために必要な能力や人間性を解説します。

▶▶ コンピテンシーとは

「コンピテンシー」という用語は、英語圏でも比較的新しい用語です。日本語でぴったりくる言葉が見つからないのでカタカナ用語としています。一般には「能力」と訳す場合が多いのですが、PMBOK ガイドによる「コンピテンシー」には、「人間性」という意味が含まれますので「能力」とはしておりません。

PMBOK ガイドにおける定義は、第 1 章で解説した PMI 標準のひとつである PMCDF の定義に従っています。PMCDF は、プロジェクト・マネジャーに求められるコンピテンシーをクラスターに分類して詳細化していますが、ここでは大枠の 3 つについて解説します。

コンピテンシーの要素と内容

要素	内容
知識	プロジェクトマネジメントに関する十分な知識を持つことが大切です。プロジェクトマネジメントは日々発展していますので、PMBOK ガイド最新版をはじめ最新の情報を取得し、自己訓練や研修などを通じて研鑽を積むことが大切です。
執行能力	十分な知識を活用し、与えられた目標を達成するために実践するマネジメント能力です。この能力は経験によって日々高められ、新しい知識の習得によってさらに磨きがかかります。さらに、メンタリングなどの指導によって能力を高めていくことができます。
人間性	これは能力というより、人に関わる特性です。特に、プロジェクトを進めていくために必要な「リーダーシップ」が求められます。プロジェクトにおける「リーダーシップ」とは、目標を達成し、制約条件のバランスをとりつつ、チームを統率する能力ともいえるでしょう。

▶▶ リーダーシップとフォロワーシップ

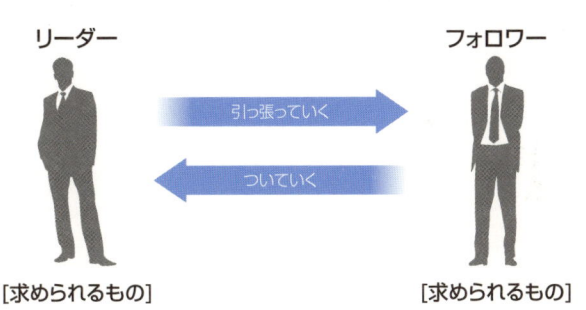

「リーダーシップ」というのは考え方と行動特性であって役割ではありません。「リーダーシップ」は、リーダーに限らずチーム全員が持つべきものです。例えば、課題を解決するために「リーダーシップを発揮する」ということが求められますが、課題解決のための積極的な発言と行動がそれに当たります。

PMBOK ガイドは「リーダーシップ」として次の行動を紹介しています。

- ビジョンを示してチームを牽引する。
- 高いパフォーマンスを達成できるようにチームを鼓舞する。
- 共通の目標へ向かって作業できるように指揮する。
- ビジョン、戦略、コミュニケーションを確立して維持する。

これに対して「フォロワーシップ」という考え方があります。リーダーが「引っ張っていく」のに対し「ついて行く」ということですが、これを英語で「フォロー」といいます。「フォロー」する人だから「フォロワー」です。「フォロワーシップ」とは、「フォロワー」に求められる行動特性です。「フォロワー」も集団における適切な行動が求められますから、チーム内で「リーダーシップ」と「フォロワーシップ」のバランスが取れていることが理想なのです。

リーダーシップとフォロワーシップのイメージ

リーダー → 引っ張っていく → フォロワー
フォロワー → ついていく → リーダー

[求められるもの]（リーダー）
・ビジョンを提示しチームを牽引
・チームのパフォーマンス維持、向上
・共通目標の提示
・ビジョン、戦略、コミュニケーション

[求められるもの]（フォロワー）
・集団における適切な行動

プロジェクト・マネジャーに求められる能力

　プロジェクト・マネジャーはさまざまな能力を求められますが、まずはプロジェクトマネジメントに関する十分な知識を持つことが重要です。プロジェクトマネジメントは日々発展していますので、PMBOKガイド最新版をはじめ最新の情報を取得し、自己訓練や研修などを通じて研鑽を積む必要があります。

　次に必要なのは執行能力です。十分な知識を活用し、与えられた目標を達成するために実践するマネジメント能力です。この能力は経験によって日々高められ、新しい知識の習得によってさらに磨きがかかります。さらに、メンタリングなどの指導によって能力を高めていくことができます。

　そして人間性です。これは能力というより、人に関わる特性です。特にプロジェクトを進めていくために必要な「リーダーシップ」が求められます。プロジェクトにおける「リーダーシップ」とは、目標を達成し、制約条件のバランスをとりつつ、チームを統率する能力ともいえます。

3-3

ステークホルダー・マネジメント

プロジェクト・マネジャーの重要な職務のひとつは、ステークホルダー・マネジメント、すなわちステークホルダーとの交渉や調整です。

▶▶ ステークホルダーとは

　PMBOKガイドによる定義では「プロジェクトに積極的に関与しているか、またはプロジェクトの実行あるいは完了によって自らの利益がプラスまたはマイナスの影響を受ける、顧客、スポンサー、母体組織、一般大衆のような個人や組織」としています。表「代表的なステークホルダー」に、プロジェクトに影響を与えるステークホルダーの例を挙げました。

▶▶ ステークホルダーの具体例

　ステークホルダーとなる対象は次の通りです。

代表的なステークホルダー

立場や役割	内容
顧客やユーザー	主たる利害関係者
スポンサー	資金を提供するプロジェクトの総責任者
ポートフォリオ・マネジャーとポートフォリオ・レビュー委員会	プロジェクトの上位機能で、プロジェクトの承認を行う。成果物に関するビジネスへの貢献度合いを監視
プログラム・マネジャー	プロジェクトの上位機能で、プロジェクトの成果物がプログラムのベネフィットに見合うか監視
プロジェクトマネジメント・オフィス	プロジェクトに対して、技術的およびマネジメント領域を支援
プロジェクト・マネジャー	プロジェクトの責任者
プロジェクト・チーム	プロジェクトの参加要員。プロジェクト・マネジャーの方針や指示に基づいて活動
機能部門マネジャー	人事、財務、会計、購買などの機能について業務を担う管理者
事業マネジメント	ビジネス分野でマネジメントの役割を果たす人々
納入者やビジネス・パートナー	ベンダー、サプライヤー、コントラクターなどの外部業者

3-3 ステークホルダー・マネジメント

▶▶ ステークホルダーの関与

　個々のステークホルダーの特性によって、プロジェクトへの関与の度合いが変わります。また、ステークホルダーの権力と関心度によっても、対応の仕方も変わってきます。従って、個々のステークホルダーへの対応は、方針や戦略で決めていくことが重要です。すべてのステークホルダーに等しく対応することは、一人のプロジェクト・マネジャーだけでは不可能です。ですから効果的なマネジメントのためには、ステークホルダーを適切に分類し、プロジェクト側の役割分担や対応戦略の実行によって、効率的に対応するのです。

　実際のプロジェクトでは、立上げの時点ですべてのステークホルダーを洗い出し、プロジェクトへのニーズや期待を聞き出し、その人たちのプロジェクトへの影響度を査定し、対応計画を立てるのです。その計画に従って、プロジェクトへの支持者にはさらなる支持を依頼し、反対者にはなるべく反対の度合いを抑えるようにお願いする、などの行動を取ります。プロセスとしては簡単な活動ですが、相手によってはかなり厳しい活動となることもあり、プロジェクト・マネジャーにとっては最も重要な仕事です。この活動がうまくいくことが、プロジェクトの成功に直結するといっても過言ではありません。

　なお、人を説得したり、効果的な動機付けをしたりするためには、理論武装以上に、上手な付き合い方や相互コミュニケーションが大切です。ステークホルダーは、一人ひとり違う心を持った人間ですから、「こう付き合えば必ずうまくいく」というプロセスは存在しないのです。

　PMBOK ガイド第 5 版では、ステークホルダー・マネジメントが知識エリアとして独立しました。第 4 版まではコミュニケーション・マネジメントにおける活動要素のひとつとして定義されていましたが、ステークホルダー・マネジメント活動の重要性に鑑み、新しい知識エリアとしたのです。第 1 章でも述べましたが、ISO21500 との整合性をとることもその要因のひとつです。

3-4
PMIの倫理規定

プロジェクト・マネジャーには、プロジェクトの遂行のための目的意識だけでなく、高い倫理観も求められます。この倫理観は、ビジネスパーソンとしての行動規範となるものであり、プロジェクト・マネジャーでなくとも常に意識しておきたいものです。

▶▶ PMIイズム

PMIイズムともいわれる基本的な考え方を紹介します。この考え方はPMP資格試験にも出題されますので、試験に挑戦なさる方はしっかり理解してください。試験の内容は応用問題ですから、丸暗記でなく基本を理解した上で臨みます。

▶▶ プロの責任と社会的責任

PMIイズムとは、PMIの考える「あるべきプロジェクト・マネジャーの姿」や「プロジェクト感覚」のことです。具体的な内容は次の通りです。

個人の高潔さとプロとしての考え方を持つこと
社会やすべてのステークホルダーを保護するために、法的要件と倫理基準を順守することは必須要件です。たとえプロジェクトの目標を達成するためであっても法律を破ることは許されません。

プロジェクトマネジメント知識ベースへ貢献すること
プロジェクトマネジメントを実行するための教訓などの情報共有化のために、組織ごとに設定されたデータベースを維持し活用することです。
PMBOKガイドでは、組織には知識ベースが存在することを前提にしてプロセスが記述されています。

プロフェッショナルとしてのコンピテンシー向上に努力すること
自己評価を行い、能力向上のために日々の研鑽を積んで、担当するプロジェクトの成功のために努力することです。

専門的で協調的な手法による交流を図ること
プロジェクトに直面している文化的な環境を知り、文化多様性を尊重します。特に、さまざまな文化を含む国際的なプロジェクトの場合、お互いの理解を深め、Win-

Winの関係を樹立するよう努力します。

▶▶ 倫理・職務規定

　倫理・職務規定とは、プロフェッショナルとして社会的、倫理的な責任を果たすように努める、ということです。具体的には、人種差別、文化的および宗教的な差別、性的差別、などが厳しく禁止されています。贈り物は原則として受けとらないのですが、その国や土地の慣習に従います。例えば国の文化によっては、受けとるが上司に報告する、などの慣習があります。利害の衝突に関する考え方にも注意が必要です。例えば図「利害関係」のように自分が担当するプロジェクトで、受注ベンダー側に自分の家族が勤務している場合は、公正さが保たれるように、正直に申告しなければなりません。

ビジョンと適用

　プロジェクトマネジメントの実践者として、正義と名誉を重んじる行動をとること。高い基準を設定し、職場でも、家庭でも専門職ボランティア活動においても、人生のあらゆる場面で、これらの基準を順守すること。

①責任：義務としての行為や結果を自分自身のものとして考えること。
②尊敬：義務として、自他に対し高い敬意をはらうこと。
③公正：義務として、公平かつ客観的に意思決定し行動すること。
④誠実：義務として、コミュニケーションにおいても振る舞いにおいても、真実を理解し、正直な態度で行動すること。

利害関係

第三者から見たときの信頼性を確保する

発注側にいる私 ←利害関係→ 受注側にいる弟

第4章

プロジェクトと組織

　プロジェクトを実施する際、多かれ少なかれプロジェクトチーム構成員の出身組織から影響を受けます。従ってプロジェクト・マネジャーは、さまざまな組織からの影響を把握し、効果的、効率的なプロジェクト運営を心掛ける必要があります。たとえば、プロジェクトを取り巻くビジネス上の環境や、組織で標準化されたプロセスや教訓（ノウハウ）、定常業務との接点、あるいはプロジェクトのサポート部門としてのPMOなどは、プロジェクトを進めるために重要な情報となります。また、プロジェクトの組織体制は、プロジェクト・マネジャーの権限に対する制約にもなります。

4-1

組織体の環境要因

プロジェクト実施の際の重要な要素に「組織体」と「環境要因」があります。プロジェクトに対する制約条件であり、リスクとなる場合もあります。プロジェクト・マネジャーはプロジェクト設計時だけでなく、効率的な運用のためにも常にこれらを考慮する必要があります。

▶▶ 組織と組織体

　PMBOKガイドでは、「組織」という用語を使います。これは「Organization」の和訳ですが、「会社」や「企業」ではなくPMBOKガイドでは「組織」と訳しています。PMBOKガイドが「組織」という用語を使う理由として、プロジェクトは一般企業のみならず、官公庁や非営利団体でも実施されるためです。また、PMBOKガイドでは「母体組織」という用語が登場します。これはプロジェクトの実行組織のことで、「プロジェクト作業にもっとも直接的に関与する人員が所属する組織」と定義されます。「組織体」という用語は、「Enterprise」の和訳で、「組織」以上に広く、例えば、会社全体からグループ企業を含めた広い意味で使われています。

　「組織体の環境要因」とは、プロジェクトの成果に大きな影響を与える、プロジェクトを取り巻く要素のことで、プロジェクトが所属する組織や組織体における組織文化や、プロジェクトに影響を与えるビジネスの環境などを含みます。これらの要因は、プロジェクトにおけるさまざまな選択肢への制約条件であり、成果物への影響も想定されるため、プロジェクトで実施するプロセスの参照情報として大いに活用します。特に計画プロセスにおいては、重要なインプット情報として、十分な理解が重要です。次の「環境要因」で、具体例を挙げて解説します。

▶▶ 環境要因

　PMBOKガイドに示されている組織体の環境要因の例として、組織の文化、体制、プロセスが挙げられます。次のページの表「組織体の環境要因」に主な組織とそこでの環境要因について解説しています。例えば、政治情勢はリスク要因として認識され、リスク対策などに影響することがあります。

組織体の環境要因

組織	環境要因
組織の文化、体制、プロセス	たとえば、組織固有の文化がリスク要因となる可能性があり、リスク対策に影響する場合がある
政府規格や業界標準	さまざまな規格や標準が品質基準への制約となる可能性
インフラストラクチャー	インフラの状況は作業の効率に大きな影響を及ぼす
既存の人的資源	人的資源の状況はプロジェクト態勢に大きな影響を及ぼす
人事管理	チーム・メンバー育成資料としてのトレーニング記録など人事記録
企業の認可システム	プロジェクト作業やベンダーへの作業指示に影響を及ぼす
市場状況	人や資源などの調達などに対し影響を及ぼす
ステークホルダーのリスク許容度	リスク対策へ大きな影響を与える
政治情勢	プロジェクトの進捗や調達などに影響を及ぼす
組織で確立したコミュニケーション・チャネル	プロジェクト・コミュニケーションについて大きな影響を及ぼす
商用データベース	コスト見積りやリスク関係の情報収集への影響
プロジェクトマネジメント情報システム	インフラの一種。情報収集や配布に大きな影響を持つ

4-2
プロジェクトマネジメントと定常業務マネジメント

プロジェクトの独自性と有期性に対し、定常業務は継続的に繰り返し行われる活動です。両者の特徴をマネジメントの側面で解説します。

▶▶ 定常業務マネジメント

定常業務（ルーティンワーク）とは、同一の製品やサービスを提供するものです。生産業務、製造業務、会計業務などがこれにあたり、反復する活動という性質から、時間の経過に従い経験が深まり、活動に対する不確実性は低くなります。さらにプロセスの質を高めるために標準化が行われ、誰でも作業可能なように分解されることもあります。

そもそも定常業務は、組織に課された「継続性」に由来しています。例えば、企業には継続的な安定や成長が期待されており、その目的実現に必要な機能を備えた組織が構築されます。その組織を運営する活動を「定常業務マネジメント」や「ビジネス・プロセス・マネジメント」といいます。それに対して不確実性の高いプロジェクトは一過性の活動ですから、マネジメント手法も異なります。

しかしながら、両者とも組織の目標を達成するために活動するという目的は同じですから、何らかの接点があるはずです。

組織は人の集団によって構成され、組織の目標を達成するように活動します。その目標は、課された毎月のノルマから長期目標までさまざまですが、組織が成立するようなものが設定されます。一般的には、会計年度に合わせたビジネス目標が設定され、それが各部門の特性に合わせて課されることになり、定常的な組織運営がなされます。

ところが定常的な活動だけでは達成不可能な目標が設定された場合、目標を達成するための手段として臨時的な活動のプロジェクトが実施されます。つまり組織における定常業務を補助するためにプロジェクトが実施されるのです。この場合、プロジェクトによって作成された成果を定常業務で活用することで、ビジネスを成立させるわけです。これがプロジェクトと定常業務の接点といえます。

4-2 プロジェクトマネジメントと定常業務マネジメント

定常業務の特徴

継続的な目的・目標を達成する
既存の要員で活動する
あらかじめ配属されている要員
決められた方法で活動する
継続的に活動する

プロジェクトと定常業務の接点

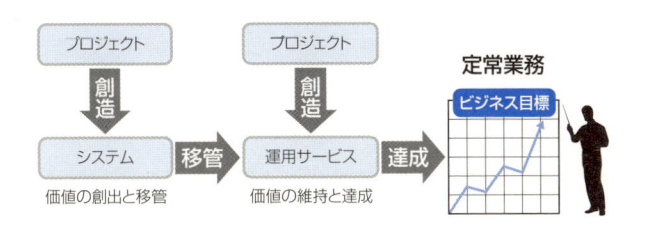

プロジェクト → 創造 → システム → 移管 → 価値の創出と移管
プロジェクト → 創造 → 運用サービス → 達成 → 価値の維持と達成
定常業務 ビジネス目標

▶▶ 成果物の引き渡し

　プロジェクトは価値を創出する活動であり、その成果物は定常業務に活用されることで価値が生まれます。IT系プロジェクトを例に考えると、「XXシステム構築」というプロジェクトによってシステムが完成しても、それを運用しない限り何の役にも立ちません。プロジェクトは、システムを運用しやすいように作る義務があります。顧客の使用状況を考えずに独善的なシステムを構築しても「こんな使いづらいシステムでは困る」と問題化する場合があります。そうならないよう、プロジェクト側で検証してから納入し、顧客側はそれを検収して確認します。この活動を「引き渡し」といい、両者が合意してプロジェクトは終結します。

　納品された成果物は、定常業務に組み込まれ、ビジネス的な目標達成のために用いられます。運用の結果から、プロジェクトがビジネスの目標達成に貢献できたか否かが判断されます。通常は納品したらプロジェクト・チームは解散するので、判断はポートフォリオマネジメントかプログラムマネジメントのチームによってなされます。そして、その価値をさらに高め、あるいは機能を変更するために、新たなプロジェクトが立ち上がって、ビジネスの戦略目標が達成されることになります。

4-2 プロジェクトマネジメントと定常業務マネジメント

プロジェクトの成果物が定常業務で用いられるまで

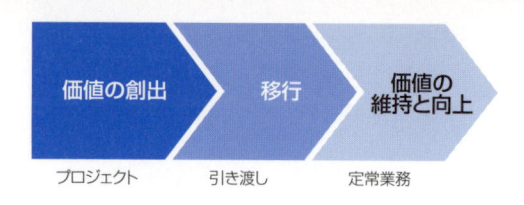

価値の創出 → 移行 → 価値の維持と向上
プロジェクト　　引き渡し　　定常業務

▶▶ 共通の特性

PMBOK ガイドによれば、プロジェクトと定常業務にはいくつか共通点があります。その主なものを下にまとめました。

人が実施する

共に人の集団活動なので、仕事を効率よく進めるために、動機付けを行い、チームを形成し、シナジー効果を求めます。

資源の限定などの制約を受ける

ビジネス上の一般的な制約です。通常、人・モノ・金を制限なく使えることはありません。両方とも適切な投資効果が求められます。

計画、実行、監視、コントロールの対象

組織活動は、思いつきや衝動的に行われるのではなく、計画を立て、それに基づいて実行され、状況が監視され、その結果の分析に基づき対策がとられます。コントロールは対策のことです。両方とも、いわゆるPDCAというデミング・サイクルの対象です。

組織の目標や戦略計画を達成するために実施

プロジェクトは組織戦略の達成手段、とされていますが、定常業務も同じです。

4-2 プロジェクトマネジメントと定常業務マネジメント

定常業務とプロジェクトの関係

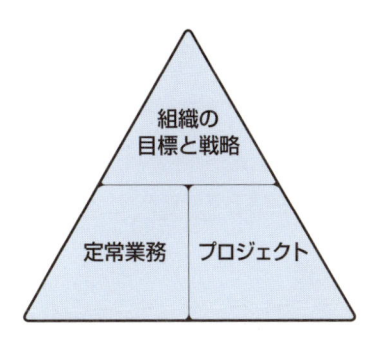

(図: ピラミッド 頂点「組織の目標と戦略」、底辺「定常業務」「プロジェクト」)

▶▶ プロジェクトと定常業務の違い

「2-1 プロジェクトの定義」で解説しましたが、プロジェクトには独自性と有期性という特性があります。このことから考えると、定常業務との違いは次のようにいえます。

プロジェクトと定常業務の違い

プロジェクト	定常業務	定常業務の例
独自性	繰り返し	達成済みの計画を翌年度にも実施する
有期性	継続性	組織の継続性や期待される成長のために、毎年継続される この業務がないと企業活動は成り立たない
一時的な組織形態	固定的な組織形態	専門的な部署に一定のスキルを持った要員が配置され、戦略的な人事異動以外には組織に固定
成果物に特有なリスク	運用に特有なリスク	定常業務のリスクには共通性があり、変化に対するリスクを恐れる傾向がある

4-3

プロジェクト体制

プロジェクトを効率的に進めるには、組織体制や権限の所在を明確にする必要があります。プロジェクト・マネジャーは、組織体制によって権限に強弱があることを認識し、プロジェクトを効率的に運用する必要があります。

▶▶ プロジェクト体制の種類

プロジェクトが持つ有期性のため、プロジェクト運営組織は期間限定の体制となります。それを踏まえ、チームをまとめ効率的かつ効果的に進めるため、明確な組織体制を構築する必要があります。このプロジェクト組織体制をプロジェクト・ベース組織（PBO）と呼びます。

①プロジェクト型

この組織はプロジェクト専任です。プロジェクト・マネジャーに責任とともに相応の権限を与える最も強力な体制です。なお、プロジェクトが終結すると解散します。

②機能型

プロジェクトは定常業務組織の中で行われます。従ってチームの中からプロジェクト・マネジャーが任命されますが、権限はライン・マネジメントが持つので、プロジェクト・マネジャーというよりはプロジェクト・リーダーやファシリテーターという位置付けとなります。小規模なプロジェクトや改善活動に採用されることが多い形態です。プロジェクトが終結しても組織はそのまま残ります。

③マトリックス型

プロジェクト・メンバーは、さまざまな組織から集合し活動します。場合によってはメンバーにとって二人の上司が存在することになり、コミュニケーションや人事管理上の課題があります。

④複合型

上記3つの組合せ型。

4-3 プロジェクト体制

組織体制の種類

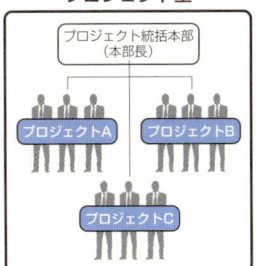

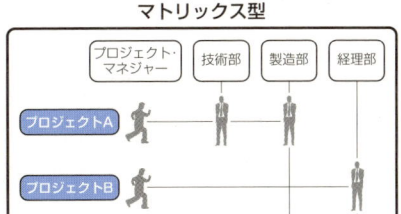

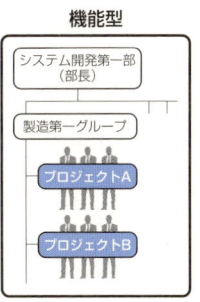

プロジェクト型 / **マトリックス型** / **機能型**

▶▶ マトリックス型の権限

日本では機能型組織が多く見受けられますが、マトリックス型もよく採用されています。さらにプロジェクト・マネジャーの権限によってマトリックス型は3つに分類されるので、その特徴を解説します。

マトリックス型の分類

名称	特徴
弱いマトリックス型	・機能型と同じ特徴がある ・プロジェクト・マネジャー自身や事務スタッフも他の業務との兼任でプロジェクトを運営する ・予算執行権限はライン・マネジメントが持ち、プロジェクト・マネジャーにはない
バランス・マトリックス型	・プロジェクト・マネジャー自身は専任としてプロジェクト運営にあたるが、事務スタッフは他の業務との兼任 ・予算執行権限もライン・マネジメントとの協業で進め、中間型といえる ・さまざまな対立のための調整が必要となる場合もある
強いマトリックス型	・プロジェクト型に近い特徴を持つ ・プロジェクト・マネジャー自身も事務スタッフも専任でプロジェクト運営にあたり、予算執行権限も持つ ・比較的強力な体制 ・プロジェクト型と違い、プロジェクト終結時に、組織は解散しない

4-4 PMO

プロジェクトマネジメントを効率的に実施するためには、直接の責任者であるプロジェクト・マネジャーを任命するだけでなく、組織によるプロジェクト支援・調整の体制としてプロジェクト・マネジメント・オフィス（PMO）を設置します。

▶▶ PMOとは

PMOは組織によってさまざまな活用形態がありますが、PMBOKガイドでは、次のように定義しています。

「プロジェクトマネジメント・オフィスとは、それが管轄する複数のプロジェクトを一元的にマネジメントし、調整を行うことに種々の責任を有する組織の一部門あるいはそのグループのことである」

PMOの責任は、プロジェクトマネジメントを支援することからプロジェクトを直接マネジメントするまでの広範囲にわたります。PMOは、通常その活動によって、次の3種類に分類できます。

PMOの種類と特徴

要素	特徴
支援型	・テンプレート、ベスト・プラクティス、トレーニング、または他のプロジェクトからの情報や教訓を提供することにより、プロジェクトに助言を与える役割を担う ・プロジェクトのリポジトリーとしても機能するが、PMOによるコントロールの度合いは低いのが特徴
コントロール型（管理型）	・支援を行うと共に、さまざまな手段を通して、組織のガバナンスに基づくコンプライアンスを要求する ・コンプライアンスには、法令や組織倫理の順守の他に、プロジェクトマネジメントの枠組みや方法論を採用すること、特定のテンプレート、フォーム、およびツールを使用すること、などを含む ・PMOによるコントロールの度合いは中程度が特徴
指揮型	・プロジェクトを直接マネジメントすることでプロジェクトを掌握する ・PMOによるコントロールの度合いは高い

4-4 PMO

PMO の組織上の位置付け例

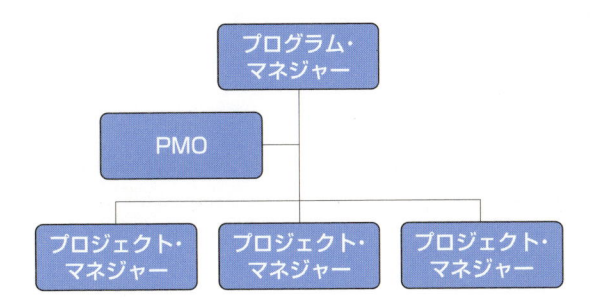

```
        プログラム・
         マネジャー
            │
    ┌───────┤
   PMO      │
    ├───────┼───────┐
プロジェクト・ プロジェクト・ プロジェクト・
 マネジャー   マネジャー   マネジャー
```

▶▶ PMOとプロジェクト・マネジャーの役割の違い

　PMO はポートフォリオやプログラムの構成要素として運営されることがあり、その場合にはプログラムマネジメント・オフィスと呼ばれることがありますが、PMO 傘下の複数のプロジェクトに対し、マネジメント上の支援や技術的な支援を行う役割は同じです。

　PMBOK ガイドによれば、プロジェクト・マネジャーと PMO の役割の違いは次のような事項です。

　例えばプロジェクト・マネジャーは特定のプロジェクト目標に焦点を当てます。一方で PMO はビジネス目標をよりよく達成する潜在的な好機として、プログラムのスコープへの変更をマネジメントします。もちろん追加仕様の要求があった場合、PMO はビジネスとして前向きに対応します。

　また、プロジェクト・マネジャーが割り当てられたプロジェクト資源をコントロールすることでプロジェクト目標を達成するよう機能するのに対し、PMO はすべてのプロジェクトに対して組織内の共有資源の使用を最適化し、限られた資源の有効利用をコーディネートしようとします。

　そしてプロジェクト・マネジャーが個々のプロジェクトの制約条件をマネジメントするのに対し、PMO は組織レベルにおける方法論、標準、組織全体のリスクや好機、プロジェクト間の相互依存関係等をマネジメントします。つまり組織横断的に標準化を推進し、さらにプロジェクト間の資金移動や人の異動などのコーディネートを行います。

4-5

組織のプロセス資産

プロジェクトを効率的に進めるには、母体となる組織が持つ過去のノウハウや慣習、業務を収集し、データベース化します。プロジェクトの実施には、この情報の活用や標準的プロセスの順守が重要です。

▶▶ プロセスと手順

PMBOKガイドに紹介されている内容を解説します。これらの情報は、実行されるプロセスのインプット情報になり、あるいはアウトプットとして更新されることもあります。これらの情報は、たとえPMBOKガイドのプロセスに定義されていなくても積極的に参照することが大切です。

立上げと計画のプロセスで参照される事項

- プロジェクトの特定のニーズを満たすために、組織の標準プロセスと手順を適合させるガイドラインと基準
- 方針:プロダクトとプロジェクトのライフサイクル、品質方針と手順
- テンプレート

実行と監視・コントロールのプロセスで参照される事項

- 母体組織の標準書、方針、計画書、手順書、もしくはすべての変更され得るプロジェクト文書の手順、およびすべての変更の承認や妥当性確認方法などを含む変更管理手順
- 財務管理手順
- 課題と欠陥のコントロール、課題と欠陥の特定と解決、対処項目の追跡を定義する課題と欠陥のマネジメント手順
- 組織のコミュニケーション要求事項
- 作業認可のための優先順位設定、承認、認可書発行の手順
- リスク区分、リスク記述書のテンプレート、発生確率と影響度の定義、発生確率・影響度マトリックスを含むリスク・コントロール手順
- 標準化されたガイドライン、作業指示書、提案書の評価基準、パフォーマンスの測定基準

4-5 組織のプロセス資産

終結のプロセスで参照される事項
・プロジェクト終結に関するガイドラインまたは要求事項

▶▶ 企業の知識ベース

　PMBOK ガイドに紹介されている「企業の知識ベース」について解説します。このデータベースは、図「知識ベースの整備」にあるように、プロジェクト中は常に収集と保管、管理を実施し、必要に応じて利用できるように整備します。

プロセス測定データベース
　収集したプロセスやプロダクトの測定データを利用可能にします。

プロジェクト・ファイル
　各種ベースライン、プロジェクト・カレンダー、スケジュール・ネットワーク図、リスク登録簿、計画された対応処置、リスク影響度の規定などです。

過去の情報と教訓の知識ベース
　プロジェクト記録と文書、プロジェクト終結に関するすべての情報と文書、過去のプロジェクト選定結果と、そのプロジェクトのパフォーマンス情報、リスク・マネジメント適用結果の情報などです。

課題と欠陥のマネジメントに関するデータベース
　課題と欠陥の状況、コントロール情報、課題と欠陥の解決策、アクション項目の結果などの保存情報です。

コンフィギュレーション・マネジメントに関する知識ベース
　企業におけるすべての公式の標準、方針、手順、プロジェクト文書などの各バージョンとベースラインを格納したものです。

財務データベース
　作業労働時間、発生コスト、予算、コスト超過などの情報を収めたものなどです。

知識ベースの整備

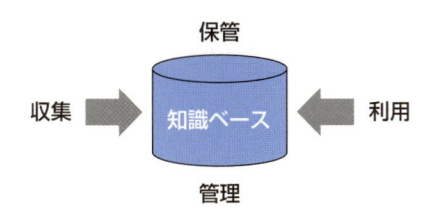

COLUMN　ステークホルダー対応のノウハウ

　ステークホルダー・マネジメントがプロジェクト・マネジャーの主たる仕事だといっても、すべてのステークホルダーと等しくお付き合いすることは不可能です。ステークホルダーが多数となる大規模プロジェクトでは、プロジェクト・マネジャーの片腕として副プロジェクト・マネジャーを任命するのも一案です。それくらいの投資をしても効果が期待できるほど、ステークホルダー・マネジメントは非常に大きなウエイトを占めるのです。

　そしてステークホルダー分析にて優先度が高かったステークホルダーへ、早期に挨拶に行きます。さらに相手に安心感と信頼感を与えて、強い支持を得たいのですから継続的なコミュニケーションが必須です。このコミュニケーション・スタイルは、特別なことがない限り「相互型」でなければなりません。メールによる一方通行の情報伝達は勧められません。たとえ5分でも、立ち話でもいいので顔を合わせることが大切です。

　プロジェクト・マネジャーが直接担当しないステークホルダーに対しては、担当者に対するフォローを行います。たとえば、そのステークホルダー・マネジメント戦略が情報伝達を中心とするものならば、その頻度と質をレビューして指導することが必要です。また、ステークホルダーに専門家がいる場合は、こちら側でも専門家に担当させることもひとつのアイデアです。

　ステークホルダーから、仕様に関する変更要求が出されたような場合は、変更管理プロセスを経由して対応する旨返事して、Yes／Noの即答は避けます。ただし結論は早く出します。Noの場合には、逆提案としてアイデアを出し、納得いくまで議論します。ここでは全体最適の立場で議論することが大切です。

　また、IT分野のソフトウェア開発など「具体的な進捗が目に見えにくい」プロジェクトでは、ステークホルダーが気楽に変更要求を出してくる傾向があります。対処法として、要求事項は要望した人の言葉で表現し、要求者名も記入しておきます。こうすることで更に変更要求が出されたときに、「Aさんの要求によって実装された事項です」と明確にして変更要求を取り下げてもらうか、あるいは事前にその一覧表を見ることができれば要求元同士で話し合って解決できるのです。仕様書とは「要求事項を技術文書に変換するものだ」と理解して、要件定義はステークホルダーの言葉で表現する、とおぼえましょう。

第5章

10の知識エリア

プロジェクトを進めていくと、さまざまな課題に直面することになりますが、常に注意すべき側面を決めておけば対応が容易になります。それが知識エリアです。PMBOKガイドでは、知識エリアとして10の領域が定義されています。本章では順次解説します。

5-1
プロジェクト統合マネジメント

プロジェクト統合マネジメントは、PMBOK ガイドの歴史で比較的後に定義されたマネジメント・エリアです。他の知識エリアでは担当できない事項を含めて、中心的な役割を担うためのプロセスが定義されています。

▶▶ 統合マネジメント

プロジェクト統合マネジメントは、他の9つの知識エリアを取りまとめるという意味で、プロジェクトマネジメントにおける中核の役割を果たしています。他の知識エリアはプロジェクト統合マネジメントのサブルーチンである、と位置付けると理解しやすいでしょう。PMBOK ガイドでは、統合マネジメントについて次のように定義しています。

「プロジェクトマネジメント・プロセス群内の各種プロセスと、プロジェクトマネジメント活動の特定、定義、結合、統一、調整などを行うために必要なプロセス、および活動」

統合の意味は、要求事項を満足させるために必要なすべての活動をまとめる、というもので、他の9つの知識エリアの中核になります。プロジェクトマネジメント計画書を作成する場合は、まず組織の戦略に沿うように計画書本体を記述し、その上で他の知識エリアからの補助計画書などを取り込み、最終的に一冊の計画書にまとめ上げます。なお、その時点で「プロセスのテーラリング」を行うことも統合活動です。

さらに実行の結果と分析結果は計画書にも反映され、各知識エリアで分析された管理情報をプロジェクト全体の視点で見直すことも行われます。その他、プロセス間の相互作用をマネジメントして、部分最適や個別最適ではなく、全体最適の視点で調整を行います。特に、変更に関する活動の中心として変更管理会議などを主宰し、適切な意思決定を行います。成果物を作成する作業もこのエリアに定義されていますが、それに付随して変更作業も行われます。最後に、完成した成果物を確認して納品し、プロジェクトを終結します。このように「統合マネジメント」はプロジェクト全体に関与します。

5-1 プロジェクト統合マネジメント

プロジェクト統合マネジメントで統合される9つの知識エリア

番号	知識エリア名	機能
1	プロジェクト・スコープ・マネジメント	プロジェクトの達成に必要な作業と成果物を確定させるためにプロセスを定義
2	プロジェクト・タイム・マネジメント	プロジェクトを達成すべきスケジュール内で完了するために必要なプロセスを定義
3	プロジェクト・コスト・マネジメント	プロジェクトを予算内で達成するために必要なプロセスを定義
4	プロジェクト品質マネジメント	プロジェクトが達成すべき品質を持ち、管理するために必要なプロセスを定義
5	プロジェクト人的資源マネジメント	プロジェクト・チームを編成・育成・管理し、目標を達成するために必要なプロセスを定義
6	プロジェクト・コミュニケーション・マネジメント	情報伝達や円滑なコミュニケーションに必要なプロセスを定義
7	プロジェクト・リスク・マネジメント	リスクの特定・分析・対応・監視に必要なプロセスを定義
8	プロジェクト調達マネジメント	プロジェクト実施に必要なプロダクトやサービスについて、調達の計画・実行・管理・終結に必要なプロセスを定義
9	プロジェクト・ステークホルダー・マネジメント	プロジェクト実施に必要なステークホルダーの特定とその要求の把握、利害の調整に必要なプロセスを定義

▶▶ 統合マネジメントのプロセス

　統合マネジメントには、6つのプロセスが定義されています。これらは大きい枠組みでは時系列に並べられますが、明確に区切られているものではありません（次ページの図「統合マネジメント全体像」参照）。

　まず「プロジェクト憲章作成」を実施し公式な承認を受け、「プロジェクトマネジメント計画書作成」を行います。その計画書が承認されたら「プロジェクト作業の指揮・マネジメント」が実施され、開発が行われます。成果物が完成したら「プロジェクトやフェーズの終結」で顧客に引き渡されます。「プロジェクト作業の監視・コントロール」と「統合変更管理」は、プロジェクトの最初から最後までバックグラウンド的な役割で活動します。

5-1 プロジェクト統合マネジメント

①プロジェクト憲章作成
プロジェクトを公式に立上げるための文書を作成し、承認をうけます。プロジェクト・マネジャーの権威を確立し、キックオフで関係者の意思統一を図るためにも活用される文書です。

②プロジェクトマネジメント計画書作成
プロジェクトの目標を設定し、それを達成するための方法を記述します。プロジェクトマネジメントにおける意思決定の基準になります。このプロセスは、段階的詳細化の観点で、プロジェクトの最後まで継続されます。

③プロジェクト作業の指揮・マネジメント
プロジェクトの目標を達成するように、成果物の生成作業をマネジメントしたり、変更作業を実施します。

④プロジェクト作業の監視・コントロール
プロジェクトの作業がプロジェクトの計画に沿うように監視し、必要に応じた対策を講じ、プロジェクト全体の報告書を作成します。

⑤統合変更管理
決められた手続きを守るように働きかけ、必要に応じて提出された変更要求をレビューし、採用の諾否の意思決定を行います。

⑥プロジェクトやフェーズの終結
プロジェクトとして公式に受入れた成果物を確認したのち、しかるべき部署へ引き渡し、プロジェクトを終結し、最終報告書を作成します。

統合マネジメント全体像

プロジェクト憲章作成 → プロジェクトマネジメント計画書作成 → プロジェクト作業の指揮・マネジメント → プロジェクトやフェーズの終結

（上）プロジェクト作業の監視・コントロール
（下）統合変更管理

5-2 プロジェクト・スコープ・マネジメント

プロジェクト憲章作成後、プロジェクト・マネジャーが最初に手がける必要があるのは、ステークホルダーが要求する成果物やプロジェクトに必要な作業と範囲を明確に定義することです。

▶▶ スコープ・マネジメント

「スコープ」という用語は「範囲」と訳されることが多いのですが、PMBOK ガイドでは「成果物の仕様」も含めています。和訳しにくい単語なので、そのまま「スコープ」としています。PMBOK ガイドでは、スコープをマネジメントする知識エリアを次のように定義しています。

「プロジェクトを成功のうちに完了するために必要なすべての作業を含め、必要な作業のみを含めることを確実にするためのプロセスと活動」

スコープ・マネジメントでは、まずスコープに関する計画を策定し、ステークホルダーの要求を正確に把握し、それを「スコープ記述書」という技術的仕様書にまとめます。そしてステークホルダーの理解を得るために「ワークブレークダウン・ストラクチャー（WBS）」を作成します。

さらにその WBS の構成要素を説明するため、WBS 辞書を作成します。スコープ記述書と WBS、WBS 辞書をあわせてスコープ・ベースラインを構成します。このベースラインは、5W1H でいうところの「What」になりますから、スケジュールやコストなどを設定する基礎となります。スコープ・ベースラインに従って成果物が生成され、品質検査に合格した後「スコープ妥当性確認」による受け入れ検査がなされ、これに合格したら納品されます。

▶▶ スコープ・マネジメントのプロセス

PMBOK ガイドでは、プロジェクトに要求されるスコープを達成するために、次の 6 つのプロセスが定義されています。

5-2 プロジェクト・スコープ・マネジメント

①スコープ・マネジメント計画

スコープ・マネジメントのすべての活動の指針となる方法を記述します。たとえば「スコープ記述書」の書き方、「WBS」の作成や維持の方法、スコープ妥当性確認やスコープ変更に関わるスコープ・コントロールの方法などを「スコープ・マネジメント計画書」として作成し、ステークホルダーからの要求を正確に把握し達成するための行動計画である「要求事項マネジメント計画書」を作成します。

②要求事項収集

要求事項マネジメント計画書に従い、さまざまな手法により要求事項を取りまとめて「要求事項文書」と「要求事項トレーサビリティ・マトリックス」を作成します。

③スコープ定義

スコープ・マネジメント計画書に従い、「要求事項文書」から実装すべき事項を絞り込み、技術的な仕様書となるべき詳細な「スコープ記述書」を作成します。

④WBS作成

スコープ・マネジメント計画書に従い「スコープ記述書」から「WBS」を作成し、それを補完する文書として「WBS辞書」を作成し、「スコープ記述書」とあわせて、スコープ・ベースラインとします。これでプロジェクトの責任範囲が明確になります。WBSの最下位項目をワーク・パッケージと呼びます。

⑤スコープ妥当性確認

スコープ・マネジメント計画書に従い、スコープ・ベースラインと要求事項文書などを基準として成果物の検査を行います。

⑥スコープ・コントロール

スコープ・マネジメント計画書に従い、スコープの変更や、スコープ・ベースラインからの差異の分析結果から、対策を講じます。

スコープ・マネジメント全体像

スコープ・マネジメント計画 → 要求事項収集 → スコープ定義 → WBS作成 → スコープ妥当性確認 / スコープ・コントロール

5-3 プロジェクト・タイム・マネジメント

プロジェクトには必ず納期があります。プロジェクト・マネジャーにとって時間管理は重要で、さまざまな管理ツールや手法を用い、きめ細やかな管理を実現しなければなりません。

▶▶ タイム・マネジメント

プロジェクトの有期性という特性から、時間という制約が生まれます。単に最終的な納期を守るという条件だけでは、きめ細かな管理が困難ですから、ベースラインを設定して確実なコントロールを行います。PMBOKガイドでは次のように定義しています。

「プロジェクトを所定の時期に完了させるためのプロセスと活動」

時間管理の手法には、さまざまな種類があります。スケジュール線表を作成して可視化する方法が一般的ですが、それを作成する方法もさまざまです。プロジェクト・スケジュールは、図「スケジュール・モデル」にあるように、スケジュールに関するさまざまなデータを入力したエンジン（スケジュールモデル）によって生成されます。なお、プロジェクトマネジメントでは、スケジュール・モデルとスケジュールは同じ意味で使われます。

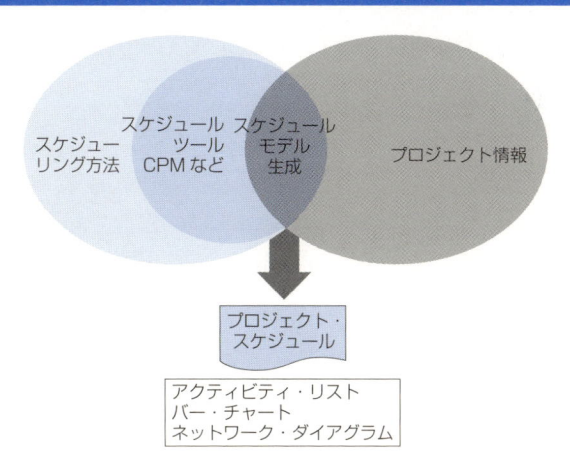

スケジュール・モデル

スケジューリング方法 ／ スケジュールツール CPMなど ／ スケジュールモデル生成 ／ プロジェクト情報

↓

プロジェクト・スケジュール

アクティビティ・リスト
バー・チャート
ネットワーク・ダイアグラム

▶▶ タイム・マネジメントのプロセス

　PMBOK ガイドには、次の7つのプロセスが定義されています。アクティビティ定義から、スケジュール作成のプロセスまでは、通常、並行にあるいは繰り返し実施されます。これらのプロセスは一般に「スケジュール作成」というひとつのプロセスと考えられて活動しますが、それぞれツールと技法が異なるので PMBOK ガイドでは別個のプロセスとしているのです。

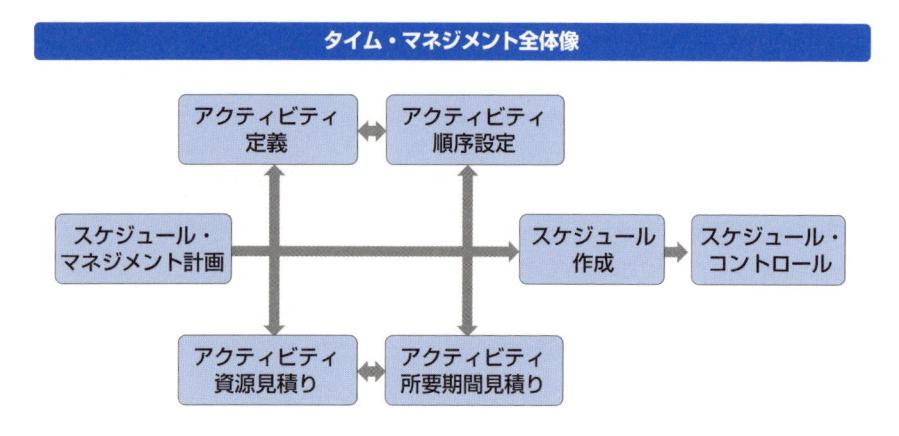

タイム・マネジメント全体像

```
            アクティビティ ← アクティビティ
               定義          順序設定
                 ↑             ↑
スケジュール・  ─────┼─────────────┼──→  スケジュール  →  スケジュール・
マネジメント計画       │             │         作成           コントロール
                 ↓             ↓
            アクティビティ    アクティビティ
             資源見積り      所要期間見積り
```

①スケジュール・マネジメント計画

　スケジュール・マネジメントのすべての活動の指針となる方法を記述して「スケジュール・マネジメント計画書」とします。たとえば、スケジューリングの方法論、ツールの選択、および形式などです。重要な項目として、スケジュールのコントロール基準となる「コントロールしきい値」があります。「コントロールしきい値」は、スケジュールを管理する許容範囲で、決められた目標からの逸脱の幅を規定するものです。その幅はプロジェクトの特性によって決められますが、±5%程度が一般的な数値です。

②アクティビティ定義

　スコープ・ベースラインから、WBSのワーク・パッケージを作成する作業を洗い出します。この作業を実作業ともいいます。スケジュール表に記述されることから、スケジュール・アクティビティとも呼ばれます。

③アクティビティ順序設定

作業の段取りを決めます。

④アクティビティ資源見積り

個々の作業に必要な、人と物資や機材の見積りを行います。

⑤アクティビティ所要期間見積り

個々の作業にかかる期間の見積りを行います。

⑥スケジュール作成

最終的なスケジュールを作成し、承認を受けてスケジュール・ベースラインとします。

⑦スケジュール・コントロール

スケジュールの進捗実績とベースラインとの差異を分析して対策を講じます。

COLUMN　近代プロジェクトの歴史①マンハッタン計画

歴史上の巨大プロジェクトといえばピラミッドや万里の長城などが思い浮かびます。日本であれば木下藤吉郎の一夜城の話は有名ですが、実際に一晩で完成させたわけではないようです。短期間という制約の中で、あたかも一夜で完成したように敵を欺いて、戦いに勝利することが目的でした。この故事もプロジェクトといえますが、残念ながら正確な資料が残されていないので検証することができません。近代的ということのためには科学的な裏付けが必要ですから、その意味では、米国におけるマンハッタン計画が最初の近代プロジェクトといわれています。

マンハッタン計画は、1942年に米国ルーズベルト大統領によって承認されて開始されました。目的は、ナチス・ドイツの原子爆弾開発に対抗し先手を打つことでした。1945年に原子爆弾は完成、実戦で使用されました。倫理的あるいは政治的な問題はともかく、技術的には成功でした。ここで当時発展していた管理工学の手法が採用されたことが、今日のプロジェクトマネジメントの礎になっているのです。この手法は、その後の兵器開発に引き継がれ、プロジェクトマネジメントの必須ツールとなっている「ワークブレークダウン・ストラクチャー（WBS）」が考案されています。

5-4
プロジェクト・コスト・マネジメント

プロジェクト遂行にはさまざまなコストが必要となります。プロジェクト・マネジャーは、このコストを開始前にできるだけ正確に見積り、プロジェクト開始後は予算内かつ成功のうちに終わらせることが求められます。

▶▶ コスト・マネジメント

コスト・マネジメントについてPMBOKガイドでは次のように定義されています。
「プロジェクトを承認済みの予算内で完了するために必要な、コストの見積り、予算設定、コントロール等のプロセスと活動」

コスト管理の手法として、PMBOKガイドでは「アーンド・バリュー法」*が紹介されています。この手法はスケジュール・コントロールにも採用され、両方を合わせることによってスコープもコントロールできるという概念から、スコープ、スケジュール、コストの3つのベースラインをまとめて「パフォーマンス測定ベースライン」と呼びます。プロジェクトは「パフォーマンス測定ベースライン」を基準に管理されます。また「アーンド・バリュー法」では、プロジェクト完了時のスケジュールと予算の予測が可能で、プロジェクトの重要な情報として報告書に記入されます。

アーンド・バリュー法の例

計画
- 総期間　10ヶ月
- 総予算　10万円
- 時系列予算配分：毎月1万円

実績
- 今日は　5ヶ月経過
- 出来高　60%
- 今日までにかかったコスト7万円

今日までの予算総額＝今日までの進捗予定	PV	5万円
今日までの出来高	EV	6万円
今日までのコスト	AC	7万円

スケジュールはEV−PV
1万円進んでいる

コストはEV−AC
1万円予算を上回っている

＊アーンド・バリュー法　「第10章 5つのプロセス群……監視・コントロール」で解説。

コスト・マネジメントのプロセス

　PMBOK ガイドには、次の 4 つのプロセスが定義されています。コスト見積りと予算設定のプロセスは、一般にひとつのプロセスとして捉えられますが PMBOK ガイドではツールと技法が異なるので別個のプロセスとしています。

①コスト・マネジメント計画

　コスト・マネジメントのすべての活動の指針となるような方法を記述して「コスト・マネジメント計画書」とします。たとえば、見積りの精度、コストの測定単位、組織の会計システムとの連携などです。ここでも重要な項目として「コントロールしきい値」があります。コストも「コントロールしきい値」という許容範囲で管理します。この幅はプロジェクトの特性によって変わりますが、普通、見積りの精度によって決められます。－5％から＋10％程度が一般的な数値です。さらに「アーンド・バリュー法」に使われる計算方法についても決めておかなければなりません。

②コスト見積り

　コスト・マネジメント計画書に従い、アクティビティ資源見積りなどの情報から、個々のアクティビティに必要なコストを算定します。

③予算設定

　コスト・マネジメント計画書に従い、個々のアクティビティのコスト算定を集約してプロジェクト全体のコストを算出し、それをスケジュールにあわせて配分し、承認を受け、コスト・ベースラインとします。

④コスト・コントロール

　コスト・マネジメント計画書に従い、コスト実績とベースラインとの差異を分析し、対応策を講じます。

5-4 プロジェクト・コスト・マネジメント

コスト・マネジメントの全体像

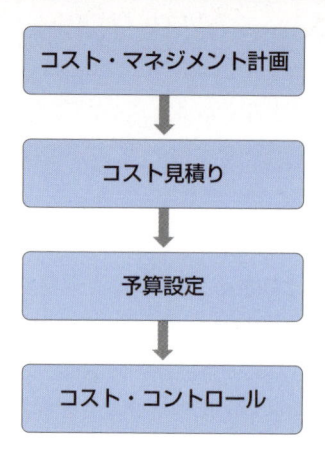

```
コスト・マネジメント計画
        ↓
     コスト見積り
        ↓
      予算設定
        ↓
   コスト・コントロール
```

COLUMN 近代プロジェクトの歴史②アポロ計画

　米国国防総省によって発展してきたプロジェクトマネジメントは、1958年に設立された米国航空宇宙局（NASA）によって利用されることになりました。米国とソ連の冷戦のさなか、ソ連のガガーリン宇宙飛行士による初めての宇宙有人飛行の成功を受け、1961年、J.F.ケネディ大統領は、「1960年代に月に人間を送る」という方針を示し、困難な試練の後、ついに1969年7月、アポロ11号が月面着陸に成功したのでした。このプロジェクトの成功は、管理工学をはじめ、様々な科学領域における偉大な発展に寄与したのです。NASAは、アポロ計画以降もスカイラブ計画やスペースシャトル計画、そして現在の国際宇宙ステーション計画と、順次、宇宙開発プロジェクトを進めています。

　そして「1-2 PMBOKガイドとPMI」で解説したように、1969年に米国プロジェクトマネジメント協会が設立され、プロジェクトマネジメントの分野における主導的役割を担うようになったのです。アポロ計画は1970年代後半までに6回の月面着陸を果たし終結しましたが、宇宙ステーションの始まりとなるスカイラブ計画と、宇宙ステーションと地球を行き来できるスペースシャトル計画へと移行していきました。そして1987年にPMBOKガイドが初めて発行されたのです。

5-5 プロジェクト品質マネジメント

品質マネジメントはISO9001に準拠した活動です。プロジェクトの有期性という特性の中での活動には制約条件がありますが、プロジェクトにおけるプロセスの品質とプロダクトの品質という両面で活動する知識エリアです。

▶▶ 品質マネジメント

プロジェクトにおける品質マネジメントは、作業のためのプロセスに関する品質、および成果物に関する品質を品質基準に合わせるための活動です。PMBOKガイドでは次のように定義しています。

「プロジェクトが取り組むべきニーズを満足するために、品質方針、品質目標、品質に関する責任等を決定する母体組織のプロセスと活動を含む」

この定義では「母体組織のプロセスと活動」となっていますが、考え方として、まず母体組織としての品質活動があり、それをプロジェクトのなかでも実践しようということです。具体的には、たとえばISO9001の認証を受けている組織には「品質方針」が定義されていますから、プロジェクトでもその方針に従います。そして、その方針を具現化するための計画を策定するのです。そのなかで、プロジェクトとISOでは「品質保証」という用語の意味が違ってきます。プロジェクトは、有期性という特性から、納品後の「品質保証」には直接関与できません。

プロジェクト内での品質保証活動は、プロセスや作業の品質を改善し結果として品質の高い成果物を作ることです。それによって納品後のトラブルを未然に防いだり最小限にしたりして品質目標達成に貢献することができるのです。

PMBOKガイドとISOとの関係

PMBOK —準拠→ ISO21500
品質マネジメント —準拠→ ISO9000

品質マネジメントのプロセス

　PMBOK ガイドでは 3 つのプロセスが定義されています。そのプロセスで活用されるツールには、日本で有名な QC7 つ道具*や、新 QC7 つ道具などが紹介されています。IT 業界ではあまり活用されていないようですが、QC7 つ道具は、統計的手法を使いやすいように、日本の品質管理の父と呼ばれた石川馨氏が定義したものであり、それがグローバル・スタンダードに採用されていることに誇りをもって活用したいものです。

①品質マネジメント計画

　「品質方針」を具現化するために、「品質保証」と「品質コントロール」プロセスをどう進めるか、という方法や品質基準などを定義し、品質マネジメント計画書を作成します。

②品質保証

　品質マネジメント計画書に従い、品質監査とプロセス改善活動を実施します。プロセス改善活動には、品質コントロール・プロセスで収集したデータを活用します。

③品質コントロール

　品質マネジメント計画書に従い、成果物の品質検査と、実行プロセスで行われた変更作業の結果をレビューします。プロセス改善活動のために QC7 つ道具や新 QC 七つ道具を駆使し、データを収集します。基本的に QC 七つ道具は「数値データ」を扱い、新 QC 七つ道具は「言語データ」を扱います。

品質マネジメントの全体像

品質マネジメント計画 ⇔ 品質保証 / 品質コントロール

---

* **QC7つ道具**　「10-7 品質コントロール」で解説。

5-6 プロジェクト人的資源マネジメント

プロジェクト要員の数は、プロジェクトにより大きく異なります。数人の場合もあれば数百人、数千人という場合もあります。プロジェクト・マネジャーは、これらプロジェクト要員が最大限能力を発揮できるように指示を出す必要があります。

▶▶ 人的資源マネジメント

PMBOK ガイドでは、次のように定義しています。

「プロジェクト・チームを組織し、マネジメントし、リードするためのプロセスと活動」

対人関係やリーダーシップに関する考え方は、時代とともに変化します。特に PMBOK ガイド第 3 版までは、監視・コントロール・プロセス群に「チームのマネジメント」というプロセスが定義されていましたが、第 4 版では実行プロセス群へ移されました。「人間は、監視やコントロールの対象ではない」という考えです。監視すべきは「プロセスや作業結果」なのです。これは、1960 年に発表され、近代的なリーダーシップ理論として有名な、マグレガーの Y 理論に由来していると思われます。この理論を実践するリーダーシップ・スタイルは、マネジャーとメンバー間の、より協力的な関係をもたらし、個人の欲求や目標がプロジェクト目標につながり、かつ調和する仕事環境を確立しようと努めることになる、といわれています。

マグレガーの XY 理論

X 理論	人は仕事が嫌いで逃げたがるもの（統制）
Y 理論	人は適切な動機付けのもとでは、自ら率先して問題解決に努力し、自己責任を持つ（自立）

▶▶ 人的資源マネジメントのプロセス

PMBOK ガイドは、4 つのプロセスを定義しています。この知識エリアでは、監視・コントロール・プロセス群にプロセスの定義がありませんが、実行プロセス群に 3 つのプロセスが定義されているという特徴があります。

「人的資源マネジメント計画」で決めた内容に従って「プロジェクト・チーム編成」

5-6 プロジェクト人的資源マネジメント

でプロジェクト要員を集めます。なお、実際に集めた要員の能力・スキルによっては、トレーニングなど計画書の更新が必要な場合があります。集めた要員を「チーム」としてまとめあげるために「プロジェクト・チーム育成」にてチーム・ワークを育み、チームとしての実績をあげるように指導します。「プロジェクト・チーム・マネジメント」では、一人ひとりを育成し、対立を解決するようにリーダーシップを発揮しますが、「プロジェクト・チーム育成」と同じように、人間関係のスキルを十分に発揮することが求められるプロセスです。

①人的資源マネジメント計画
タイム・マネジメントの計画プロセスで作成された「アクティビティ資源要求事項」から人に関する項目をとりあげて、プロジェクトの組織図、役割分担、および要員マネジメント計画書を作成します。

②プロジェクト・チーム編成
要員マネジメント計画書に従って、組織内外から、適切なコンピテンシーを持ったプロジェクト要員を集め、役割分担を決めます。

③プロジェクト・チーム育成
集められた要員をひとつのチームとしてまとめ、パフォーマンスを向上させるために、チーム形成活動などにおいてリーダーシップを発揮します。

④プロジェクト・チーム・マネジメント
トレーニングなど個人の育成をベースとして、チームワークを強固にするため、あるいはコンフリクト（対立）を早期に解決するために、リーダーシップを発揮します。

人的資源マネジメントの全体像

人的資源マネジメント計画 → プロジェクトチーム編成 → プロジェクトチーム育成 ⇔ プロジェクトチーム・マネジメント

5-7 プロジェクト・コミュニケーション・マネジメント

　プロジェクトにおけるコミュニケーションは、プロジェクト・マネジャーとプロジェクト要員の間だけでなく、ステークホルダーなども対象となります。プロジェクト・マネジャーは、プロジェクトの成功を確実にするため関係者との正確な情報伝達や円滑なコミュニケーションを図る必要があります。

▶▶ コミュニケーション・マネジメント

　コミュニケーションとは、お互いの意思疎通を図ることです。PMBOK ガイドでは、次のように定義しています。

「プロジェクト情報の生成、収集、配布、保管、検索、最終的な廃棄を適宜、適切、かつ確実に行うために必要なプロセスと活動」

　プロジェクトでは、プロジェクト・マネジャーを中心に、さまざまなステークホルダーが存在しますから、人数が増加するほど関係者の意思疎通は困難になります。ステークホルダー間のコミュニケーション・チャネルは、人数をNとするとN(N−1)／2で表される数になります。これは数字自体が重要なのではなく、プロジェクトの複雑さの指標になります。

　情報の送付という行為自体は容易ですが、相手がその情報の内容を理解したかどうかまではわからないものです。従って、情報の送信者は、重要な情報ほど受信者が正確に理解したかどうかを確かめなければなりません。これを「送信者・受信者モデル」といいます。例えば一方通行の「プッシュ型」コミュニケーションでは、「相手が理解したかどうかは不明」というリスクを持っていることになります。お互いに直接会話を交わす「相互型」や「双方向」コミュニケーションが理想です。相手のいうことを積極的に傾聴することは、人の上に立つ人の重要な役割です。現在では、コミュニケーション・ツールの種類が増え、離れた場所で勤務するチーム・メンバーとのコミュニケーションが容易になりました。さまざまな電子ツールを利用することによって、グローバルなプロジェクトや在宅勤務など、「バーチャル・チーム」＊と

＊バーチャル・チーム　「9-3　プロジェクト・チーム編成」で解説。

呼ばれる形態が増えてきました。ただし、リーダーシップを発揮するためには、相互型コミュニケーションが最も効果的である、といわれています。

▶▶ コミュニケーション・マネジメントのプロセス

PMBOK ガイドでは次の3つのプロセスが定義されています。

①コミュニケーション・マネジメント計画

コミュニケーション・マネジメント計画書を作成し、ステークホルダーのコミュニケーションに関するニーズに応えるための仕組みを構築します。

②コミュニケーション・マネジメント

コミュニケーション・マネジメント計画書に従い、ステークホルダーから情報を収集・配布します。PMBOK ガイドでは、この情報を「Project Communications」としているので、翻訳は「プロジェクト伝達事項」としています。要するに情報伝達です。知識エリアとプロセスの名称が同じなので注意してください。

③コミュニケーション・コントロール

コミュニケーション・マネジメント計画書に従い、情報伝達が正しく実施されているかどうかを監視し、適切な対応を行います。

コミュニケーション・マネジメント全体像

コミュニケーション・マネジメント計画 → コミュニケーション・マネジメント → コミュニケーション・コントロール

5-8 プロジェクト・リスク・マネジメント

プロジェクトにはさまざまなリスクがつきものです。プロジェクト開始時には、あらかじめプロジェクトに影響を与えると思われるリスクを洗い出し、対応策を講じておくことが求められます。

▶▶ リスク・マネジメント

PMBOK ガイドでは、次のように定義されています。

「プロジェクトに関するリスクのマネジメント計画、特定、分析、対応、監視・コントロール等の実施に関するプロセスと活動」

つまりリスク・マネジメントとは、プロジェクトに対してプラスとなる事象の発生確率と影響度を増加させ、マイナスとなる事象の発生確率と影響度を減少させる活動です。リスクとは、もしそれが発生すれば、最低でもひとつのプロジェクト目標に影響を与える不確実な事象、あるいは状態のことです。不確実性は、プロジェクトの独自性という特性に由来しますので、プロジェクトの構想を立てた時点から存在します。しかしながら、すべてのリスクに対応することは困難です。対応するということは、即ち投資ですから、対応自体がリスクになりかねません。これを二次リスクと呼びますが、このリスクは必ず受容できる程度に収めなければなりません。そのため、洗い出したリスクを分析し、優先順位を付けて、優先順位の高いものに対応するのです。優先順位の低いリスクは、通常、「受容」されますが、受容の程度は組織やプロジェクトの許容度に左右されます。

リスク・マネジメントは、専門家や肩書などの特性に左右されやすいという特徴があります。なるべく広い意見を収集して進めたいのですが、専門家の強い意見や肩書によって「思い込み」という偏りが出てくることがあります。そうなると適切な対応が困難になりますから、できるだけ全員参加で公平なコミュニケーションに努めることが重要です。そのためには、品質マネジメントと同様に全社的な活動を展開して、そのなかでのプロジェクト・リスク・マネジメントを実施するのがベストです。

▶▶ リスク・マネジメントのプロセス

　PMBOKガイドでは6つのプロセスを定義していますが、5つが計画でひとつが監視・コントロールという特徴があります。またリスク・マネジメントはプロジェクトのなかで、継続的に繰り返し実施される活動です。

①リスク・マネジメント計画
　リスクに関するプロセスをどう進めるかを定義し、リスクの洗い出しや分析のためのツールなどを決め、リスクマネジメント計画書を作成します。

②リスク特定
　関係者の全員参加でリスクの洗い出しを行い、リスク登録簿を作成します。

③定性的リスク分析
　洗い出したリスク項目の発生確率や影響度などを分析し、緊急度を加味して対応のための優先順位を付けます。

④定量的リスク分析
　シミュレーションなどを駆使し、プロジェクト全体に及ぶリスクの影響度を数値化します。このプロセスは高度なスキルを必要とするので、専門家に依頼するか、あるいは効率化のためには実施しなくてもかまいません。

⑤リスク対応計画
　個々のリスクへの対応戦略を決めますが、優先順位の高いリスクに対しては相応の対策が必要です。

⑥リスク・コントロール
　対応したリスクや受容したリスクの追跡や、新たなリスクを分析しての対応、もう起こらないと判断できるリスクの終結を実行します。このプロセスはこれらの繰り返しの活動です。

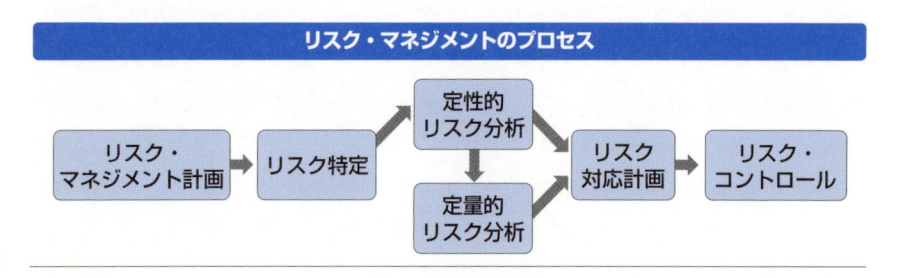

リスク・マネジメントのプロセス

リスク・マネジメント計画 → リスク特定 → 定性的リスク分析／定量的リスク分析 → リスク対応計画 → リスク・コントロール

5-9
プロジェクト調達マネジメント

プロジェクトで成果物を得るために外部からサービスや物品を調達する場合、契約や納入プロセス、品質コントロールなどの局面で、この「プロジェクト調達マネジメント」が役立ちます。

▶▶ 調達マネジメント

PMBOK ガイドでは、次のように定義しています。

「作業の実行に必要なプロダクト、サービス、所産をプロジェクトの外部から購入または取得するプロセスと活動」

この知識エリアでは「調達」という用語を使いますが、実際には「契約」と読み替えると理解しやすいと思います。PMBOK ガイドでは、契約を次のように定義しています。

「契約とは、納入者に特定のプロダクト、サービス、所産を供給する義務を負わせ、購入者にそれに対する金銭などの対価を支払う義務を負わせる、お互いに拘束する協定である」

PMBOK ガイドは、いわゆる契約書を取り交わす取引について記述し、「プロダクト、サービス、所産」をひとまとめにして「品目」という用語を使います。調達プロセスは、ある品目が必要になった時点から始まります。従って他の知識エリアと違って、品目ごとに「計画、実行、管理、終結」という独自の進み方をします。

▶▶ 調達マネジメントのプロセス

PMBOK ガイドでは 4 つのプロセスが定義されています。図「契約のライフサイクル」のように、契約のライフサイクルは、入手したい品目ごとに実施されます。例えば品目 A のための 4 つの調達プロセスは、プロジェクトの計画の時点で開始され実行の半ばで納品され終結します。品目 B は実行の時点で開始されるなど、個々の品目によってタイミングがずれるので、予算への反映方法などを考慮する必要があります。図「調達マネジメントの全体像」は、ひとつの品目について、調達マネジメント・プロセスの全体と納入者側のプロセスとの対比を表わしています。個々

5-9 プロジェクト調達マネジメント

の調達品目は、調達マネジメントの4つのプロセスが順に実施されて入手されます。「調達マネジメント計画」では契約の準備を行い、「調達実行」で契約し、「調達コントロール」で成果物がベンダーによって作成されます。成果物が納品されて「調達終結」が実行されます。

①調達マネジメント計画

必要となった品目の取得のために、調達プロセスをどう進めるか、というガイドとして調達マネジメント計画書を作成します。契約のための準備活動ですから、要件定義のひな型となる「作業範囲記述書（SOW）」を用意し、契約のタイプを決めたり、提案書の評価基準を準備したりします。

②調達実行

調達マネジメント計画書に従い、納入候補者からの提案書を評価し、内容について交渉し、選定した候補者と契約を行います。

③調達コントロール

調達マネジメント計画書に従い、契約した納入者の活動を契約条項に照らして管理します。基本的には、進捗管理、変更管理、品質管理が中心です。

④調達終結

調達マネジメント計画書に従い、納入された品目を検収し、契約の終結活動を実行し、さらに調達プロセスの振り返りとして調達監査を行い、教訓を残します。

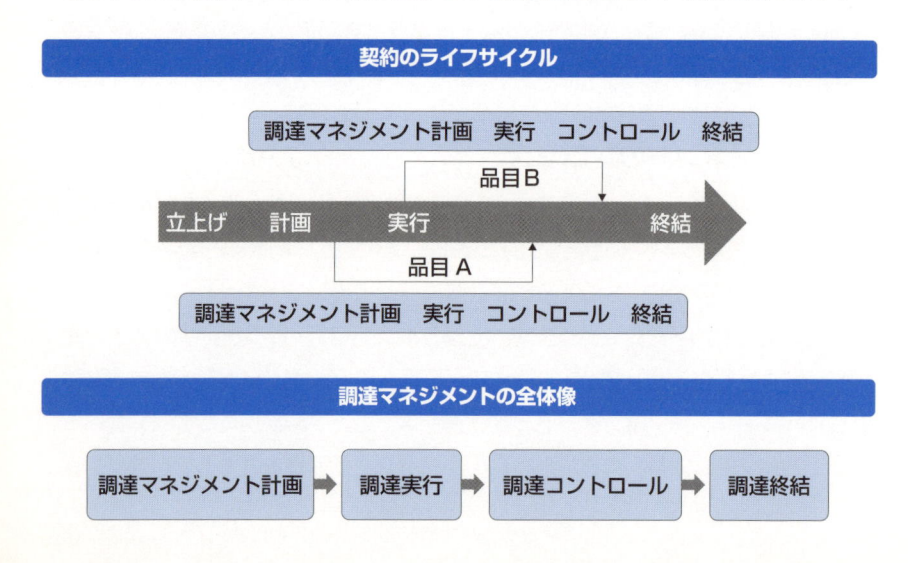

契約のライフサイクル

立上げ　計画　実行　　　　　　　　　終結

品目A：調達マネジメント計画　実行　コントロール　終結
品目B：調達マネジメント計画　実行　コントロール　終結

調達マネジメントの全体像

調達マネジメント計画 ➡ 調達実行 ➡ 調達コントロール ➡ 調達終結

5-10 プロジェクト・ステークホルダー・マネジメント

「第3章 プロジェクト・マネジャーの役割」で説明したように、プロジェクトにはさまざまなステークホルダーがいます。その中にはプロジェクトへの支持者もいれば反対者もいます。プロジェクトを成功させるためにはステークホルダーの関わりが欠かせません。

▶▶ ステークホルダー・マネジメント

PMBOKガイドでは、次のように定義しています。

「プロジェクトに影響を与えたりプロジェクトによって影響を受けたりする可能性がある個人やグループまたは組織を特定し、ステークホルダーの期待とプロジェクトへの影響力を分析し、ステークホルダーがプロジェクトの意思決定や実行に効果的に関与できるような適切なマネジメント戦略を策定するプロセスと活動」

この領域ではさらに、ステークホルダーのニーズや期待を把握し、課題が発生した場合はそれに対処し、相反する利害をマネジメントし、プロジェクトにおける意思決定と活動へのステークホルダーの適切な関与を促すために、ステークホルダーとの継続的なコミュニケーションを図ることに重点を置きます。

たとえば、プロジェクトの成果によって不利益を被ると考えている人は、プロジェクトへの抵抗者となるでしょう。その人を説得して支持的な立場に変化してもらえればベストですが、困難な場合も多々あります。そういう場合には、せめて中立的な立場へ移行してもらう、あるいはプロジェクトへの関与の度合いを下げるような対応策を考えなくてはなりません。そのためにプロジェクト・マネジャーが直接対応することも必要でしょうが、主要なステークホルダー対応の役割分担を決め、チームとして活動します。それを専門家に依頼することもよい方法です。

逆に、プロジェクトへの賛成や支持を表明している人には、さらなる支持をお願いし、あるいは中立や反対には回らないような日々の活動が求められます。

5-10 プロジェクト・ステークホルダー・マネジメント

ステークホルダーの現状分析の例				
ステークホルダー現状分析	不認識	中立	支持	指導
A氏	理解不足である			
B氏		どちらでもない		
C氏			賛成している	
D氏				かなり積極的

▶▶ ステークホルダー・マネジメントのプロセス

PMBOK ガイドでは次の3つのプロセスが定義されています。

①**ステークホルダー・マネジメント計画**

ステークホルダーをマネジメントするというと、かなり失礼な表現になってしまいますが、実際にはステークホルダーのプロジェクトへの関わり度合いについてマネジメントすることです。具体的には、プロジェクトの成功のためのステークホルダーの関わり度合いに関するマネジメント活動を計画し、ステークホルダー・マネジメント計画書を作成します。

②**ステークホルダー・エンゲージメント・マネジメント**

ステークホルダー・マネジメント計画書に従い、ステークホルダーの関与や関わりの度合いを適切なものとするように活動します。エンゲージメントという英語（Engagement）には幅広い意味があって、日本語では一言で表す言葉が見当たりません。従って PMBOK ガイドでは、プロセス名称としてはカタカナとしています。

③**ステークホルダー・エンゲージメント・コントロール**

ステークホルダー・マネジメント計画書に従い、ステークホルダー・エンゲージメント・マネジメントにおける活動の状況を監視し、目標達成に問題があれば対応策を策定し、変更要求を提案します。

ステークホルダー・マネジメントの全体像

ステークホルダー特定 → ステークホルダー・マネジメント計画 → ステークホルダー・エンゲージメント・マネジメント → ステークホルダー・エンゲージメント・コントロール

第6章

5つのプロセス群
……立上げ

プロジェクト開始の際、プロジェクト・マネジャーはまず、プロジェクト憲章の作成と承認取得、そしてステークホルダーを特定し、要求事項の把握に努めることが求められます。さらにプロジェクト・マネジャーは、プロジェクト・メンバーの意思疎通を図り結束を高めることも求められるのです。

6-1

5つのプロセス群

PMBOKガイドでは、プロジェクトを10の知識エリアで表わしましたが、時系列の動きが理解しにくいので、おおよその時間軸で分類して5つのプロセス群としてまとめました。

▶▶ 5つのプロセス群の定義

PMBOKガイドでは、10の知識エリアに定義されている47のプロセスを「立上げ」、「計画」、「実行」、「監視・コントロール」、「終結」の5つに分類しています。表「5つのプロセス」に分類の詳細を、表「全体のマップ」にプロセス群と知識エリア、プロセスの一覧をまとめてあります。ここには、立上げ2、計画24、実行8、監視・コントロール11、終結2の合計47のプロセスが定義されています。特徴は、「計画」は全知識エリアからプロセスが定義されていますが、「実行」はスコープ、タイム、コスト、リスクの知識エリアにはプロセスの定義がありません。同様に「監視・コントロール」には人的資源からの定義がありませんが、「人」そのものは管理の対象ではない、という考え方なのです。

5つのプロセス群

定義	内容
立上げ	プロジェクトまたはプロジェクトの新しいフェーズを明確に定め、それらを開始する認可を得るプロセス
計画	作業全体のスコープを確定し、目標の定義と洗練を行い、目標を達成するのに必要な一連の行動の流れを規定するプロセス
実行	プロジェクト目標を達成する上で、プロジェクトマネジメント計画書において規定された作業を実行するプロセス
監視・コントロール	プロジェクトの進捗やパフォーマンスの追跡、レビュー、統制、計画の変更が必要な分野の特定、およびそれらの変更を開始するプロセス
終結	プロジェクトやフェーズを公式に終了するための、全プロジェクトマネジメント・プロセス群内の全アクティビティを終結するプロセス

6-1 5つのプロセス群

全体のマップ

プロセス群＼知識エリア	立上げ	計画	実行	監視・コントロール	終結
統合マネジメント	プロジェクト憲章作成	プロジェクトマネジメント計画書作成	プロジェクト作業の指揮・マネジメント	プロジェクト作業の監視・コントロール 統合変更管理	プロジェクトやフェーズの終結
スコープ・マネジメント		スコープ・マネジメント計画 要求事項収集 スコープ定義 WBS作成		スコープ妥当性確認 スコープ・コントロール	
タイム・マネジメント		スケジュール・マネジメント計画 アクティビティ定義 アクティビティ順序設定 アクティビティ資源見積り アクティビティ所要期間見積り スケジュール作成		スケジュール・コントロール	
コスト・マネジメント		コスト・マネジメント計画 コスト見積り 予算設定		コスト・コントロール	
品質マネジメント		品質マネジメント計画	品質保証	品質コントロール	
人的資源マネジメント		人的資源マネジメント計画	プロジェクト・チーム編成 プロジェクト・チーム育成 プロジェクト・チーム・マネジメント		
コミュニケーション・マネジメント		コミュニケーション・マネジメント計画	コミュニケーション・マネジメント	コミュニケーション・コントロール	
リスク・マネジメント		リスク・マネジメント計画 リスク特定 定性的リスク分析 定量的リスク分析 リスク対応計画		リスク・コントロール	
調達マネジメント		調達マネジメント計画	調達実行	調達コントロール	調達終結
ステークホルダー・マネジメント	ステークホルダー特定	ステークホルダー・マネジメント計画	ステークホルダー・エンゲージメント・マネジメント	ステークホルダー・エンゲージメント・コントロール	

▶▶ 立上げと計画

　「立上げ」プロセス群には「プロジェクト憲章作成」と「ステークホルダー特定」の２つのプロセスが定義されています。ここで初期のスコープの定義、財源の確保、ステークホルダーの特定を実施します。プロジェクト・マネジャーはこの時点までに任命します。これらの情報を記載したプロジェクト憲章を申請し、その承認後にプロジェクトは公式なものになります。「立上げ」プロセス群は各フェーズごとに実施され、プロジェクトの継続や中止などの判断材料となります。

　「計画」プロセス群には 24 のプロセスが定義されています。ここではプロジェクトの実行の基準となるプロジェクトマネジメント計画書とプロジェクト文書を作成します。ここでは「立上げ」と「計画」に必要なプロセスについて繰り返し情報の分析を実施し、場合によっては「立上げ」プロセス群の変更も含めた計画変更が生じることもあります。

　このようにプロジェクトマネジメント計画書を段階的に詳細化することを「ローリング・ウェーブ計画法」と呼んでいますが、計画の策定と文書化が反復的で継続的なプロセスであることを示しています。

立上げと計画に必要なプロセス群

タイム・マネジメント
- スケジュールマネジメント計画
- アクティビティ定義
- アクティビティ資源見積り
- アクティビティ順序設定
- アクティビティ所要期間見積り
- スケジュール作成

スコープ・マネジメント
- スコープ・マネジメント計画
- 要求事項収集
- スコープ定義
- WBS 作成

コスト・マネジメント
- コスト・マネジメント計画
- コスト見積り
- 予算設定

リスク・マネジメント
- リスク・マネジメント計画
- リスク特定
- 定性的リスク分析
- 定量的リスク分析
- リスク対応計画

人的資源マネジメント
- 人的資源マネジメント計画

ステークホルダー・マネジメント
- ステークホルダー特定
- ステークホルダー・マネジメント計画

品質マネジメント
- 品質マネジメント計画

コミュニケーション・マネジメント
- コミュニケーションマネジメント計画

調達マネジメント
- 調達マネジメント計画

プロジェクト憲章作成

プロジェクトマネジメント計画書作成

▶▶ 実行と監視・コントロール

「実行プロセス群」には8つのプロセスが定義され、プロジェクトマネジメント計画書に沿って人と資源、あるいはアクティビティを調整し、実行します。実行結果の分析から問題があれば解決のために変更要求を提出し、承認後に実施します。プロジェクト予算の大部分は、実行プロセスで費やされるという特徴があります。

「監視・コントロール」プロセス群には11のプロセスが定義されています。ここでは、実績とプロジェクトマネジメント計画書との差異を識別するために、パフォーマンスを定期的かつ一貫して監視し、測定します。この継続的な監視によって状況を正しく把握し、引き続き注意が必要な領域を特定します。この活動は、個々の作業の監視・コントロールだけでなく、プロジェクト全体の作業に対しても行なわれます。例えば複数フェーズの場合に、前フェーズからの引き継ぎ事項などをフェーズ間で調整します。そのために、次の活動が行われます。

実行と監視・コントロール・プロセス群

人的資源マネジメント
- プロジェクト・チーム編成
- プロジェクト・チーム育成
- プロジェクト・チーム・マネジメント

品質マネジメント
- 品質保証

調達マネジメント
- 調達実行

作業の指揮・マネジメント

コミュニケーション・マネジメント
- コミュニケーション・マネジメント

ステークホルダー・マネジメント
- エンゲージメント・マネジメント

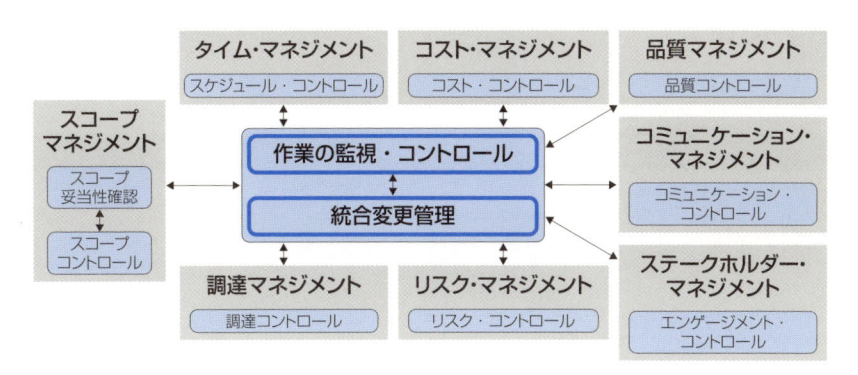

タイム・マネジメント
- スケジュール・コントロール

コスト・マネジメント
- コスト・コントロール

品質マネジメント
- 品質コントロール

スコープマネジメント
- スコープ妥当性確認
- スコープコントロール

作業の監視・コントロール

統合変更管理

コミュニケーション・マネジメント
- コミュニケーション・コントロール

調達マネジメント
- 調達コントロール

リスク・マネジメント
- リスク・コントロール

ステークホルダー・マネジメント
- エンゲージメント・コントロール

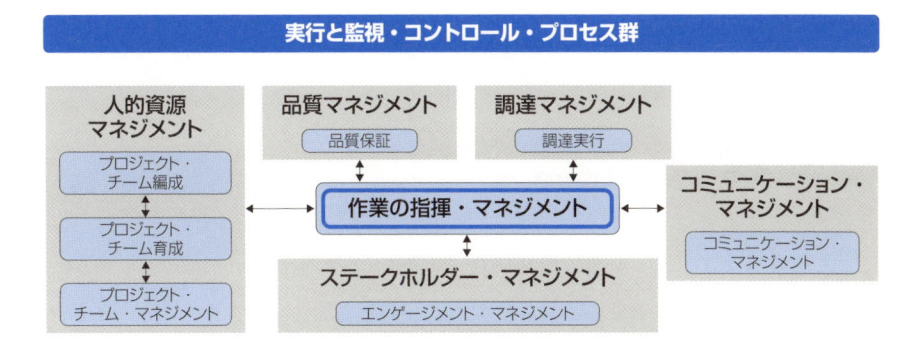

変更のコントロール（プロセスの文書化の徹底）
予防処置の提案（問題を未然に防止する）
監視（計画と実績の差異を監視）

▶▶ 終結

「終結」プロセス群には2つのプロセスが定義されています。ここでは、すべてのプロセス群の所定のプロセスが完了していることを検証し、プロジェクトやフェーズの終了を公式に確定します。そのために次の活動があります。

顧客またはスポンサーによる受入れ

いわゆる検収です。

プロジェクトまたはフェーズ終了時のレビューの実施

プロジェクト監査などです。

テーラリング

テーラリングによるプロセスの影響を記録します。

教訓の文書化

プロジェクト全般にわたる振り返りのまとめです。

組織のプロセス資産の適切な更新

さまざまな文書からプロセス資産として登録します。

プロジェクトマネジメント情報システム（PMIS）への保管

プロセス資産の保管場所例です。履歴データとして活用するため、関連するすべてのプロジェクト文書を保管します。

調達の終結

調達マネジメントのプロセスとリンクします。

終結プロセス群

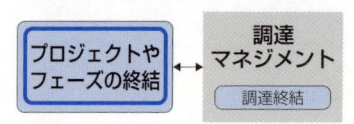

プロジェクトやフェーズの終結 ↔ 調達マネジメント（調達終結）

6-2

プロジェクト憲章作成

「プロジェクト憲章作成」では、プロジェクトの概略や方針などを決めてプロジェクトの公式な認可を得て、プロジェクト・キックオフのための文書を作成します。

▶▶ プロジェクト憲章の承認

プロジェクト憲章の承認手続きは、プロジェクト・マネジャーに任命された人などがドラフトを作成し、しかるべき部署へ申請します。

▶▶ プロジェクト発足要因

プロジェクトが発足する要因としては、次の7項目があります。当然のことながら、7項目の複合も考えられます。

プロジェクト発足要因

要因	事例
①市場の需要	市場調査などの結果からの新製品の開発など
②組織のニーズ	組織改革や改善のための活動など
③顧客要求	営業努力による受注プロジェクトなど
④技術的進歩	新しい技術によるシステム再構築など
⑤法的要件	規制緩和によるビジネス・チャンスなど
⑥生態系への影響	エコを実現するための活動など
⑦社会的ニーズ	公共事業など

▶▶ インプット、ツールと技法

インプット情報には次の事項があります。

プロジェクト作業範囲記述書

企画書や要件定義書に相当します。

ビジネス・ケース

プロジェクトの妥当性や投資効果を数値で表しています。

合意書

受注プロジェクトにおける契約書です。社内の場合もあります。

組織体の環境要因

プロジェクトを取り巻く環境要因です。

組織のプロセス資産

組織の標準プロセスや教訓などの参考情報です。

この作業に利用されるツールと技法には次の事項があります。

専門家の判断

インプット情報の評価のために、有識者や専門家に相談します。判断といっても意思決定するわけではありません。意思決定は、あくまでそのプロセスのオーナーやプロジェクト・マネジャーの責任です。

ファシリテーション技法

ファシリテーターが使用する、ブレーンストーミング、コンフリクト解消、問題解決、あるいは会議のマネジメントなどの技法です。

プロジェクト憲章承認プロセス

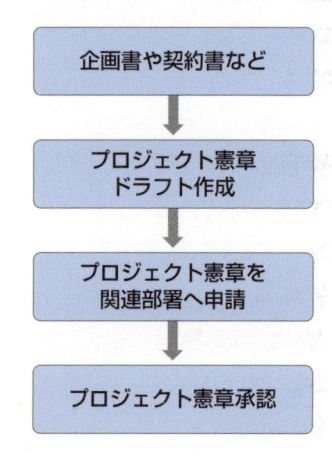

- 企画書や契約書など
- ↓
- プロジェクト憲章ドラフト作成
- ↓
- プロジェクト憲章を関連部署へ申請
- ↓
- プロジェクト憲章承認

▶▶ アウトプット

プロジェクト憲章の内容には、次の事項が必要です。

プロジェクト憲章記載項目

項目	内容
プロジェクトの目的または妥当性	ビジネスへ貢献する目標や投資効果
プロジェクトの目標および成功基準	測定可能な項目
要求事項概略	ステークホルダーの要求事項の概略
プロジェクト記述概略	プロジェクト方針
リスク概略	この時点で明白なリスク
要約マイルストーン、スケジュール	納期など主たるイベント
要約予算	超概算見積り
プロジェクト承認要件	判断基準および、承認を判断する人と役割
プロジェクト・マネジャーの氏名	責任と権限を明記
プロジェクト・スポンサーの氏名	プロジェクトを承認した最終責任者

承認された場合は、プロジェクトを共通に理解するための基本的な資料として活用し、顧客をはじめとする関係者間の協力関係を確立します。

6-3 ステークホルダー特定

プロジェクトにより影響を受けるすべての人と組織を特定し、それらがプロジェクトの成功に対して有する利害、関与、影響に関する適切な情報を文書化します。

▶▶ ステークホルダー特定

このプロセスの活動は、プロジェクトの初期段階においてステークホルダーを特定し、それぞれの関心、期待、重要性、影響のレベルを分析し、ステークホルダーが関与する程度や時期を判断し、取組み戦略を策定するための情報源とするものです。

▶▶ インプット、ツールと技法

インプット情報には、次の事項があります。

プロジェクト憲章

プロジェクト憲章からプロジェクト・マネジャーとスポンサー（プロジェクト・オーナー）の中から、ステークホルダーすべてを洗い出します。

調達文書

契約に関わるステークホルダーを洗い出します。プロジェクト立上げ当初は調達文書はありませんが、調達マネジメント計画が実施された後はそこで作成されたものを利用します。

組織体の環境要因

組織文化や標準などを参照します。

組織のプロセス資産

過去の経験情報を活用します。

ツールと技法には、次の事項があります。

ステークホルダー分析

ステークホルダーの役割、部門、利害、知識レベル、期待、影響レベルなどの関連情報を特定します。図「ステークホルダーの分析マトリックス例」にあるように、権力と関心度によりステークホルダーを分析し、対策を考える材料とします。

専門家の判断
会議
重要なステークホルダーを理解するため、プロファイル分析の実行を目的に実施します。

▶▶ アウトプット

ステークホルダー登録簿
なお、これらの情報は、環境変化によって日々更新される必要がありますし、ステークホルダー間の共有化には適さないので、取り扱いには十分注意します。

ステークホルダーに関する情報

要素	内容
ステークホルダー登録簿	ステークホルダーに関する情報として、次の情報を記載 ①識別情報：氏名、職位、所在地、役割、連絡先など ②評価情報：要求事項や影響、利害関係が最大となるフェーズなど ③分類：プロジェクトの内部・外部、および立場（支持、中立、反対）

ステークホルダーの分析マトリックス例

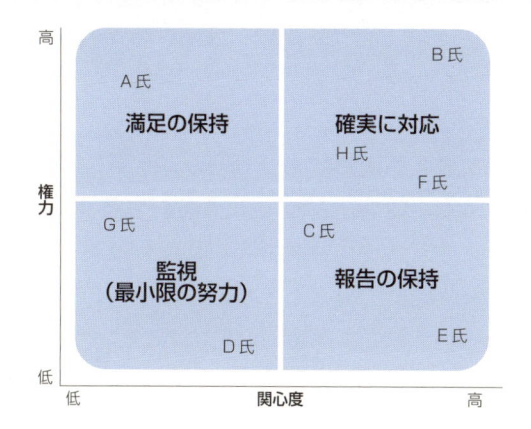

縦軸：権力（低～高）、横軸：関心度（低～高）

- 左上（権力高・関心度低）：満足の保持　A氏
- 右上（権力高・関心度高）：確実に対応　B氏、H氏、F氏
- 左下（権力低・関心度低）：監視（最小限の努力）　G氏、D氏
- 右下（権力低・関心度高）：報告の保持　C氏、E氏

6-4 PMBOKガイドとIT系プロジェクト運用例 ①立上げ

PMBOKガイドを参照しながら、実際のIT系プロジェクトの例で、プロジェクトを立上げてみます。

▶▶ 受注プロジェクトの提案活動

　一般的な受注プロジェクトでは、立上げプロセスの前に、営業活動があります。この中に提案活動がありますが、そこで顧客から見積りを要求されるケースがほとんどなので、できる限り早くプロジェクト・マネジャーとなるべき人物を参加させて顧客要求を詳細に把握します。当然、見積り活動にも参加します。例えばこの部分を提案フェーズと定義し、受注後の活動を開発フェーズとします。

　プロジェクト・マネジャーが見積り作成に関わっていないと、顧客に提示した見積り金額とプロジェクト発足後の作業コスト見積りとに大きな差が出てくる場合が多く、契約金額ではとても利益を確保できない、ということになってしまいがちです。実際に仕様書を書き始めると、営業員と顧客との行き違いがあったり、暗黙知が定義されていなかったり、と不都合が露わになることがあります。

▶▶ 見積り活動

　プロジェクトを一括請負で定額契約する場合の前提条件は「スコープが明確なこと」です。とはいっても、スコープが詳細化できていない時点で契約しますから、大きな負のリスクがあります。一般に定額契約は受注側に不利であるといわれており、そのリスク分を価格で補完することを考慮する必要もあります。

　PMBOKガイドに紹介されている概算見積りの精度は−25%から+75%といわれていますが、そんな大きな誤差では発注側も予算を確保することは困難です。従って、要件定義、外部設計、内部設計、実装、というようにフェーズごとに契約を分割するケースが増えてきています。確かにこれならば、受注側のリスクは低くなります。反対に発注側にとっては「最初の時点で総合的な予算を把握できない」というリスクが残ることになってしまいます。

6-4 PMBOK ガイドと IT 系プロジェクト運用例 ①立上げ

　従って発注側および受注側の双方とも、予算や期間に対する総合的な余裕を見込む必要があります。これをマネジメント予備やコンティンジェンシー予備あるいはバッファといいます。プロジェクトのリスク・マネジメントで予算化するリスク引当金には、特定された個々のリスクに対するものと、個々のリスク以外で想定される全体的なものがあります。このことは価格計画にも関わり経営的な要素が強いので、各社のノウハウにもなっています。詳細は第 8 章で解説します。

　図「発注側対受注側プロセス」は、プロジェクトマネジメントの受発注を模式化したものです。左側の発注側では調達計画で入手すべき品目の調達方法を決め、受注側に提案依頼書を発行し提案書を入手します。事前に準備した評価基準によって、提出された提案書を評価し、契約交渉を経て契約締結となります。受注側に対する調達管理を経て、成果物が納品されたら検収を行い、契約終結となります。

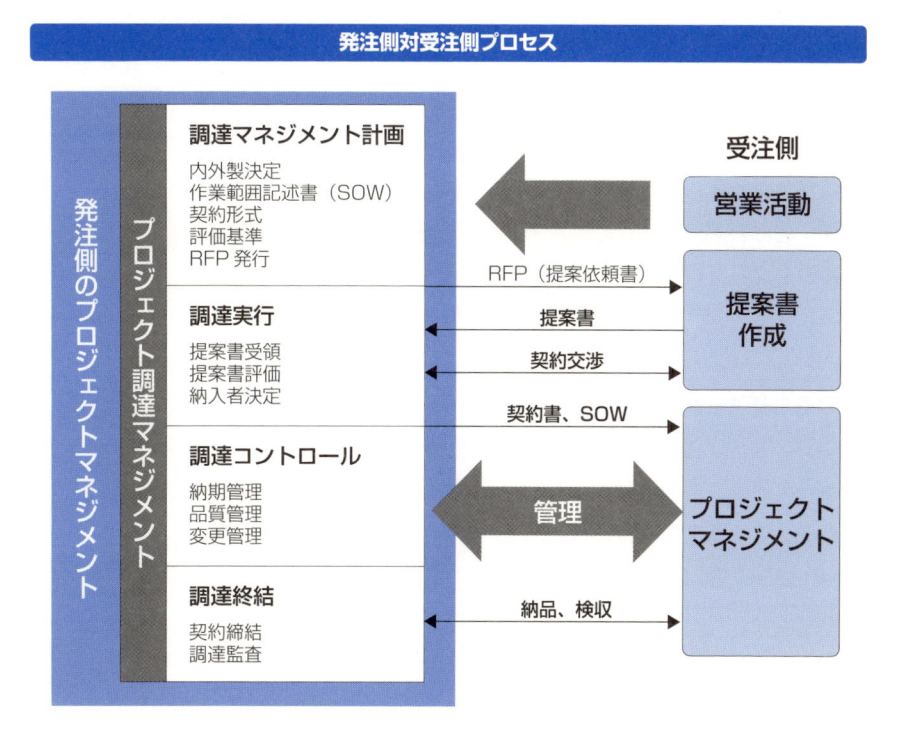

発注側対受注側プロセス

発注側のプロジェクトマネジメント

プロジェクト調達マネジメント

- 調達マネジメント計画
  - 内外製決定
  - 作業範囲記述書（SOW）
  - 契約形式
  - 評価基準
  - RFP 発行

- 調達実行
  - 提案書受領
  - 提案書評価
  - 納入者決定

- 調達コントロール
  - 納期管理
  - 品質管理
  - 変更管理

- 調達終結
  - 契約締結
  - 調達監査

受注側
- 営業活動
- 提案書作成
- プロジェクトマネジメント

やり取り：
- RFP（提案依頼書）
- 提案書
- 契約交渉
- 契約書、SOW
- 管理
- 納品、検収

▶▶ 立上げ

　いずれにせよ、契約が取れた、という事実からプロジェクトを立上げるものと考えます。受注プロジェクトは、正式に契約締結がなされてから活動を進めるのが原則ですが、納期を考慮すると正式な調印を待つ時間が惜しい場合があります。いわゆる先行作業を行うかどうかですが、これはプロジェクト・マネジャーの一存では決められません。発注側と仮契約が取り交わせればいいのですが、そうはいかない場合には、経営のリスクとしての意思決定が必要となります。

　プロジェクト・マネジャーは契約内容をつぶさに理解しなければなりません。契約内容を元に「プロジェクト憲章」を記述しますが、この文書の名前は「憲章」にこだわる必要はありません。単なる「方針書」でも「立上げ文書」でもなんでもよいのです。これをキックオフ・ミーティングで提示される公式な資料とします。契約書に十分な情報が記載されていれば、それを流用するのもおすすめです。

　この文書のポイントは、プロジェクトの目的、目標、概略、成功条件、方針などを明確にして関係者のベクトルを合わせることです。内容はプロジェクトの特性によって変わりますが、少なくとも次の事項を満たすように記述します。

プロジェクトは、顧客のビジネス目標達成のための手段となっているか
　例：現行営業支援システムのTCO20%削減

プロジェクト目標は適切か
　概略スコープ（例：現行営業支援システムのクラウド化）、概略マイルストーン（例：2014年10月1日本稼働）、概略予算（例：ハード・ソフト込約1億円）、品質の考え方（ISO9001準拠）。

プロジェクト成功基準は明確に測定可能か
　例：期間、コスト、品質、育成、運用などの達成基準。

プロジェクト運営方針は明確か
　例：体制やプロジェクト・マネジャーとしての考え方や方針。

　この文書は、顧客を含め全員が理解できる内容となっていなければなりません。キックオフ・ミーティングに顧客のキーマンの出席を求めるのもベストです。

ステークホルダー特定

　プロジェクト・マネジャーは、キックオフ・ミーティングの準備と並行して、顧客に挨拶に出向く必要があります。そこで「ステークホルダー登録簿」と呼ばれる、プロジェクトの関係者をすべて把握し、連絡先を含めた一覧表を作成します。その内容を社内の上司や営業員などと一緒にレビューし、顧客との付き合い方を考えます。社内の人間も含めステークホルダー全員について、その人の考え方や立場を分析して優先順位を付けることも考えなければなりません。

　そのためには、個々のステークホルダーと面談する必要があります。ステークホルダーが集団の場合もありますから、その場合は代表者と会うことになります。社内の場合、プロジェクトの成功には上位マネジメントの強力な支持が必須条件ですから、彼らの考え方を把握することは重要です。社内外のどちらにしても、その人達の関心度や影響度、あるいは権力という要素について分析し、マネジメント戦略を策定します。かなり時間がかかる活動ですから、上司や営業の協力を得て、効率的に行うことが望まれます。

　また、技術的な要求事項を得るためのステークホルダーと、進捗会議や報告書などのプロジェクトを進めるための要求事項を確認するためのステークホルダーを特定します。この人達との打ち合わせは、スコープ・マネジメントの要求事項収集プロセスで実行しますが、立上げからの連続的な活動になります。

　図にあるように「ステークホルダー特定」によって作成されたステークホルダー登録簿から、各ステークホルダーに対する対応戦略を決め、要求事項マネジメント計画書に定められた手法を通じてステークホルダーからのニーズを把握し、要求事項文書を作成します。

6-4　PMBOKガイドとIT系プロジェクト運用例　①立上げ

ステークホルダー特定と要求事項収集のデータフロー

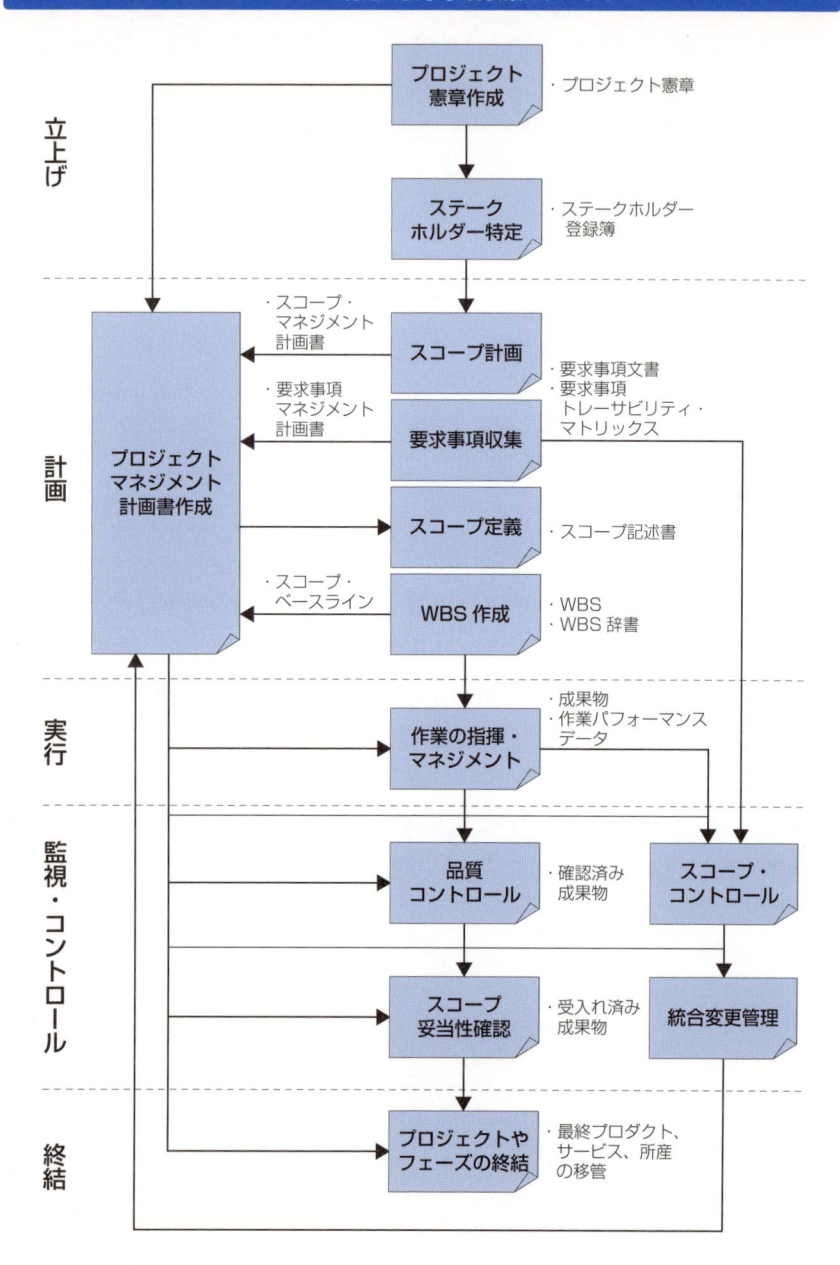

立上げ
- プロジェクト憲章作成　・プロジェクト憲章
- ステークホルダー特定　・ステークホルダー登録簿

計画
- プロジェクトマネジメント計画書作成
  - ・スコープ・マネジメント計画書
  - ・要求事項マネジメント計画書
  - ・スコープ・ベースライン
- スコープ計画
- 要求事項収集　・要求事項文書　・要求事項トレーサビリティ・マトリックス
- スコープ定義　・スコープ記述書
- WBS作成　・WBS　・WBS辞書

実行
- 作業の指揮・マネジメント　・成果物　・作業パフォーマンスデータ

監視・コントロール
- 品質コントロール　・確認済み成果物
- スコープ・コントロール
- スコープ妥当性確認　・受入れ済み成果物
- 統合変更管理

終結
- プロジェクトやフェーズの終結　・最終プロダクト、サービス、所産の移管

▶▶ 社内プロジェクトの申請

　社内プロジェクトの例では年度計画に組み込むことが一般的です。例えば大きなプロジェクトとなることが予想される場合、会計年度の途中で開始することは予算上困難なことが多いので次年度の計画となることもあります。従って次年度の活動計画が策定されるタイミングでプロジェクト申請を行います。プロジェクト申請を受け付ける部門では、各部門からのたくさんの申請書をレビューの上、優先順位を付けることになります。

　例えば、社内システムのクラウド化のプロジェクトを申請したとします。申請に必要な内容は、このプロジェクトの必要性、妥当性、投資効果などのビジネス・ケースです。プロジェクトは一時的な投資です。仮にこのプロジェクトの概算見積りは1億円である、とします。この投資を回収するためにどれくらいの期間がかかるのかを試算します。当然、クラウド化による保守費用や運用費用の増減を加味しなければなりません。総合的に計算して一覧表にします。この計算には、経済状況などの環境要因が前提条件として考慮されますから、いくつかのパターンを示すことも重要です。この計算には、金利を考慮する割引キャッシュフローと呼ばれる複利計算手法も使われることがあります。その結果から、正味現在価値が計算できます。これは効果分に相当しますから、大きいほどよいとされます。回収期間は、短ければ短いほど望ましいので、短くするための対策も併記すると効果的です。

　このようなビジネス・ケースを作成しプロジェクトを申請しますが、次に審査を受け、上位マネジメントによって承認され、優先順位に従って立ち上がるまでの大きな流れを「社内プロジェクト選定例」に示します。通常、ビジネスの動向によって立上げの時期が早まったり遅くなったりします。

▶▶ 社内プロジェクト立上げ

　やがて指定された開始時期が来て、プロジェクトの立上げとなります。通常、このような社内プロジェクトは、IS部門が担当し、ベンダーを活用して進めることが多いので、ここでもクラウド構築には協力会社を使うことにします。

　なお、プロジェクトが承認されることが明白な場合は、公式な立上げ前から、企画書をプロジェクト憲章化し、マネジメント・プロセスとして作業に先行着手できます。時間の許す限り、計画書などのテンプレートを準備しておけば、計画プロセス

6-4　PMBOKガイドとIT系プロジェクト運用例　①立上げ

が楽になります。この場合は当然、ベンダーとも開始時期にあわせてネゴシエーション・レベルで契約交渉を進めることが可能です。

　さてキックオフ・ミーティングを開催してプロジェクトを進めますが、開発主体はベンダーですから、発注者として調達マネジメント・プロセスが中心の活動になります。従ってベンダー側の立上げプロセスの活動に協力して、効率的かつ効果的に進めるようにします。自分側のステークホルダー・マネジメントも重要ですから、特に社内ユーザーのうちプロジェクトへ影響の大きいステークホルダーには早めに挨拶をして、後日の要求事項収集プロセスへの協力を依頼します。

社内プロジェクト選定例

段階	①年度計画案：申請	②年度計画案：プロジェクト審査	③プロジェクトの優先順位決定	④公式文書化：プロジェクト立上げ	⑤プロジェクトの優先順位見直し
作業	プロジェクトの目的	選定基準による審査	承認されたプロジェクトへの優先順位付け	プロジェクトの追加承認	
	プロジェクトの妥当性	投資対効果分析	資源の再割り当てと調整		
	成果物	承認済計画リスト			
	期間	進捗は月例報告			
	予算				
	年度計画案：申請	年度計画案：プロジェクト審査	プロジェクトの優先順位決定	公式文書化：プロジェクト立上げ	プロジェクトの優先順位見直し
プロジェクトの目的	選定基準による	承認されたプロジェクトへの優先順位付け	プロジェクトの追加承認		
プロジェクトの妥当性	審査	資源の再割り当てと調整			
成果物	投資対効果分析	承認済計画リスト			
期間	進捗は月例報告				
予算					

第7章

5つのプロセス群……計画（1）

　プロジェクト憲章の方針に沿って、プロジェクト全体をどう進めていくかについて、詳細な計画を策定します。そのために統合マネジメント知識エリアが中心となり、あらゆる側面から漏れのない綿密な計画を作成し、さらに管理基準を明確にするためにスコープ、スケジュール、コストの基本的な3つのベースラインを作成します。このベースラインを補完するものとして各知識エリアから補助計画書が作成され、すべてを統合してひとつのプロジェクトマネジメント計画書とします。PMBOKガイドにおける計画プロセス群には、すべての知識エリアのプロセスが定義されています。このプロセスはプロジェクトの終結まで継続されますが、それは計画のプロセスには終わりがない、という段階的詳細化の概念に基づいています。

7-1 プロジェクトマネジメント計画書作成

すべての補助計画書の定義、作成、統合、調整のために必要な行動の文書化を行うプロセスです。プロジェクトの実行、監視・コントロール、および終結の方法を規定します。

▶▶ プロジェクトマネジメント計画書

プロジェクトマネジメント計画書は、この「プロジェクトマネジメント計画書作成」プロセスによって、10の知識エリアの計画プロセス（24プロセス）を用いて作成されます。図「計画と実行の関係」のように「プロジェクトマネジメント計画書」を作成するためには、まず、どの補助計画書を作成するのかを定義し、作成できたらプロジェクトマネジメント計画書に結合し、ステークホルダーの承認を受け、プロジェクトの実行が開始されます。計画はこの時点で終了するのではなく、実行の結果からの変更、調整を受けることを踏まえて終結まで継続されます。なお、計画書作成には段階的詳細化のために、「ローリング・ウェーブ計画法」が採用されます。プロジェクトマネジメント計画書がステークホルダーによって承認されたら実行が開始されます。

▶▶ インプット、ツールと技法

インプット情報には、次の事項があります。

プロジェクト憲章
立上げプロセスで作成されます。これを基本にして計画を策定します。

他のプロセスからのアウトプット
各知識エリアで作られた補助計画書とベースラインを受けとります。

組織体の環境要因
標準類、インフラ、組織文化などを参考にします。

組織のプロセス資産
過去の情報資産を参考にします。

7-1 プロジェクトマネジメント計画書作成

ツールと技法には、つぎの事項があります。

専門家の判断

テーラリングなどについて有識者に相談します。

ファシリテーション技法

議論の促進のために使用される、さまざまな技法です。

計画と実行の関係

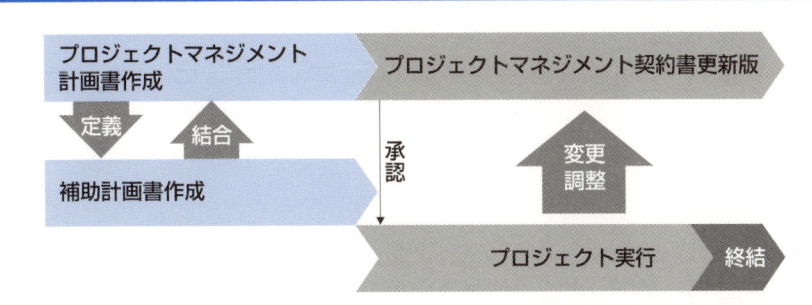

プロジェクトマネジメント計画書作成 → 定義 → 補助計画書作成 → 結合 → プロジェクトマネジメント契約書更新版 → 承認 → プロジェクト実行 → 終結、変更調整

計画書作成プロセス

立上げプロセス群 → プロジェクトマネジメント計画書作成、スケジュール計画、コスト計画、スコープ計画、スコープ定義、WBS作成、要求事項収集

補助計画：品質計画、人的資源計画、コミュニケーション計画、リスク計画、調達計画、ステークホルダー計画、プロセス改善計画

アクティビティ定義 → アクティビティ資源見積り、アクティビティ所要期間見積り、アクティビティ順序設定

コスト見積り → 予算設定 → 統合化 → ステークホルダーの承認（プロジェクトマネジメント計画承認）

スケジュール作成

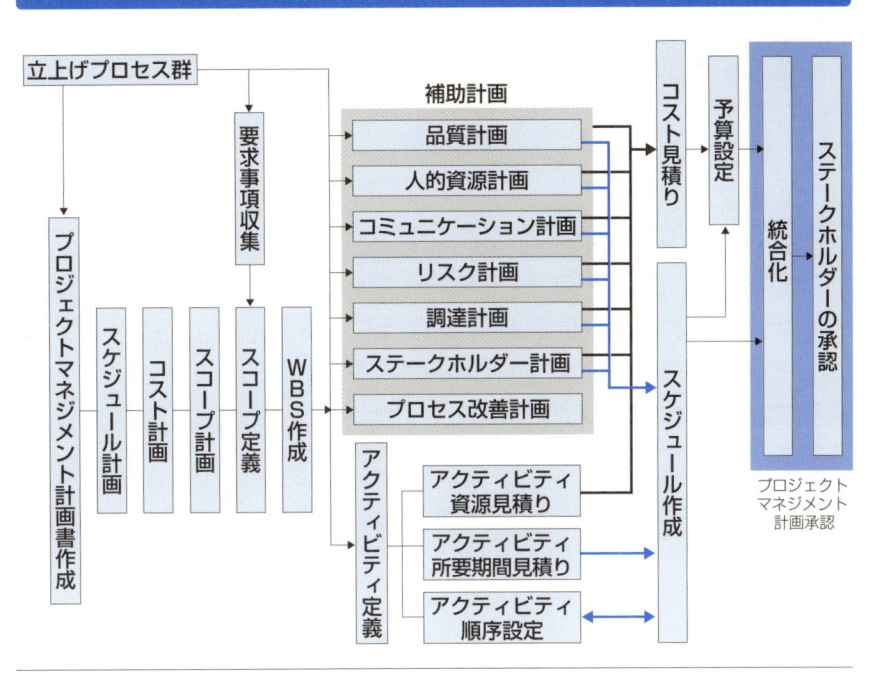

7-1 プロジェクトマネジメント計画書作成

▶▶ アウトプット

　結果として、補助計画書とベースライン*を含んだプロジェクトマネジメント計画書が作成されます。内容には次の事項があります。

ライフサイクルの形態

　フェーズの形態です。

テーラリングした項目

　プロセス、実行レベル、ツールと技法です。

パフォーマンス測定

　ベースラインの一貫性を維持する方法です。

補助計画書

　補助計画書には次の計画書が含まれます。

　①スコープ・マネジメント計画書、②要求事項マネジメント計画書、③スケジュール・マネジメント計画書、④コスト・マネジメント計画書、⑤品質マネジメント計画書、⑥プロセス改善計画書、⑦人的資源マネジメント計画書、⑧コミュニケーション・マネジメント計画書、⑨リスク・マネジメント計画書、⑩調達マネジメント計画書、⑪ステークホルダー・マネジメント計画書、⑫変更マネジメント計画書、⑬コンフィギュレーション・マネジメント計画書

ベースライン

　ベースラインには次の事項が含まれます。

　①スコープ・ベースライン

　②スケジュール・ベースライン

　③コスト・ベースライン：コスト・パフォーマンス・ベースラインと同じです。

ライフサイクルの各フェーズに適用するプロセス

ステークホルダー間のコミュニケーションのためのニーズと技法

課題管理のためのマネジメント・レビューについて

---

*補助計画書とベースライン　各作成プロセスで解説。

7-2
スコープ・マネジメント計画

要求事項マネジメント計画書とスコープ・マネジメント計画書の作成は、プロジェクト・スコープの定義、妥当性確認、およびコントロールする方法を文書化し、顧客からの要求事項を確定させることを目的としています。

▶▶ スコープ・マネジメント

　プロジェクトの目的は、ステークホルダーの要求事項の達成であり、まず成果物や作業の範囲を決めます。これをスコープといいます。顧客要求を基にスコープ・ベースラインを決め、これを達成するようにスコープを監視します。作成された成果物が顧客要求に見合っているかどうかの検査を行い、合格したら納品します。

　この流れを表したのが図で、「スコープ・マネジメント計画」から「WBS作成」までの一連の流れでベースラインを作成し、品質コントロールによる検査に合格した成果物を「スコープ妥当性確認」で検査し、合格したら納品のために終結プロセスが実施されます。

スコープ・マネジメント計画書を中心としたプロセス

（立上げ／計画／実行／監視・コントロール／終結）

- プロジェクト憲章作成
  - プロジェクト憲章
- ステークホルダー特定
  - ステークスホルダー登録簿
  - ステークホルダーマネジメント戦略
- スコープマネジメント計画
- 要求事項収集
- スコープ定義
- WBS作成
  - 要求事項文書
  - 要求事項トレーサビリティマトリックス
  - スコープ記述書
- プロジェクトマネジメント計画書作成
  - スコープマネジメント計画書
  - 要求事項マネジメント計画書
  - スコープ・ベースライン
- 作業の指揮・マネジメント
  - 要素構成物
  - 作業パフォーマンス情報
- 品質コントロール
  - 確認済み要素成果物
- 妥当性確認
  - 受入れ済み要素成果物
- スコープ・コントロール
- 統合変更管理
- プロジェクトやフェーズの終結
  - 最終プロダクト、サービス、所産の移管

▶▶ インプット、ツールと技法、アウトプット

インプット情報には次の事項があります。

プロジェクトマネジメント計画書
　最初の時点では未だ完成していませんが、スコープ・マネジメントに関わる情報を確認します。

プロジェクト憲章
　プロジェクトの目的や目標の概略が記述されています。

組織体の環境要因
　組織文化、インフラ、人事管理、市場の状況、などについて確認します。

組織のプロセス資産
　方針や手続き、過去の情報や教訓を参照します。

ツールと技法には次の事項があります。

専門家の判断
　経験者や有識者などに相談します。

会議
　スコープ・マネジメント計画に関わる人たちと会議を行います。

アウトプットには次の2つの補助計画書があります。

スコープ・マネジメント計画書
　プロジェクトマネジメント計画書の補助計画書のひとつとして、プロジェクト・スコープを定義、文書化、検証、マネジメント、コントロールする方法をガイダンスするために作成されます。主な内容には、次の事項があります。
- ・スコープ記述書からWBSの作成を可能にし、WBSを維持する方法の確定
　WBSの階層や構造を決め、変更をコントロールする方法を決めます。
- ・完成したプロジェクト成果物の公式な検証と受入れの基準の規定
- ・スコープ記述書に対する変更要求の処理方法やコントロール方法の規定

要求事項マネジメント計画書
　顧客からの要求事項を収集するための方法やスケジュールなどを決めます。

7-3

要求事項収集

要求事項は一般に「要件定義」と呼ばれていますが、プロジェクトマネジメントにおける「要求事項収集」では、プロジェクト目標に合致させるためにステークホルダーのニーズや要求事項を定義決定し、文書化し、マネジメントするプロセスです。

▶▶ 要求事項収集

このプロセスでは、プロジェクト憲章とステークホルダー登録簿に記載された情報を分析し、どのステークホルダーからニーズを収集するのかを特定します。そのステークホルダーと打ち合わせを行い、プロジェクトと成果物への要求事項を把握します。その要求事項を測定可能なように数量化したり、文書化したりしてマネジメントします。これらの情報はステークホルダーから、詳細に、引き出し、分析、記録されなければなりません。

▶▶ インプット、ツールと技法

インプット情報には次の事項があります。

スコープ・マネジメント計画書
ステークホルダー・マネジメント計画書
プロジェクト憲章
ステークホルダー登録簿

ツールと技法には次の事項があります。

インタビュー
ステークホルダーとの直接会話を行います。

フォーカス・グループ
ある条件を満たしたグループや専門家から聞き取り調査をします。

ファシリテーション型ワークショップ
主要なステークホルダーを一堂に集めて集中的なセッションを開催します。

7-3 要求事項収集

グループ発想技法
ブレーンストーミングなどを活用してアイデアをまとめます。

グループ意思決定技法
全会一致、多数決、大多数、独裁など、集団による意思決定を行う際の方法です。

アンケートと調査
書面による一連の質問です。

観察
作業観測や参加型オブザーバーによって直接状況を確認します。

プロトタイプ
最終成果物作成の前に、その実用モデルを提供します。

ベンチマーキング
社内外のよい事例を参考にして比較検討します。

コンテキスト・ダイアグラム
プロセス、機器、コンピューター・システムなどのビジネス・システムを図解してスコープを表示します。スコープ・モデルの一例です。

文書分析
要求事項を引き出すために、さまざまな文書を集めて分析します。

▶▶ アウトプット

結果として、次の2つが作成されます。

要求事項文書
いわゆるニーズを記述した「要件定義」と追加事項です。その内容には、次の事項があります。
①ビジネス・ニーズ
②プロジェクト目標
③機能要件、非機能要件、品質要件
④受入れ基準
⑤ビジネス規則
⑥他部門への影響
⑦サポートやトレーニング要件

⑧要求事項に関する前提条件と制約条件

要求事項トレーサビリティ・マトリックス

要求事項の達成状況、あるいは変更について追跡するための文書です。要求事項の達成状況を追跡するために必要な項目を記入し管理します。表「トレーサビリティ・マトリックス例」は、「ビジネスの状況を可視化するためのダッシュボード・レポートを社長室に設置する」という要求事項と、「システムの立上げ時間を10分以内にする」という要求事項についての進捗状況が、現状で計画中であることを表しています。追跡する要求事項には次のものがあります。

①ビジネス・ニーズに関する要求事項
②プロジェクト目標に関する要求事項
③作業や成果物に関する要求事項
④設計、開発に関する要求事項
⑤テストに関する要求事項
⑥ハイレベルな要求事項

トレーサビリティ・マトリックス例

識別子	要求事項	追跡理由	担当	要求元	優先順位	バージョン	現状	完了期日	受入れ基準	最新確認日
WBS-1.1.1	ダッシュボードレポート表示	社長室へ設置するため	鈴木	社長室長	A	1.0	計画	XX	社長室長の承認	
WBS-1.1.2	システムの立上げ時間10分以内	品質の重点項目	山田	運用部門	A	1.0	計画	YY	すべてのケースで10分以内	
WBS-1.1.3										
WBS-1.1.4										
WBS-1.1.5										

7-4

スコープ定義

スコープ定義では、要求事項文書をもとに、プロジェクトとそのプロダクトに関して、詳細なスコープ記述書を作成します。

▶▶ スコープ定義

ステークホルダーのニーズを記述した要求事項文書から、技術的文書となる詳細なスコープ記述書を作成し、WBSの元とします。

▶▶ インプット、ツールと技法

インプット情報には次の事項があります。

プロジェクト憲章（プロジェクト概略）
スコープ・マネジメント計画書
要求事項文書（ステークホルダー・ニーズ）
組織のプロセス資産（過去の情報資産）

ツールと技法には次の事項があります。

専門家の判断
有識者に相談します。

プロダクト分析
概略の成果物記述書を具体的な成果物に変換するための方法として、プロダクト・ブレークダウン、システム分析、要求事項分析、システム工学、価値工学、価値分析などを利用します。

代替案生成
特定のアイデアにこだわることなく、幅広いアプローチを試みます。

ファシリテーション型ワークショップ
主要なステークホルダーを一堂に集めて集中的なセッションを開催します。

スコープ記述書

　ステークホルダー間でプロジェクト・スコープに関する理解を共有するために、詳細なスコープ記述書を作成します。この記述書は後続の計画プロセスの基礎となります。そして重要なベースラインとして、例えば変更要求や追加の作業が、プロジェクトの境界の内か外かの判断基準となります。この時点で、インプット情報などが見直される可能性があります。

アウトプット

アウトプットには、次の事項があります。

プロジェクト・スコープ記述書

　図「プロジェクト境界の例」は、プロジェクト境界の例を表しています。A、B、Cの3社が協業して新システムを構築するプロジェクトの場合、3社の責任範囲を明確にすると同時に、新システムと既存システムとの接点における責任範囲を明確にする必要があります。新旧のシステムの接続テストにおいて既存システム側に問題が発生した場合、誰がその問題解決にあたるのかを事前に明確にしておくことが大切です。

プロジェクト境界の例

既存システム　　新システム
　　　　　　A社　B社　C社

プロジェクト・スコープ記述書には、次の事項があります。
①成果物スコープ記述書：機能要件、非機能要件等です。
②成果物受入れ基準：スコープ妥当性確認における検査基準です。

③プロジェクトの成果物：最終成果物あるいはその構成要素です。
④プロジェクトの除外事項：プロジェクトの責任範囲外の事項です。
⑤プロジェクトの制約条件：プロジェクトの意思決定を制限する条件です。
⑥プロジェクトの前提条件：計画を立案時に確実である要因です。なお、変化する可能性についてリスクとして考慮します。

プロジェクト文書更新版

この時点で更新される可能性がある主な文書は次の通りです。
①ステークホルダー登録簿：ステークホルダーのニーズが変わることがあります。
②要求事項文書：ニーズの変化に伴い更新します。
③要求事項トレーサビリティ・マトリックス：ニーズの変化に伴い更新します。

COLUMN 動機付け理論①マグレガーのXY理論

　プロジェクト成功のためには、プロジェクト要員のヤル気を出させることが大切です。そのための動機付け理論にはさまざまありますが、ここではマグレガーのXY理論について解説します。

　マグレガーは、動機付けの研究の結果として、2つの理論を考えました。
X理論
　人は基本的に仕事が嫌いで逃げたがるものである。
Y理論
　人は適切な動機付けの下で自ら率先して問題解決に努力し自己責任を持つものである。

人や状況によりXY理論を使い分ける、ということになります。注意しなくてはならないことは、この理論に基づいてチームの指導を行う場合、不公平に見られることがあります。従って、チームの成熟度を考慮した対応が重要です。「私には厳しいのに、なぜあの人には優しいのかしら」という不満が聞こえたら要注意です。個別指導の方針をしっかり説明して納得してもらうことが大切です。マグレガーは、この2つだけでは不十分であると感じて、引き続きZ理論を研究していましたが、志半ばでこの世を去りました。

7-5

WBS 作成

プロジェクトの成果物およびプロジェクトの作業をより細かくマネジメントしやすい要素へ分解します。WBS は、スコープ記述書を体系化して、ステークホルダーにとって理解しやすくすることが目的です。

▶▶ WBSとは

WBS は「Work Breakdown Structure」の頭文字をとった用語で「ワークブレークダウン・ストラクチャー」といいます。PMBOK ガイドでは、次のように定義しています。

「プロジェクト目標を達成し、必要な成果物を生成するために、プロジェクト・チームが実行する作業を、成果物を主体に階層的に要素分解したもの」

PMBOK ガイドでは、トップダウン方式を採用しています。これは、WBS の要素を上のレベルから定義していき、一段下がるごとにより詳細に定義する方法です。そして最下位レベルの要素を「ワーク・パッケージ」といい、計画や管理の対象とします。ワーク・パッケージを決定するためには、いったんその下のレベルまでブレークダウンして、管理対象として適切かどうかを検討してみる必要も出てきます。

▶▶ インプット、ツールと技法

インプット情報には、次の事項があります。

スコープ・マネジメント計画書
プロジェクト・スコープ記述書
要求事項文書
組織体の環境要因
組織のプロセス資産

ツールと技法には次の事項があります。
要素分解
成果物をより細かく、マネジメントしやすい構成要素に細分化していき、作業と

成果物をワーク・パッケージ・レベルで定義します。ワーク・パッケージがスコープ・マネジメントの管理対象になります。WBS はプロジェクトマネジメント業務を含めたすべての成果物と作業を表すので、100% ルールとも呼ばれます。個々の要素は、段階的詳細化の対象となりますので、ローリング・ウェーブ計画法を採用します。つまり近い時点の作業を先に詳細化し、遠い先の作業は後日に詳細化する方法です。

専門家の判断

有識者に相談します。

図「WBS 成果物を階層的に要素分解し、識別子を設定した例」では、「成績管理システム」を構築するプロジェクトを表しています。WBS の第 1 段階をフェーズ構成とし、そのなかの「製作・単体テスト」を計画、設計、プログラミング、テスト、という要素に分解しています。さらに「計画」を作業計画と要員計画に分解しています。この図では省略してありますが、第 1 階層の他の要素も同じように要素分解されます。WBS の要素は似たような表現になりやすいので、各要素に独自な識別子を設定して間違いのないようにします。

WBS 成果物を階層的に要素分解し、識別子を設定した例

```
                        成績管理システム
     ┌──────┬──────┬──────┼──────┬──────┬──────┐
     1      2      3      4      5      6
  システム分析 基本設計 詳細設計 製作・単体テスト システムテスト  管理

                        ┌──────┼──────┬──────┐
                       4.1    4.2    4.3    4.4
                        計画    設計  プログラミング テスト
                        │
                       4.1.1
                        作業計画

                       4.1.2 ← 識別子
                        要員計画
```

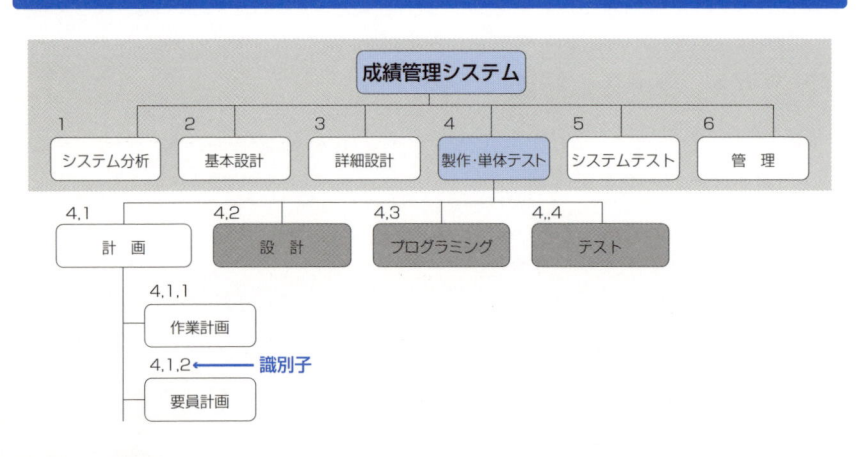

▶▶ WBSの構造

WBS の構造にはいくつかの種類がありますが、プロジェクトの特性によって決定します。次はその例です。

- フェーズを要素分解の第一レベルとして、成果物を第二レベルに置く
- 第一レベルに主要な成果物を置く
- サブ・プロジェクトを使用して全体を分割する

　WBSの要素には、区別しやすいように、一意の識別子を設定します。また、ワーク・パッケージに対するコントロール・アカウントという上位要素を決めて測定ポイントとし、「アーンド・バリュー法」で測定します。コントロール・アカウントは、下位要素として複数のワーク・パッケージを持つことがあります。

サブ・プロジェクトで WBS を分割した例

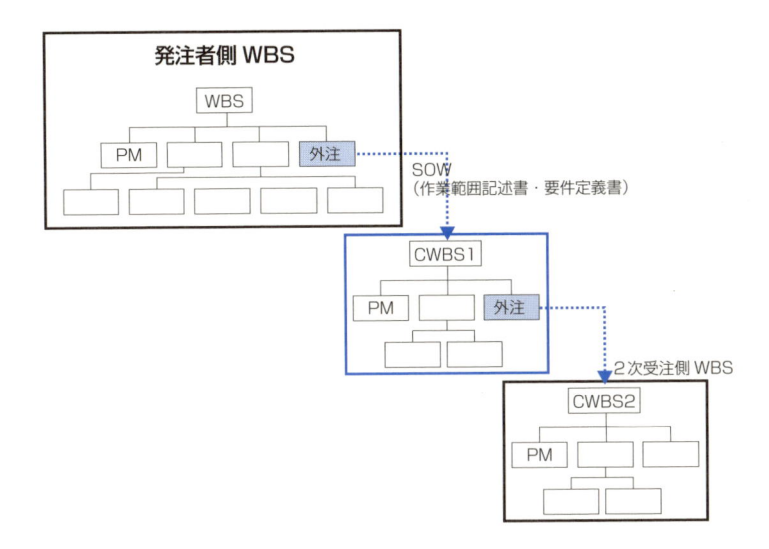

▶▶ アウトプット

アウトプットには次の事項があります。

スコープ・ベースライン

「スコープ記述書」、「WBS」、「WBS 辞書」の三点で構成されます。WBS 辞書は WBS の要素についての詳細な説明文書です。これも段階的に詳細化されます。

プロジェクト文書の更新版

この時点で更新される可能性がある主な文書は、要求事項文書です。

7-6

スケジュール・マネジメント計画

スケジュール・マネジメント計画書を作成し、プロジェクト・スケジュールの計画、策定、マネジメント、実行、さらにコントロールするための方針、手順、およびスケジューリング方法を記述します。

▶▶ インプット、ツールと技法

インプット情報には次の事項があります。

プロジェクトマネジメント計画書

スケジュールに影響を与える計画書の部分、スコープ・ベースラインなどです。

環境要因

スケジュールに影響を与える環境要因です。

プロセス資産

スケジュールに関する過去の情報資産です。

プロジェクト憲章

ツールと技法には次の事項があります。

分析技法

スケジューリングに関するさまざまな技法を活用します。

会議

スケジュールに関与する関係者の参加を得て会議を行い、スケジュール・マネジメント計画書を作成します。

専門家の判断

有識者や経験者に相談します。

▶▶ アウトプット

アウトプットには次の事項があります。

スケジュール・マネジメント計画書

プロジェクトマネジメント計画書の補助計画書のひとつとして作成されます。こ

の中で、スケジューリング方法論やスケジューリング・ツール*を選択します。具体的にはクリティカル・パス法やクリティカル・チェーン法におけるスケジューリング・プロセスのルールやアプローチを定義します。そして、プレシデンス・ダイアグラム法やガントチャートなどのスケジュール形式を決めます。計画書の内容には次の事項があります。

スケジュール・モデル開発のためのツールや方法論

スケジュール正確さの精度レベル
　日単位、週単位など

作業測定単位
　時間、日数など

コントロール・アカウント組織の手続きとの連携
　WBSのコントロール・アカウントとのリンク

プロジェクト・スケジュール・モデル維持
　スケジュール・モデルにおけるプロジェクト状況の更新や記録のためのプロセスです。

コントロールしきい値
　たとえば、±5％という許容範囲で管理することを定義します。この値はプロジェクトの特性によって変わります。プロジェクトの前半ではもっと範囲を広げたり、後半では狭めたりして、きめ細かな管理を実施します。

パフォーマンス測定のルール
　アーンド・バリュー法による測定のために、進捗率の定義、コントロール・アカウント、EVMの公式（SVやSPI）を規定します。

報告形式
　スケジュール報告書のフォーマットを定義します。

プロセス記述
　他のスケジュール・プロセスの進め方を記述します。

＊**スケジューリング・ツール**　「7-11 スケジュール作成」で解説。

7-6 スケジュール・マネジメント計画

コントロールしきい値の例

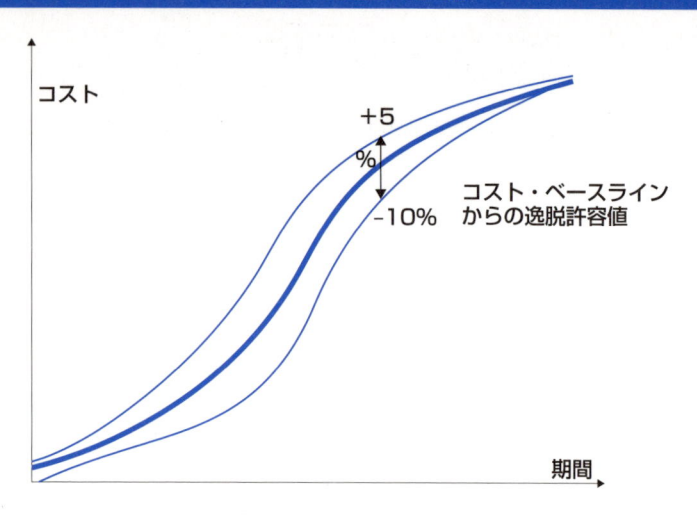

コスト

+5%
−10%

コスト・ベースライン
からの逸脱許容値

期間

COLUMN　動機付け理論②期待理論

　プロジェクト成功のためには、プロジェクト要員のヤル気を出させることが大切です。そのための動機付け理論にはさまざまありますが、ここでは期待理論について解説します。

　2段階期待、ともいわれます。人は成功願望と、その結果による報酬願望がある、という理論です。

成功願望
　自分の努力が常に成功裏に終わると期待します。

報奨願望
　自分の成功が報奨に結び付くと信じています。

　この理論の実践では、誰でも成功したら認めてもらいたいという気持ちがあるので、必ず褒めたり表彰したりすることです。ベテランに対しては、「あなただったら成功して当然ですよ」とそっけない言葉をかける上司がいますが、それでは彼を傷つけるだけです。外面的には「まあね」といってニヤニヤするでしょうが、内心はがっかりしているのです。ぜひベテランほど褒めてください。「さすがベテランの味を見せてくれたね、他の手本になりますね」といえば、次もきっと頑張ってくれるはずです。

7-7

アクティビティ定義

成果物を生成するために実行すべき具体的な作業を特定します。

▶▶ アクティビティ定義

　このプロセスでは、ワーク・パッケージを完了するために必要な、より小さな構成要素に分解します。これを要素分解といいますが、分解した結果を「アクティビティ」や「タスク」と呼びます。アクティビティは、プロジェクト目標を達成できるように定義され、作業見積り、スケジュール作成、実行、監視・コントロールを行う際の基礎となります。アクティビティの一覧として「アクティビティ・リスト」を作成し、個々のアクティビティの属性を別途記述します。実際には、図「WBSとアクティビティの関係」にあるようにWBS作成の時点でいったんアクティビティまで分解して、ワーク・パッケージの作業レベルを調整します。この活動は何度か繰り返されるのが通常です。

▶▶ インプット、ツールと技法

　この活動のためのインプット情報には、次の事項があります。

スケジュール・マネジメント計画書

スコープ・ベースライン
　スコープ記述書から制約条件や前提条件を確認します。

環境要因
　組織が持つ資源やインフラです。

プロセス資産
　組織が持つ過去の情報資産です。

　ツールと技法には、次の事項があります。

要素分解
　ワーク・パッケージをアクティビティに分解します。

7-7 アクティビティ定義

ローリング・ウェーブ計画法

段階的詳細化を行います。

専門家の判断

有識者や経験者に相談します。

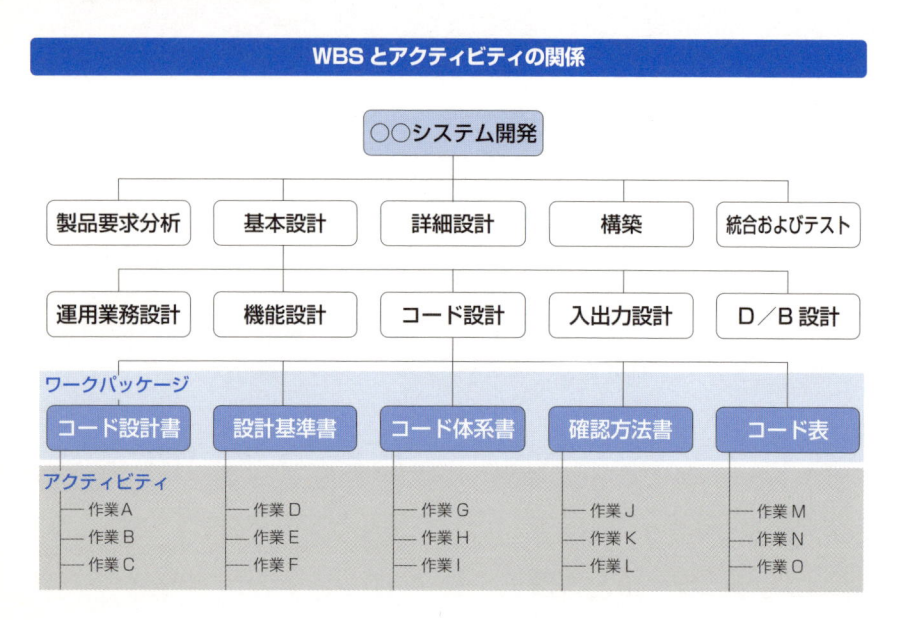

WBSとアクティビティの関係

```
                    ○○システム開発
   ┌──────┬──────┬──────┬──────┬──────┐
製品要求分析  基本設計  詳細設計  構築  統合およびテスト

          運用業務設計  機能設計  コード設計  入出力設計  D／B設計
```

ワークパッケージ
- コード設計書
- 設計基準書
- コード体系書
- 確認方法書
- コード表

アクティビティ
- 作業A / 作業B / 作業C
- 作業D / 作業E / 作業F
- 作業G / 作業H / 作業I
- 作業J / 作業K / 作業L
- 作業M / 作業N / 作業O

▶▶ アウトプット

アウトプットには、次の事項があります。

アクティビティ・リスト

作業一覧です。ここには属性を記述しません。

マイルストーン・リスト

この時点で把握している主なイベントで、納期など、スケジュールの制約条件になるものです。

アクティビティ属性

個々の作業属性です。最初は枠組みだけ用意しておいて、プロセスの進捗に従い記入します。

なお、アクティビティ属性には次の事項があります。

アクティビティ識別子
アクティビティに付けられた一意の記号です。

アクティビティ名称
「ネットワーク構築」などの作業名です。

アクティビティ・コード
識別子と連携した番号です。

アクティビティ記述
詳細な作業内容です。

先行アクティビティ
当作業の前に完了すべき作業です。

後続アクティビティ
当作業の後に開始される作業です。

論理的順序関係
「終了―開始」など、2つのアクティビティの関係を論理的に表します。

リードとラグ
後続アクティビティを早めたり遅らせたりする関係です。

資源に対する要求事項
人や機材の量や質に関する要求事項です。

指定日
事前に決められた作業開始日や終了日です。

制約条件
当アクティビティに関する制約条件です。

前提条件
当アクティビティに関する前提条件です。

7-8

アクティビティ順序設定

2つのアクティビティ間の論理的関係を把握して、先行アクティビティと後続アクティビティを定義し、文書化を行います。

▶▶ インプット、ツールと技法

インプット情報には次の事項があります。

スケジュール・マネジメント計画書

プロジェクト・スコープ記述書

順序設定に影響を与える成果物の特性を確認します。

組織のプロセス資産

スケジュール方法論などです。

組織体の環境要因

官公庁や業界標準、プロジェクトマネジメント情報システム（PMIS）、スケジューリング・ツール、企業の作業認可システムなどを参照します。

アクティビティ・リスト

アクティビティ属性

マイルストーン・リスト

▶▶ ツールと技法

ツールと技法には、次の事項があります。

リードとラグの適用

リードは、後続アクティビティを前倒しに開始しますが、手直しリスクがあります。ラグは、後続アクティビティを遅らせるリスクがあります。

プレシデンス・ダイアグラム法

スケジュール・ネットワーク図の一種で、クリティカル・パス法を活用して、クリティカル・パスや、その所要期間を把握します。図「プレシデンス・ダイアグラム例」は、個々のアクティビティをIDで表し、その所要期間と順序設定のための依存関係を表にしたもので、それを基に右側のプレシデンス・ダイアグラムを描くと、最も

所要期間の長いクリティカル・パス（A-C-E-F）が得られます。なお、先行と後続の両アクティビティ間の論理的順序関係には、次の4つの組み合わせがあります。
①終了―開始：先行アクティビティの終了後、後続アクティビティが開始されます。
②終了―終了：先行アクティビティの終了後、後続アクティビティも終了します。
③開始―開始：先行アクティビティの開始後、後続アクティビティも開始します。
④開始―終了：先行アクティビティの開始後、後続アクティビティは終了します。

依存関係の決定

先行と後続の両アクティビティ間の依存関係には、次の4つの関係があります。
①強制依存：成果物の特性で決まってしまう関係です。
②任意依存：自由に設定できる関係です。
③外部依存：プロジェクトの外部条件で決まる関係です。
④内部依存：プロジェクトの内部条件で決まる関係です。

プレシデンス・ダイアグラム例

アクティビティID	所要時間（日数）	依存関係
A	2	なし
B	4	A 終了
C	5	A 終了
D	3	B 終了
E	8	B,C 終了
F	6	D,E 終了

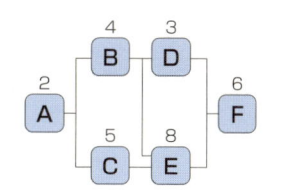

クリティカル・パスを見つける

▶▶ アウトプット

アウトプットには、次の事項があります。

プロジェクト・スケジュール・ネットワーク図

具体的には、プレシデンス・ダイアグラムです。

プロジェクト文書更新版

なお、この時点で更新される可能性があるプロジェクト文書は、アクティビティ・リスト、アクティビティ属性、リスク登録簿です。

7-9

アクティビティ資源見積り

各アクティビティを実行するために必要な材料、人員、機器、消耗品当の種類と量だけを見積ります。金額に変換するのはコスト見積りのプロセスで行います。

▶▶ インプット、ツールと技法

このためのインプット情報には、次の事項があります。

スケジュール・マネジメント計画書

資源カレンダー

人員と機材に関する可用性を確認します。この情報は、チーム編成や調達実行における契約で確定しますので、計画のプロセスでありながら、実行プロセス中に再度実行されるプロセスです。

リスク登録簿

リスク・マネジメントからの要求事項を確認します。

組織体の環境要因

組織に存在する資源の可用性やスキルを確認します。

組織のプロセス資産

要員配置や機材購入の方針などを確認します。

アクティビティ・リスト

アクティビティ属性

ツールと技法には、次の事項があります。

ボトムアップ見積り

成果物を詳細に要素分解して見積りを行います。

プロジェクトマネジメント・ソフトウエア

専門家の判断

代替案分析

さまざまなアイデアを検討します。

公開見積りデータ（プロジェクト外部データ）

▶▶ アウトプット

アウトプットには、次の事項があります。

アクティビティ資源要求事項

この情報は、アクティビティ属性に記入することもありますが、別途作成されることもあります。記述される内容は、各アクティビティに必要な資源の種類や量、各アクティビティ資源要求事項を積算したワーク・パッケージ見積り、見積りの根拠、前提条件です。

資源ブレークダウン・ストラクチャー

資源区分と資源種別によって分類された、利用する資源の階層構造（RBS：Resource Breakdown Structure）です。この情報について、スケジュール・データを基に整理して報告します（下の表参照）。

プロジェクト文書更新版

この時点で更新される可能性がある文書は、アクティビティ・リスト、アクティビティ属性、資源カレンダーです。資源カレンダーは人や物資の可用性の調整によって更新されることがあります。

資源ブレークダウン・ストラクチャー例

	分類	種類	詳細	数量	時期
アクティビティごとに必要な資源	要員	社内要員	プログラマー、SE		
		外部調達要員	派遣要員、外注		
	設備	テスト機器	PC		
	材料	消耗品	書籍、特定材料		
全体の共通資源	要員	プロジェクト・メンバー	プロジェクト・マネジャー		
			アシスタント		
		サポートメンバー	PMO、関連部署等		
	設備	スペース	作業部屋、保管場所		
		機器	PC		
			電話・FAX、ネットワーク設備		
	材料	消耗品	紙、メディア、文房具		
		固定費用	書籍、特定材料		
			電話回線の基本料金等		
	諸費用	変動費用	旅費交通費、通信費等		

7-10

アクティビティ所要期間見積り

想定した資源から、個々のアクティビティを完了するために必要な作業時間の見積りを行います。

▶▶ アクティビティ所要期間見積り

ここでは、アクティビティの作業範囲、必要な資源の種類と量の見積り、資源カレンダーなどの情報を利用して、アクティビティを完了するために必要な作業量や使用する資源量を見積り、所要期間を決定します。段階的詳細化を行うこともあります。

▶▶ インプット

インプット情報には、次の事項があります。

アクティビティ資源に対する要求事項

資源見積り等を確認します。

資源カレンダー

可用性を確認します。

プロジェクト・スコープ記述書

前提条件と制約条件を確認します。

組織体の環境要因

所要期間に関するデータや生産性の尺度、市場の情報などを確認します。

組織のプロセス資産

過去の経験などの情報を参照します。

リスク登録簿

リスク・マネジメントからの要求事項を確認します。

スケジュール・マネジメント計画書

資源ブレークダウン・ストラクチャー

アクティビティ・リスト

アクティビティ属性

ツールと技法

ツールと技法には、次の事項があります。

専門家の判断

類推見積り

過去の経験情報から見積もります。

パラメトリック見積り

過去のデータと、ある係数との統計的関係を使って見積もります。係数見積りはパラメトリック見積りの一種です。たとえば1時間当たりや1m² 当りなどの基準値に係数を掛けて算出します。

三点見積り

三角分布やベータ分布による加重平均を使って信頼度確率を算出します。

①三点の定義

楽観値は、予想される最短値

最可能値は、最も可能性の高い値

悲観値は、予想される最長値

②三角分布の場合

期待値＝（楽観値＋最可能値＋悲観値）÷ 3

③ベータ分布の場合

期待値＝（楽観値＋最可能値×4＋悲観値）÷ 6

標準偏差＝（悲観値－楽観値）÷ 6

偏差＝期待値±標準偏差×シグマ値　（次の式から代入する）

シグマ値（σ）＝ 1　← 68％確率の場合

シグマ値（σ）＝ 2　← 95％確率の場合

シグマ値（σ）＝ 3　← 99％確率の場合

所要期間見積りでは、普通、シグマ値＝ 1で充分なので、

偏差＝期待値±標準偏差を使用します。

グループ意思決定技法

プロジェクト・チームの関与のための技法で、ブレーンストーミング、デルファイ法、ノミナル・グループ技法などがあります。

7-10 アクティビティ所要期間見積り

予備設定分析

スケジュール全体に対する安全を確保するための予備を設定します。これをコンティンジェンシー予備といいます。

PERT 分析

●三点見積り（Three-point Estimates）

- PERT（パート）：Program Evaluation and Review Technique
- ベータ分布による加重平均（β分布）
- 標準偏差（σ：シグマ）による信頼度確率

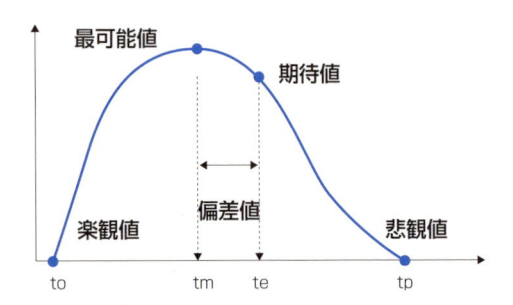

$$期待値(te) = \frac{to + 4tm + tp}{6}$$

$$標準偏差(ts) = \frac{tp - to}{6}$$

$$偏差値(td) = te \pm ts \times \sigma$$

最可能値 tm：most likely　もっとも可能性の高い値
楽観値 to：optimistic　最良のシナリオに基づく値
悲観値 tp：pessimistic　最悪のシナリオに基づく値

作業が ±1σ 以内で完了する確率：**68.26%**
作業が ±2σ 以内で完了する確率：**95.44%**
作業が ±3σ 以内で完了する確率：**99.73%**

三点見積り例

アクティビティ	楽観値 o（日数）	最可能値 m	悲観値 P	期待値 E	標準偏差 S	偏差値 1シグマ E±	偏差値 2シグマ E±	バリアンス
作業A	10	15	25	15.81	2.50	2.50	5.00	6.25
作業B	22	25	35	26.17	2.11	2.17	4.34	4.68
全体				41.98				7.81

7-10 アクティビティ所要期間見積り

▶▶ アウトプット

アウトプットには、次の事項があります。

アクティビティ所要期間見積り

必要な作業期間の見込み時間数を定量的に評価した結果です。この所要期間にはラグを含めません。例えば、次のように変動幅をもたせて表現します。

２週間±２日

３週間を超える確率が 15％

プロジェクト文書更新版

この時点で更新される可能性がある文書は、アクティビティ属性です。

アクティビティ所要期間見積りを作成する上での前提条件

要員のスキルレベルや可用性によって変わることがあります。

7-11
スケジュール作成

アクティビティ順序、所要期間、資源に対する要求事項、スケジュールの制約条件などを分析し、実行可能なスケジュールを作成します。

▶▶ インプット

インプット情報には、次の事項があります。

スケジュール・マネジメント計画書
スケジューリング方法やツールが記述されています。

アクティビティ・リスト

アクティビティ属性

プロジェクト・スケジュール・ネットワーク図
アクティビティ順序設定プロセスで作成された、プレシデンス・ダイアグラム法（PDM）による図です。

アクティビティ資源に対する要求事項

資源カレンダー
資源の可用性を表すもので、チーム編成や調達実行のプロセスで作成されます。つまり、スケジュール作成プロセスは、実行が開始されてからもスケジュール改訂のために稼働します。

アクティビティ所要期間見積り

プロジェクト・スコープ記述書

リスク登録簿
リスク・マネジメントからの要求事項を確認します。

プロジェクト要員任命
チーム編成のプロセスで作成されます。

資源ブレークダウン・ストラクチャー

組織体の環境要因
標準、コミュニケーション・チャネル、スケジューリング・ツール、などを参照します。

組織のプロセス資産

7-11 スケジュール作成

スケジューリング方法やプロジェクト・カレンダーを参照します。

▶▶ ツールと技法

ツールと技法には、次の事項があります。

スケジュール・ネットワーク分析

プレシデンス・ダイアグラムを分析して、アクティビティの最早と最遅の開始日および終了日を計算します。通常、AON（Activity On Node）法が使われます。

クリティカル・パス法

スケジュール・ネットワーク上の余裕期間が「0」であるアクティビティを結んだ経路を見つけ出し、管理する手法です。

クリティカル・チェーン法

資源の競合などによって引き起こされるスケジュール遅れに対し、事前に想定したバッファをあてて遅れを吸収する方法です。残余バッファの大きさを管理します。

資源最適化技法

　資源平準化

　資源がある時期に集中することを防ぐために、資源効率とスケジュールのトレードオフを考慮し、スケジュール遅れを許容します。

　資源円滑化

　平準化と同様な考え方ですが、フロートを利用してスケジュールを遅らせないように調整します。

モデリング技法

　What-If 分析

　スケジュール上の「もしｘｘが起こったらどうなるか」というようなストーリーに基づいて、ある状況を想定してしたリスク分析をします。

　シミュレーション

　モンテカルロ法がよく使われます。

リードとラグの適用

実行可能なスケジュールとするために調整します。

スケジュール短縮

２つの手法があります。

7-11 スケジュール作成

クラッシング
クリティカル・パス上のアクティビティに資源を追加して短縮します。資源増加のリスクがあります。

ファスト・トラッキング
アクティビティを並行に進めます。手直しリスクがあります。

スケジューリング・ツール
自動化ツールです。

クリティカル・パスの例

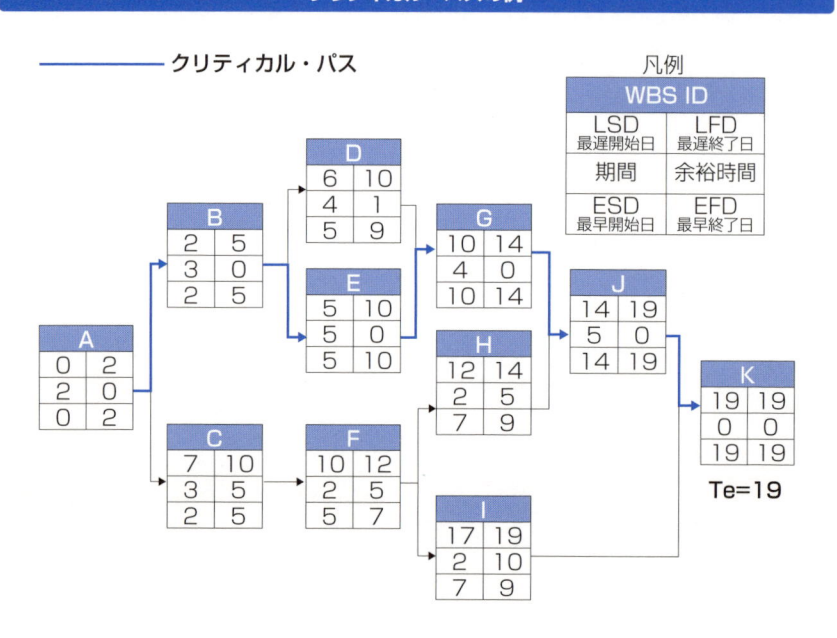

――― クリティカル・パス

凡例:
WBS ID	
LSD 最遅開始日	LFD 最遅終了日
期間	余裕時間
ESD 最早開始日	EFD 最早終了日

A: 0,2 / 2,0 / 0,2
B: 2,5 / 3,0 / 2,5
C: 7,10 / 3,5 / 2,5
D: 6,10 / 4,1 / 5,9
E: 5,10 / 5,0 / 5,10
F: 10,12 / 2,5 / 5,7
G: 10,14 / 4,0 / 10,14
H: 12,14 / 2,5 / 7,9
I: 17,19 / 2,10 / 7,9
J: 14,19 / 5,0 / 14,19
K: 19,19 / 0,0 / 19,19

Te=19

▶▶ アウトプット

アウトプットには、次の事項があります。

スケジュール・ベースライン
プロジェクト・スケジュールをステークホルダーが承認して、ベースラインとします。

プロジェクト・スケジュール

バー・チャートやマイルストーン・チャート、あるいは、スケジュール・ネットワーク図を利用して作成したスケジュールです。

スケジュール・データ

スケジュールの元になったデータです。マイルストーン、アクティビティ、アクティビティ属性、前提条件、制約条件などはすべてこれに属します。

プロジェクト・カレンダー

スケジュールされた作業日数やシフトなどの詳細情報からなるカレンダーです。

プロジェクトマネジメント計画書更新版

プロジェクト文書更新版

この時点で更新される可能性がある文書は、次の事項です。

- アクティビティ資源要求事項
- アクティビティ属性
- カレンダー
- リスク登録簿

7-12
コスト・マネジメント計画

コスト・マネジメント計画書を作成するプロセスで、目的はプロジェクト・コストの計画、マネジメント、支出、コントロールするための方針、手順、および文書化の確立です。

▶▶ インプット、ツールと技法

インプット情報には次の事項があります。

プロジェクト憲章

プロジェクト概要から予算に関する情報を確認します。

プロジェクトマネジメント計画書

コストに影響を与える計画書の部分、スコープ・ベースラインなどを確認します。

組織体の環境要因

コストに影響を与える環境要因を参照します。

組織のプロセス資産

コストに関する過去の情報資産を参照します。

ツールと技法には次の事項があります。

専門家の判断

有識者へ相談します。

分析技法

コストに関するさまざまな技法を活用します。

会議

コストに関与する関係者の参加を得て会議を行い、コスト・マネジメント計画書を作成します

▶▶ アウトプット

アウトプットには、次の事項があります。

コスト・マネジメント計画書

7-12 コスト・マネジメント計画

　この計画書は、プロジェクトマネジメント計画書の補助計画書のひとつとして作成されます。内容として、次の事項があります。

コスト見積りの有効桁数
　見積り精度を決めます。

コストの測定単位
　労働時間数、日数などを決めます。

組織の手続きとのリンク
　WBSのコントロール・アカウントとの連携を行います。

コントロールしきい値
　コスト実績の管理についての許容範囲を決めます。たとえば±10%などと設定しますが、コスト見積りの精度やプロジェクトの特性によって変わります。

パフォーマンス測定の規則
　アーンド・バリュー法で使われる計算式を決めます。

報告形式
　コストに関する報告の内容と頻度を決めます。

プロセス記述
　コスト見積り、予算設定、コスト・コントロールのプロセスについて記述します。

見積りと費用の要素

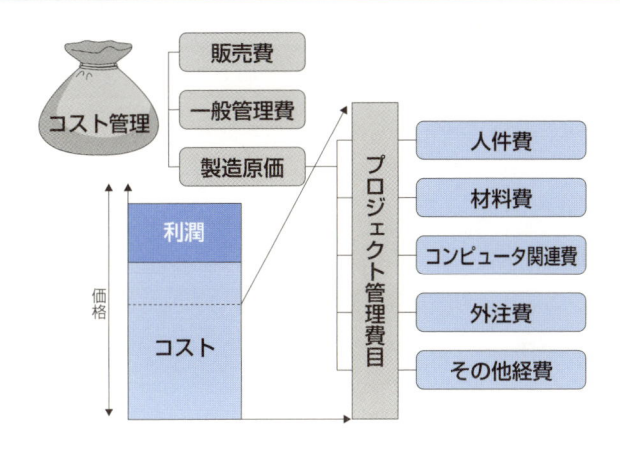

コスト管理
- 販売費
- 一般管理費
- 製造原価 → プロジェクト管理費目
  - 人件費
  - 材料費
  - コンピュータ関連費
  - 外注費
  - その他経費

価格 = 利潤 + コスト

7-13

コスト見積り

アクティビティを完了するために必要な資源の概算金額を算出します。

▶▶ コスト見積り

アクティビティに必要な資源に対する妥当なコストを定量的に評価します。見積り精度は、最初から高いものではなく、当初は－25％から＋75％ほどの概算見積りであり、さまざまな情報が得られてくると、－5％から＋10％程度になってきます。概算見積りをROM（Rough Order of Magnitude）ともいいます。

▶▶ インプット、ツールと技法

インプット情報には、次の事項があります。

コスト・マネジメント計画書

人的資源マネジメント計画書

要員単価、表彰や報酬などについて確認します。

スコープ・ベースライン

成果物関係以外にも、健康や安全など付帯的な事項に関わる、契約や法律関連の要求事項も確認します。

プロジェクト・スケジュール

資金調達の利息など、時期によって変動するコストを確認します。

リスク登録簿

リスク・マネジメントからのリスク対策費要求を確認します。

組織体の環境要因

市場の状況や公開見積り情報などを確認参照します。

組織のプロセス資産

コストに関する過去の情報資産を参照します。

7-13 コスト見積り

ツールと技法には、次の事項があります。

類推見積り、パラメトリック見積り、ボトムアップ見積り

表「見積り手法サマリー」参照。

三点見積り

ベータ分布による加重平均を使って信頼度確率を算出します。この技法は、タイム・マネジメントにおけるアクティビティ所要期間見積りと同じ考え方です。

予備設定分析

コスト全体に対する安全を確保するための予備を設定します。これをコンティンジェンシー予備といいます。この予備は、リスク対策のための引当金として、リスク・マネジメント活動の中からも要求されます。

品質コスト（COQ：品質マネジメントからの予算要求）

プロジェクトマネジメント見積り用ソフトウエア

ベンダー入札の分析

調達マネジメントにおけるベンダーからの見積りです。

専門家の判断

有識者や経験者に相談します。

グループ意思決定技法

デルファイ法やブレーンストーミングが使われます。

▶▶ アウトプット

アウトプットには、次の事項があります。

アクティビティ・コスト見積り

正当である、と思われるコストを定量的に評価して、概算もしくは詳細に表します。この見積り値は、アクティビティ資源見積りプロセスへフィードバックされて再検討されます。

見積りの根拠

どのようにそのコストを見積ったのかを明確かつ十分に理解できるように示します。アクティビティのコスト見積りの詳細資料と呼ぶ文書を作成します。

7-13 コスト見積り

プロジェクト文書更新版

この時点で更新される可能性がある文書はリスク登録簿で、リスク対策への予算要求に対して応えます。

見積り手法サマリー

手法	概要	特徴
類推見積り法 （トップダウン見積り）	・過去のプロジェクトの実績をパラメータとして使用 ・所要期間、予算、規模、重量など	・時間はかからないが精度が落ちる ・他の手法と併せて使用 ・メンバーの専門知識が高ければ信頼性が高い
パラメトリック 見積り法	・過去に蓄積したデータと他の変数との統計上の関係を使って、見積りを計算する方法	・モデルの精緻さのレベルやモデルに組み込まれた基盤データに応じ精度を高めることができる ・他の手法と併せて使用
ボトムアップ 見積り法	・細分化した要素単位毎に工数を見積り、それらを積み上げ総工数を見積る方法 ・詳細に要素分解して見積るため、精度はもっとも高い	・小規模開発向け ・メンバーの能力や開発環境などを考慮 ・他の手法と併せて使用

7-14

予算設定

コスト・ベースラインを作成し、その認可を得るために、個々のアクティビティやワーク・パッケージのコスト見積りを積算します。

▶▶ 予算設定

　コスト見積りで作成したデータを集積してプロジェクト全体の予算を算出し、さらにスケジュールにあわせて時系列に予算配分を行い、支出計画書を作成します。これをコスト・ベースラインとしてステークホルダーの承認を得ます。このベースラインは、リスク引当金としてのコンティンジェンシー予備を含みますが、マネジメント予備は含みません。マネジメント予備とは、スコープやコストに関して、計画していない変更のために組織として準備する予備費で、プロジェクト・マネジャーの管理範囲外です。使う場合は承認が必要です。

▶▶ インプット

　インプット情報には、次の事項があります。

コスト・マネジメント計画書

アクティビティ・コスト見積り

見積りの根拠

　根拠を示します。

スコープ・ベースライン

　予算支出に関する制約条件を確認します。

プロジェクト・スケジュール

　支出計画書のために使いますが、WBSのコントロール・アカウントの中には、段階的詳細化の途中にあるものがあるので注意します。

資源カレンダー

　可用性を確認します。

リスク登録簿

合意書
調達実行によって得られた契約条項で支払い時期を確認します。

組織のプロセス資産
予算設定に関する標準を確認します。

▶▶ ツールと技法

ツールと技法には、次の事項があります。

コスト集約
WBSに基づいてワーク・パッケージごとに集計します。

予備設定分析
予備費関係を確認します。

専門家の判断
有識者に相談します。

過去の関連性
類推見積りやパラメトリック見積りは、多かれ少なかれ経験というパラメータを使いますが、次のような注意点がありますので確認します。

①過去の情報の正確さ

②パラメーターが数値化されている

③拡張可能性

資金の限度額による調整
資金は全予算を一括して管理するわけではなく、四半期などの会計期ごとに管理されます。従って、年度末などの制約の中で作業スケジュールの調整が必要になることがあります。

▶▶ アウトプット

アウトプットには、次の事項があります。

コスト・ベースライン
支出額を累積値でグラフ化しますと、英語のSに似ていることからSカーブとも呼ばれます。図「ベースラインと資金調達」は、資金調達とコスト・ベースラインとの関係の例を表しています。独立採算制で活動するプロジェクトでは、四半

期ごとに銀行口座に入金され、ベースラインに従って消費されますが、普通、期末では資金余裕がなくなります。そこで実際には余裕としてベースライン以上の金額を要求する必要があるので、階段関数とベースラインとでは少々の差が出ます。この差分をマネジメント予備といいます。この予備費はベースラインには含まれていませんので、使う場合は別途承認が必要です。このベースラインはパフォーマンス測定ベースラインの一種ですが、基本的にはコスト・ベースラインがその元になります。

プロジェクト資金要求事項

予算は一時に与えられるのではなく、会計期間に沿って分割されるのが一般的です。従って、コスト・ベースラインと違って階段関数の表示になります。会計期末には、計画に対してある程度の余裕が必要になる場合も発生しますので、図「ベースラインと資金調達」にあるようにマネジメント予備として予算を要求します。

プロジェクト文書更新版

この時点で更新される可能性がある文書はリスク登録簿、コスト見積り、プロジェクト・スケジュールです。

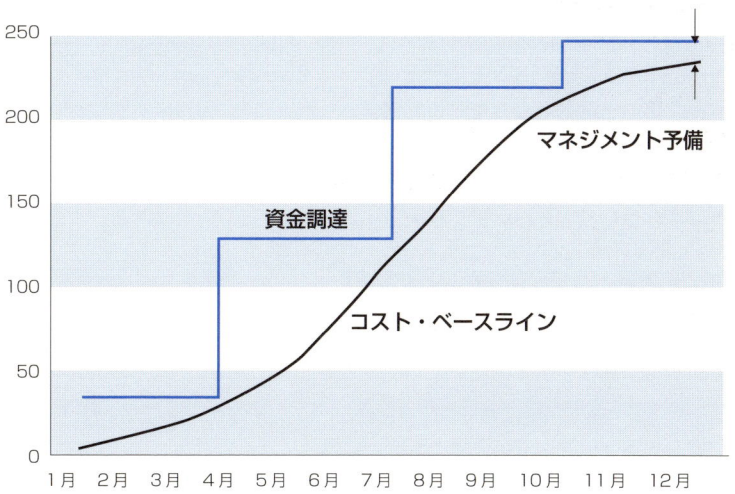

ベースラインと資金調達

COLUMN　スケジュールで考える全体最適と個別最適

「全体最適」というときには、どこまでを「全体」とするのか、が問題になります。プロジェクト内のチームなのか、プロジェクト全体なのか、あるいは組織全体なのか、など広げていくとキリがありません。ここでは、プロジェクト全体という枠で考えてみましょう。

プロジェクトのスケジュールを作成する場合、すべての作業項目を洗い出して段取りを決め、並行して個々の作業スケジュールの期間見積りを行います。この見積り期間を機械的に積み重ねてスケジュールを作成してしまうと、たいていの場合納期を達成できないものになります。

これはいわゆる「個別最適」化によって、個々の作業担当者が自分が抱える作業でスケジュールを最適化してしまっている状況といえます。この場合、スケジュール作成担当者は、個々の作業スケジュールの見積りにどの程度「安全余裕」が入っているのかを把握しなくてはなりません。それが適切な量なのかどうか、一人ひとりの考え方や責任感の現れ方で異なっているからです。

このような場合、プロジェクト全体を考えた対策として、個々の作業スケジュールを「ギリギリ」の期間で設定し、「安全余裕」分をスケジュール作成担当者自身が別途「バッファ」として設定します。そして個別の「バッファ」を各作業チームとしてまとめて最小限にし、さらにプロジェクト全体の「バッファ」を設定するのです。こうすることによって、全体の「スケジュール短縮」、すなわち「全体最適」が可能になります。さらに、全員が協力して全体の進捗に気を配るようになりますから、チームワークも強固になっていきます。

なお、ベンダーとスケジュールについて交渉する場合には別の問題が発生します。納期は通常契約条件となりますから、余裕を持った工期が設定されることになります。その余裕は発注側と協力して短縮することが理想ですが、契約を守るという制約から、非常に困難です。そこで考えなくてはならないのが契約条項ですが、「バッファ」に関する取り決めを行うか、早期納入に関するインセンティブ（成功報酬）を設定することもよい考えです。その場合は、遅れに対するペナルティ（罰則規定）も併用することになります。

第8章

5つのプロセス群
……計画（2）

第7章では3つのベースラインと6つの補助計画書について解説しました。本章では、残りの知識エリアの補助計画書として、品質マネジメント計画書、プロセス改善計画書、人的資源マネジメント計画書、コミュニケーション・マネジメント計画書、リスク・マネジメント計画書、調達マネジメント計画書、およびステークホルダー・マネジメント計画書について解説します。これらを統合し、最終的にひとつのプロジェクトマネジメント計画書へ構成されます。

8-1

品質マネジメント計画

プロジェクト全体の品質を検討し、満足できる最終成果物を得るために必要な品質基準や検査項目等を文書化します。このプロセスでは、さまざまな手法を駆使して品質基準や検査項目などを決め、さらに品質目標の達成のために必要な予算を確保します。

▶▶ インプット、ツールと技法

インプット情報には次の事項があります。

プロジェクトマネジメント計画書

ベースラインと補助計画書について確認します。

ステークホルダー登録簿

品質について利害関係や影響を与えるステークホルダーを確認します。

リスク登録簿

品質に関するリスク情報を確認します。

要求事項文書

顧客の要求事項を確認します。

組織体の環境要因

品質に関する環境要因を確認します。

組織のプロセス資産

ISO9001の認証を受けている場合は、そこで定義された「品質方針」に準拠しますが、それがない場合にはプロジェクト独自に「品質方針」を策定します。

ツールと技法には、次の事項があります。

費用便益分析

品質コストの投資対効果を分析します。

品質コスト（COQ）

予防コスト、評価コスト、内部不良コストについて予算化します。プロジェクトの有期性から、納品した後に発生する外部不良コストは予算化しません。その部分は組織として別途計上します。

QC 七つ道具

特性要因図、パレート図、管理図、散布図、ヒストグラム、チェックシート、フローチャート

実験計画法

複数のパラメータを同時に体系的に変化させて、結果との関係を統計的に判断する手法です。

ベンチマーキング

品質基準などを設定する場合に、他社や社内などのベスト・プラクティスを参考にする方法です。

統計的サンプリング

検査対象の母集団から一部を抽出する方法です。

その他の品質計画ツール

ブレーンストーミングや親和図などです。

会議

プロジェクト・マネジャーをはじめ、品質マネジメント計画書を作成するために関わる人々に参加を求めます。

▶▶ アウトプット

活動の結果としてのアウトプットには、次の事項があります。

品質マネジメント計画書

品質方針に従って、品質保証プロセス、品質コントロール・プロセスの役割や進め方を決めます。

プロセス改善計画書

改善活動のためのガイドです。この時点では、コストやスケジュールへ反映されません。

品質尺度

品質検査の基準と測定方法です。許容度や具体的に記述した運用基準ともいわれます。次ページ図「品質尺度の例」は、IT 系プロジェクトでよく使われるものを参考としています。右側の「単位」の部分に数値を記入しますが、実際には測定方法も記述します。例えば、ドキュメント不良件数は、結果として 0 件にすべき

8-1 品質マネジメント計画

ですが、1回目のレビューでは何件か発見されるものです。そこで修正を確認するための2回目のレビューが行われることになります。それで0になればよいのですが、ならない場合には、0が確認されるまでレビューが繰り返されます。

品質チェックリスト

品質検査項目です。組織として標準化されていることが望ましいリストです。

プロジェクト文書更新版

この時点で更新される可能性があるプロジェクト文書には、次の事項があります。

①ステークホルダー登録簿

ステークホルダーの考え方が変化することがあります。

②責任分担マトリックス

本来は人的資源マネジメント計画で決められる役割分担ですが、品質保証プロセスにおける監査と品質コントロール・プロセスにおける検査の役割は、品質マネジメント計画で決められます。

③WBSとWBS辞書

品質尺度の例

工程	品質指標	単位
設計局面 基本設計 ↓ 機能設計 ↓ 詳細設計	ドキュメント不良件数 ドキュメント不良件数／頁 デザイン・レビュー指摘件数／頁 工数／頁 検査完了遅延日数 変更指示件数 ドキュメント検査実施回数 テスト項目数／Ks 仕様変更件数	件 件／頁 件／頁 人日／頁 日 件 回 個／Ks 件
プログラミング局面 コーディング	設計仕様のカバー率 コード・インスペクション指摘数	％
テスト局面 単体テスト ↓ 結合テスト ↓ 総合テスト	未解決不良件数 不良摘出件数（累計） 不良摘出件数／Ks テスト項目消化件数、テスト密度 テスト網羅性 不良摘出件数／マシン時間 不良率（不良摘出件数／テスト項目数） 不合格件数／Ks 故障率（1／MTBF）	件 件 件／Ks ％ ％ ％ ％ 件／Ks 件／時間

8-2 人的資源マネジメント計画

プロジェクトにおける役割、責任、必要なスキル、上下関係などを特定し、文書化し、さらに要員マネジメント計画書を作成します。

▶▶ 人的資源マネジメント計画書

このプロセスでは、タイム・マネジメントにおいて作成したアクティビティ資源見積りから、プロジェクト全体の体制を構築します。そのために、組織図、役割分担表を作り、要員を集めるための方法や、人件費などの予算を計上します。

▶▶ インプット、ツールと技法

インプット情報には、次の事項があります。

プロジェクトマネジメント計画書

アクティビティ資源要求事項

アクティビティ資源見積りプロセスで作成された情報から、人的資源のニーズを確認します。

組織体の環境要因

組織の文化や、人事管理の方針、現存する人的資源、あるいは人的資源に関わる市場状況などを確認します。

組織のプロセス資産

組織内の職務分掌規定や、組織図および職位記述書のテンプレートなどを参考にします。

ツールと技法には、次の事項があります。

組織図と職位記述書

組織図の記述方法や書式には、次の事項があります。

階層型

一般的な組織図の書き方で、組織ブレークダウン・ストラクチャー（OBS）ともいわれます。形式はWBSや資源ブレークダウン・ストラクチャー（RBS）および、

リスク・ブレークダウン・ストラクチャー（RBS）と同じです。

マトリックス型

責任分担マトリックス（RAM：Responsibility Assignment Matrix）を作成する場合に使われます。RAMの一種にRACIチャートがあります。Responsible（実行責任）、Accountable（説明責任）、Consult（相談対応）、Inform（情報提供）の頭文字で役割分担を表します。表「RACIチャート例」は、プロジェクト要員にRACIの役割を割り振った例です。この表の場合、「外部設計」という活動に関する総責任者は鈴木さんで、実際に行動するのは杉本さんです。その他の4人の役割は、情報提供を受ける立場であることを示しています。なお、この中で「A」となっている説明責任担当者は、前述のように総責任者なので各グループで一名のみとなります。「R」は実行責任担当であり、何人任命されていてもかまいません。相談担当「C」と情報提供「I」も複数任命されることがあります。

テキスト型

アウトライン形式で、責任、権限、コンピテンシー、資格などを記述します。

ネットワーキング

人と人とのネットワークを作る活動です。公式、非公式などさまざまな活動がありますが、政治的、人間関係的な要因を理解することによってプロジェクトマネジメント専門家の能力の向上を図ります。

組織論

最適なチームの構成人数などに関する一般的な理論を活用します。

専門家の判断

有識者や専門家に相談します。

会議

プロジェクトマネジメント・チームによる会議です。

RACIチャート例

アクティビティ	鈴木	杉本	石毛	青木	戸塚	槙本
外部設計	A	R	R	R	I	I
内部設計	I	A	R	R	C	I
コーディング	I	A	R	R	R	C
テスト	A	I	I	R	R	I

▶▶ アウトプット

アウトプットには次の事項があります。

人的資源マネジメント計画書

人的資源の定義、配置、マネジメント、コントロール、離任などのガイドラインとして作成されます。人的資源マネジメント計画書の構成要素には、次の事項があります。

①役割と責任：RACIチャートなどの役割分担表です。
②プロジェクト組織図：プロジェクト体制図で、個々の要員の報告先を明示します。
③要員マネジメント計画書：人的資源に対する要求事項を満たす方法を記述します。

要員マネジメント計画書には下の表の事項があります。

要員マネジメント計画書

番号	事項	内容
①	要員の調達関係	調達先、作業場所、人件費などを明確にする
②	資源カレンダー	要員の可用性を明示するために作成する
③	要員ヒストグラム	例えば月別要員数を棒グラフにする
④	要員離任計画	離任条件を明確にする
⑤	表彰と報奨	動機付けのための予算を計上する
⑥	トレーニングのニーズ	トレーニングの必要性について記述する
⑦	法令順守	特に注意する法令などについて順守を促す
⑧	安全	安全や健康など、特に注意する事項を記述する

8-3 コミュニケーション・マネジメント計画

ステークホルダーが求める情報ニーズを把握し、コミュニケーションへの取り組み方を定義し、コミュニケーションの仕組みを作ります。

▶▶ インプット、ツールと技法

インプット情報には次の事項があります。

プロジェクトマネジメント計画書

ステークホルダー登録簿

ニーズを確認します。

組織体の環境要因

コミュニケーションに関わる要因を確認します。

組織のプロセス資産

コミュニケーションに関わる経験情報を参照します。

ツールと技法には次の事項があります。

コミュニケーショ要求事項分析

ステークホルダーの情報ニーズを確認します。人数が多い場合はコミュニケーションも複雑になります。Ｎ人が全員と個別にコミュニケーションするチャネルは、Ｎ（Ｎ－１）／２の式で求められます。これは、コミュニケーションの複雑さを示す指標として参考にします。

コミュニケーション技術

情報の緊急度、期間、環境などを考慮して採用する技術を決めます。

コミュニケーション・モデル

「送信者・受信者モデル」について考慮します。送信者は、受信者が正しく受け取れるように、情報を明確かつ完全なものとし、さらにそれが受信者によって正しく理解されたことを確認する責任があります。送っただけでは理解されたかどうかわかりません。受信者は、情報を完全な形で受け取り正しく理解するように努め、

さらに受け取りを通知する責任があります。図「コミュニケーション・モデル」は、情報の送受信におけるノイズを認識すべきことを示しています。ノイズには、物理的なノイズだけでなく心理的なノイズもあります。

コミュニケーション手段

コミュニケーション手段には3種類があります。

① 相互型（双方向型）：会議、電話など、2人以上で複数方向に情報が交わされ、共通の理解に最も効率的な方法です。

② プッシュ型：手紙、メール、報告書など、一歩的に相手に送信されますが、実際、受け手に届いたか、理解されたかについてフィードバックされません。

③ プル型：イントラネット・サイトなどを利用して情報を配布する方法ですが、この場合も、相手が正しく理解したかどうか保証されません。

会議

プロジェクト・チームとの会議です。

コミュニケーション・モデル

8-3 コミュニケーション・マネジメント計画

▶▶ アウトプット

アウトプットとして、次の事項があります。

コミュニケーション・マネジメント計画書

次の事項を記述します。ステークホルダーの要求事項、伝達する情報の種類と理由、言語、書式・内容・詳細度のガイド、情報配布の時期と頻度、情報伝達責任者、機密情報の伝達を認可する責任者、情報配布先、情報伝達手段や技術、コミュニケーション活動に必要な資源と予算、エスカレーション・プロセス、上層部へ問題を拡大する場合の手順、共通用語集、コミュニケーション・プロセスのフローチャート、コミュニケーションに関する制約条件、当該計画書の更新に関する方法。

プロジェクト文書更新版

この時点で更新される可能性のある文書は、次の事項です。

プロジェクト・スケジュール

コミュニケーションの仕組みによって会議予定などが変わることがあります。

ステークホルダー登録簿

人やニーズが変わることがあります。

8-4

リスク・マネジメント計画

プロジェクトのリスク・マネジメント活動を実行する方法を定義します。そのために、リスク・マネジメントの実行のレベル、方法、可視化の程度などを明確にし、十分な資源と時間を配分し、リスク評価の基準を確立します。

▶▶ リスク・マネジメント計画

リスク・マネジメント計画のプロセスは、プロジェクトの構想段階で開始し、プロジェクト計画を策定する初期の段階で完了します。要するに早い段階で策定します。

▶▶ インプット、ツールと技法

インプット情報には次の事項があります。

組織体の環境要因

組織の特徴としてのリスク態度や許容度を確認します。

組織のプロセス資産

リスクに関する組織の情報を確認します。

ツールと技法には次の事項があります。

分析技法

リスク・マネジメント計画書を作成するために、さまざまなステークホルダーのリスク態度やプロファイルを分析します。

専門家の判断

有識者や経験者に相談します。

会議

この時点で参加可能なすべての関係者ステークホルダーに出席参加を求めます。

▶▶ アウトプット

アウトプットには次の事項があります。

リスク・マネジメント計画書

8-4 リスク・マネジメント計画

プロジェクトにおけるリスク・マネジメントの体系と実行方法を記述します。その内容には、次の事項があります。

①方法論：取組み方、ツール、データ源などを定義します。
②役割と責任：リスク・マネジメント活動を役割分担します。
③予算化：リスク・マネジメント活動のための予算を見積ります。
④タイミング：リスク・マネジメント・プロセスの実行時期と頻度を決めます。
⑤リスク区分：リスク・ブレークダウン・ストラクチャー（RBS）を作成します。161 ページの図「RBS 例」は、リスク・ブレークダウンストラクチャ（Risk Breakdown Structure）の例です。これを活用して、ブレーンストーミングなどでリスクの洗い出しを行います。

リスクの発生確率と影響度の定義

標準のものを個々のプロジェクトにあわせてテーラリングします。

発生確率・影響度マトリックス

リスクの発生確率と影響度を会議やヒアリングなどで調査し、リスク・マネジメント計画で決定したリスク等級の定義を用い、各リスクに発生確率と影響度をマトリックス上で等級付けするものです（161 ページの表「影響度定義」と表「発生確率・影響度マトリックス」参照）。コスト増やスケジュール遅延などのリスクに対し、事前に基準を決めておき、脅威などを数値化しておくことで、リスク発生時にプロジェクトへの影響の度合いを判断します。表「発生確率・影響度マトリックス」の縦軸は、リスクの発生確率を 0.1 から 0.9 までの値で表現します。横軸は影響度定義の値で、マイナスのリスクとプラスのリスクが定義されています。個々のリスクのスコアを発生確率と影響度の掛け算で表し、その値から重要度を決めます。大きな値は優先順位が高いとし、小さな値は低いとします。中間的な値はさらなる検討が必要とします。

ステークホルダーの許容度の改訂

個々のプロジェクトで改訂します。

報告書式

リスク・マネジメントの活動に関する文書形式を決めます。

追跡調査

教訓のために記録する方法や、リスク監査の方法を決めます。

8-4 リスク・マネジメント計画

RBS 例

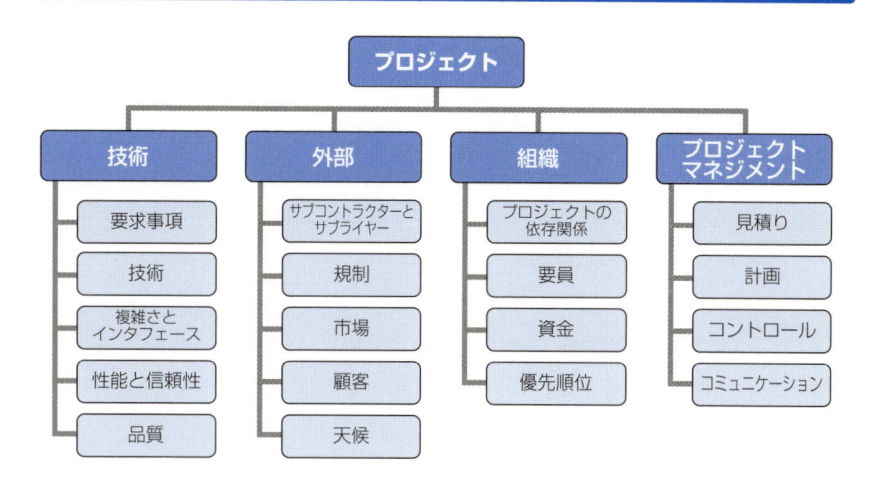

```
                          プロジェクト
         ┌──────────────┬──────────┴──────┬──────────────┐
        技術            外部            組織        プロジェクト
                                                   マネジメント
      要求事項      サブコントラクターと    プロジェクトの      見積り
                    サプライヤー        依存関係
       技術            規制             要員           計画
     複雑さと           市場             資金         コントロール
    インタフェース
    性能と信頼性         顧客           優先順位      コミュニケーション
       品質             天候
```

影響度定義

プロジェクト目標	非常に低い 0.05	低い 0.1	普通 0.2	高い 0.4	非常に高い 0.8
コスト	コスト増軽微	コスト増10%未満	コスト増10-20%	コスト増20-40%	コスト増40%超
タイム	期間延長は軽微	期間延長5%未満	期間延長5-10%	期間延長10-20%	期間延長20%超
スコープ	スコープ縮小は軽微	スコープの非重要部分への影響	スコープの主要部分への影響	スコープの縮小をスポンサーが許容しない	プロジェクトの最終成果物は実用に耐えない
品質	品質劣化は軽微	非常に厳しい用途にのみ影響	品質低下にスポンサーの承認が必要	品質低下をスポンサーが許容しない	プロジェクトの最終成果物は実用に耐えない

発生確率・影響度マトリックス

発生確率	脅威 (P×I)					好機				
0.90	0.05	0.09	0.18	0.36	0.72	0.72	0.36	0.18	0.09	0.05
0.70	0.04	0.07	0.14	0.28	0.56	0.56	0.28	0.14	0.07	0.03
0.50	0.03	0.05	0.10	0.20	0.40	0.40	0.20	0.10	0.05	0.03
0.30	0.02	0.03	0.06	0.12	0.24	0.24	0.12	0.06	0.03	0.02
0.10	0.01	0.01	0.02	0.04	0.08	0.08	0.04	0.02	0.01	0.01
	0.05	0.10	0.20	0.40	0.80	0.80	0.40	0.20	0.10	0.05

P↑ I→

8-5

リスク特定

どのリスクがプロジェクトに影響を与えるかを見定め、その特性を文書化します。要するに全員参加で、発生可能性のあるリスクを繰り返し洗い出します。

▶▶ インプット、ツールと技法

インプット情報には、次の事項があります。

リスク・マネジメント計画書

プロセスの進め方を確認します。

コスト・マネジメント計画書

リスクの観点で見直します。

スケジュール・マネジメント計画書

リスクの観点で見直します。

品質マネジメント計画書

リスクの観点で見直します。

人的資源マネジメント計画書

リスクの観点で見直します。

スコープ・ベースライン

プロジェクトの前提条件は変化することがありますので、リスクとして見直します。

アクティビティ・コスト見積り

リスクの観点で見直します。

アクティビティ所要期間見積り

リスクの観点で見直します。

ステークホルダー登録簿

リスク特定に参加を依頼します。

プロジェクト文書

プロジェクト憲章、スケジュール、ネットワーク図、課題ログ、品質チェックリストなどをリスク特定に役立つ文書を確認します。

組織体の環境要因
リスクに関する要因を確認します。
組織のプロセス資産
リスクに関する情報を確認します。

ツールと技法には次の事項があります。
文書レビュー
この時点で入手可能なすべての文書をリスクの観点で見直します。
情報収集技法
情報に偏見が及ばないようにデルファイ法を採用したり、全員参加型のブレーンストーミングを活用したりします。事象から原因を追及するように、「なぜなぜ」を繰り返し、根本原因分析（「なぜなぜ分析」[*]）を行います。
チェックリスト分析
RBSなどを活用してリスクの洗い出しを行います。
前提条件分析
変化の可能性があるので、リスクの観点で見直します。
図解の技法
リスク原因を分析する際に、特性要因図などを活用して可視化します。
SWOT分析
プロジェクトについて、強み・弱み・好機・脅威（Strengths, Weaknesses, Opportunities, Threats）の観点で検討します。
専門家の判断
専門家に相談しますが、専門家の見識には偏りがあることを考慮します。

▶▶ アウトプット

アウトプットには次の事項があります。
リスク登録簿
この文書はリスク・マネジメント計画プロセスで準備されるのではなく、このプロセスで初めて作成され、後続のプロセスによって更新されるものです。リスク登録簿は、一般に「リスク管理票」と呼ばれることもあります（図「リスク登

---

[*] **なぜなぜ分析** なぜなぜ分析とは、問題と対策について「なぜ」を繰り返し提示し、問題への対策効果を検証する手法。

8-5 リスク特定

簿例-リスク特定」参照)。「リスク特定」プロセスでは、図「リスク登録簿例-リスク特定」にあるように最初にリスク登録簿を作成し、そこにリスク事象を記述します。その原因を「なぜなぜ分析」で掘り下げ、記述します。ここでは事象と原因をとり違えないように注意します。書式は、一覧形式や、ひとつのリスク項目に対して一葉とするなど、さまざまです。その項目には、次の事項があります。

①リスク事象：スケジュール遅れなどの現象です。
②リスク原因・要因：事象の根本原因です。
③発生確率：経験や有識者によって数量化します。
④影響度：影響度の定義による数値を記入します。
⑤リスク・スコア：発生確率と影響度を掛け合わせた数値です。
⑥緊急度：対策の緊急性を「高」、「中」、「低」などと定義します。
⑦優先度：リスク・スコアと緊急度から設定します。
⑧実行可能な対応策：事前対策のアイデアを記入します。

リスク登録簿例―リスク特定

リスク事象	原因・要因	発生確率 (P)	影響度 (I)	リスク・スコア (P×I)	緊急度 高・中・低	優先度 1-9	対策責任者	対応案 (事前・事後)
プロジェクトの遅れ	外注要員のスキルが低い							
	社員が業務兼任							
	モラールが低い							

リスク特定プロセスでは、リスク事象と原因について記述します。「リスク特定」プロセスでは、表「リスク登録簿例-リスク特定」にあるように最初にリスク登録簿を作成し、そこにリスク事象を記述します。その原因を「なぜなぜ分析」で掘り下げ、記述します。ここでは事象と原因をとり違い無いように注意します。

8-6

定性的リスク分析

リスクの発生確率と影響度の査定とその組合せを基に、その後の分析や処置のために、リスクの優先順位付けを行います。この活動も繰り返し行います。

▶▶ インプット、ツールと技法

リスクが特定されれば、すぐにでも対策をとりたくなりますが、リスクは必ず発生するとは限りません。対策は投資ですから、効果的にしたいものです。そのために、重要なリスクに対策を講じるように計画します。重要性を決めるために優先順位を付けるのです。対策自体もリスクとなる可能性があります。インプット情報には、次の事項があります。

リスク・マネジメント計画書
　プロセスの進め方です。

スコープ・ベースライン
　成果物の特性からリスクに関する情報が得られます。

リスク登録簿
　リスク特定からの情報です。

組織体の環境要因
　同様なプロジェクトの産業界おける研究や産業界や特定の情報源からのリスク・データベース。

組織のプロセス資産
　組織の経験情報。

ツールと技法には、次の事項があります。

リスク発生確率と影響度査定
　個々のリスクについて等級付けします。

発生確率・影響度マトリックス
　等級付けのために活用します。

リスク・データ品質査定
リスク・データの信頼性を高めるために検討します。

リスク区分化
共通した根本原因ごとに、RBS、WBS、フェーズなどで分類します。それによって組織やプロジェクトのリスクの傾向が判断できます。

リスク緊急度査定
リスクの兆候や警告などから、リスク対策の緊急性を判断します。緊急度とリスク・スコアから最終的な優先順位を決めます。

専門家の判断
専門家や有識者に相談しますが、彼らの見識には偏りがあることを考慮します。

▶▶ アウトプット

定性的分析に基づくアウトプットには、次の事項があります。

プロジェクト文書更新版
リスク特定で作成した登録簿の定性分析の欄に、分析結果を記入します。その内容には、次の事項があります。

①リスクの相対的順位や優先順位：優先順位付けとその理由を記述します。

②区分に分類したリスク：共通した根本原因などによって分類すると効果が高まります。

③特に注意が必要な領域：リスクが集中している領域が限定されれば対応策の効果が高まります。

④短期対応リスク一覧：すぐにでも対応が必要なリスクと、そうでないリスクに分類します。

⑤追加の分析や対応を要するリスク一覧：さらなる分析のために、定量的リスク分析や対応を必要とするリスク一覧です。

⑥優先度が低いリスクの監視リスト：一般に「受容」されたリスクです。

⑦定性的リスク分析結果の傾向：分析を繰り返すにつれて、特定のリスクに関する傾向が明らかになって、対策が効果的になります（表「リスク登録簿例－定性的分析」参照）。

さらに、新しい情報によって、前提条件ログを更新することがあります。

8-6 定性的リスク分析

リスク登録簿例―定性的分析

リスク事象	原因・要因	発生確率 (P)	影響度 (I)	リスク・スコア (P×I)	緊急度 高・中・低	優先度 1-9	対策責任者	対応案 (事前・事後)
プロジェクトの遅れ	外注要員のスキルが低い	0.7	0.8	0.56	中	1		
	社員が業務兼任	0.5	0.8	0.40	高	2		
	モラールが低い	0.3	0.8	0.24	低	3		

COLUMN 動機付け理論③ハーツバーグの動機付け理論

プロジェクト成功のためには、プロジェクト要員のヤル気を出させることが大切です。そのための動機付け理論にはさまざまありますが、ここではハーツバーグの動機付け理論について解説します。

ハーツバーグは、人の動機付けには2つの要因があると言っています。

衛生要因

給与、処遇、作業条件、会社の方針などは仕事に関する外部要因であり、不満を予防するものである。

動機付け要因

この要因には、次の事項があります。
①達成：その仕事を最後まで担当できる
②認知：その仕事の実行を多くの人が期待している
③責任：その仕事を責任もって任される
④成長：その仕事が本人にとってよい経験になる
⑤内容：その仕事に興味があり好きである
⑥昇進：その仕事が成功したら昇進が期待できる

人のヤル気には、動機付けが重要ですが、衛生要因は動機付けには効果がないという理論です。人というものは、常に満足している状態にはなく、不満という状態でもありません。一瞬、満足したり不満になったりしますが、人の気持ちはそのレベルで安定しません。結局は中間にある「あたりまえ」の状態で安定するものです。たとえば、昇給した時には喜びますが、すぐに「自分の能力からするとあたりまえだ」という気持ちになってしまうのです。ですから、衛生要因を改善してもヤル気は長続きしないのです。結局、衛生要因は「不満を予防するだけ」ということになります。一人ひとり異なりますが、動機付け要因を把握して、それを満足させるような対応をすることが大切なのです。これも普段のコミュニケーションから把握するように努力することが大切です。

8-7

定量的リスク分析

特定したリスクが、プロジェクト目標全体に与える影響を数量的に分析します。このプロセスは、個別のリスクというよりも、総合的な影響を評価するために特定のスキルを必要とするので、必ずしも必要ではありません。

▶▶ インプット、ツールと技法

この活動のためのインプット情報には、次の項目があります。

リスク・マネジメント計画書
プロセスの進め方を確認します。

コスト・マネジメント計画書
コスト計画の定量的な分析のために参照します。

スケジュール・マネジメント計画書
スケジュール計画の定量的な分析のために参照します。

リスク登録簿
定性的分析の結果までが記入されています。

組織体の環境要因
定性的リスク分析プロセスにおけるものと同じです。

組織のプロセス資産
過去の経験から利用可能な情報を確認します。

ツールと技法には、次の事項があります。

データ収集・表現技法
リスクに関わるデータを収集し表現する場合に、経験者にインタビューを行って、三点見積り法による表現を活用すると、理解しやすくなります。その場合には、ベータ分布や三角分布など、情報の種類によって適切な確率分布を採用します。

定量的リスク分析とモデリングの技法
なお、モデリングの技法には、次の事項があります。
①感度分析：個々のリスクの影響度合いなどをグラフ化すると、さらに理解を深

8-7 定量的リスク分析

めることができるので、トルネード図を利用します。

図「トルネード図」は、「負の影響度」と「正の影響度」に対する感度分析をわかりやすく図解化する技法であり、リスク対策の重要度を表現するよう活用します。

② 期待金額価値分析（EMV分析：Expected Monetary Value Analysis）：不確実な条件下での統計的な分析を行います。不確実性を好機と脅威に分け、好機を正の数値で表し、脅威を負の数値で表します。正と負の分岐をデシジョン・ツリーといいます。

③ モデリングとシミュレーション：モンテカルロ法を活用し、コストやスケジュールの目標達成可能性をシミュレーションします。モンテカルロ法は、さまざまな分野で利用されますが、乱数表を使い変数の確率分布に基づいた反復計算（シミュレーション回数）で確率を計算します。

次ページの図「モンテカルロ法」では、例としてプロジェクト・スケジュールの達成確率をシミュレーションした結果を表しています。このグラフから80%の達成確率の予定日を求め（図では8月上旬）、そこを目標として納期の調整やプロジェクト全体のバッファを決定します。

④ 専門家の判断：上記のツールを採用する場合には特別なスキルを必要としますので、そのための専門家に依頼します。

トルネード図

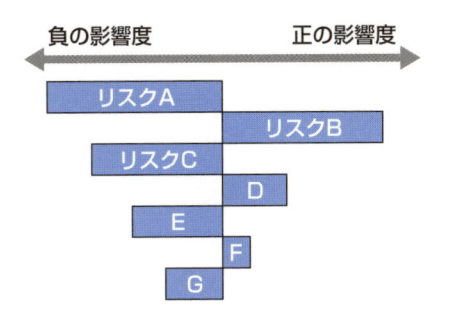

負の影響度 ← → 正の影響度

- リスクA
- リスクB
- リスクC
- D
- E
- F
- G

モンテカルロ法

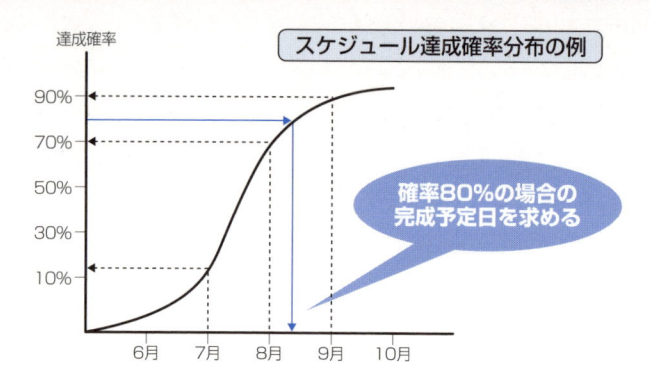

スケジュール達成確率分布の例

確率80%の場合の完成予定日を求める

▶▶ アウトプット

アウトプットには、次の事項があります。

プロジェクト文書更新版

定量的分析の結果をリスク登録簿に記入しますが、モンテカルロ法などの情報はかなりの量になるので、別途、報告書という形をとります。その内容には、次の事項があります。

プロジェクトの確率的解析

モンテカルロ法によってシミュレーションを行うことで、コストやスケジュールの目標達成確率の信頼性の幅が得られるので、コンティンジェンシー予備の算定に利用します。

コストとスケジュールの目標達成確率

モンテカルロ法などによる予測です。

定量化したリスクの優先順位リスト

トルネード図などを活用して、最大の脅威や好機を表します。

定量的リスク分析結果の傾向

分析を繰り返すことによって、プロジェクトのリスクの傾向が明らかになり、効果的な対策が策定できます。

8-8

リスク対応計画

プロジェクト目標に対する好機を高め、脅威を減少させるための選択肢と方法を策定します。リスクの優先順位に従って、プロジェクトマネジメント計画書に、必要な資源と活動計画を反映します。

▶▶ リスク対応計画

定性的リスク分析と定量的リスク分析に続くプロセスです。ここで立案された対応策は、そのリスクの重要度に相応したもので、コスト効率がいいように計画されます。従って、プロジェクトが置かれている状況に対し、現実的であるとともに、関係者全員が合意し、責任者を明確にします。

▶▶ インプット、ツールと技法

インプット情報には、次の情報があります。

リスク・マネジメント計画書

プロセスの進め方を確認します。

リスク登録簿

定性分析結果や定量分析結果が記述されています。

ツールと技法には、次の事項があります。

マイナスや脅威に対する戦略

戦略には、次の事項があります。

回避

脅威を完全に取り除き、リスク・スコアをゼロにする対策です。

転嫁

影響を責任と共に第三者に移管します。

軽減

リスク・スコアを受容可能な限界値まで下げる対策です。

受容

特別な事前対応をしませんが、次の2つの考え方があります。

①受動的受容

事前にはなんのアクションも行わず、事象が発生した時に対処します。

②能動的受容

事前には積極的な対策は行いませんが、時間（バッファ）、予備費、予備機などのコンティンジェンシー予備を準備して、事後対策に備えます。

プラスや好機に対する戦略

なお、戦略には、次の事項があります。

①活用：好機を確実にするための対策です。
②共有：第三者と好機を共有する対策です。
③強化：発生確率や影響度を増加させる対策です。
④受容：好機を受け入れますが積極的には対応しません。
⑤コンティンジェンシー対応戦略：迂回策など、特定の事象が発生した場合に限り使用します。
⑥専門家の判断：有識者に相談します。

コンティンジェンシー予備とマネジメント予備

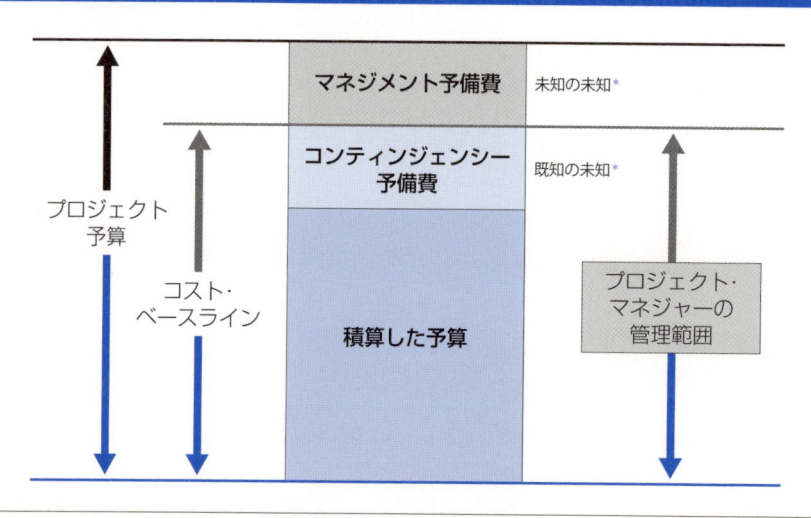

プロジェクト予算	マネジメント予備費	未知の未知*
コスト・ベースライン	コンティンジェンシー予備費	既知の未知*
	積算した予算	プロジェクト・マネジャーの管理範囲

* **未知の未知**　リスクとしては特定されていないし、いくらかかるか不明な予備費。
* **既知の未知**　リスクとしては特定したが、いくらかかるか不明な予備費。

▶▶ アウトプット

アウトプットには、次の事項があります。

プロジェクトマネジメント計画書更新版

さまざまな補助計画書やベースラインが更新される可能性があります。

プロジェクト文書更新版

リスク登録簿および更新される可能性がある文書は、次の事項です。

リスク登録簿

適切な対応策を選択し、合意し、登録簿に記入します。

①リスク特定のアウトプット

②定性的リスク分析のアウトプット

③定量的リスク分析のアウトプット

④対応戦略

⑤具体的な処置

⑥リスク発生のトリガー：兆候や警告のサイン

⑦対応策のための予算とアクティビティ

⑧コンティンジェンシー計画

⑨対策が不十分だった場合の代替計画

⑩残存リスク：対応策を講じた後でも残るリスクや受容したリスクです。

⑪二次リスク：対応した結果から派生するリスクです。

⑫定量的リスク分析や組織のリスク境界値に基づくコンティンジェンシー予備

前提条件ログ

再検討された前提条件を更新します。スコープ記述書に記述された前提条件も同様です。

技術文書

技術的なリスクに対応するために更新します。

変更要求

対応策を検討していると、資源、アクティビティ、コスト見積りなどへの変更要求が必要になる場合があります。

8-9 調達マネジメント計画

プロジェクト調達の意思決定を文書化し、取り組み方を明確にし、納入候補を特定します。要するに、調達品目ごとに外注契約のための準備を行います。

▶▶ インプット、ツールと技法

インプット情報には、次の事項があります。

プロジェクトマネジメント計画書
スコープ・ベースラインを確認します。

要求事項文書
要求事項と調達品目との関係を確認します。

リスク登録簿
リスク対策の情報を確認します。

アクティビティ資源要求事項
外注する資源を確認します。

プロジェクト・スケジュール
マイルストーンなどを確認します。

アクティビティ・コスト見積り
ベンチマークとして活用します。

ステークホルダー登録簿
調達の関係者を確認します。

組織体の環境要因
市場状況を確認します。

組織のプロセス資産
購買部門との関係や、組織の方針、および契約タイプを確認します。

契約タイプ
3つのタイプがありますが、リスクを考慮して選びます。

①定額契約：スコープが明確なことを前提とした契約ですが、納入者側にリスクがあります。完全定額契約、定額インセンティブ・フィー契約、経済価格調整

付き定額契約などがあります。

②実費償還契約：スコープが不明確な場合に使用される契約ですが、購入者側にリスクがあります。コスト・プラス定額フィー契約、コスト・プラス・インセンティブ・フィー契約、コスト・プラス・アワードフィー契約などがあります。

③タイムアンドマテリアル契約（T&M 契約）：定額契約と実費償還型の両面を持った契約です。人月などの単価で契約します。

ツールと技法には、次の事項があります。

内外製分析

プロジェクトを内製する、あるいは外注のいずれかを検討します。

専門家の判断

契約事項には、法務などの専門家の助言が必要です。

市場調査

業界の状況や特定のベンダーについて調査します。

会議

市場調査の結果をもって情報交換のための会議を開催します。

アウトプット

アウトプットには、次の事項があります。

調達マネジメント計画書

調達実行、調達コントロール、調達終結、の進め方について記述します。

調達作業範囲記述書

個々の調達品目のための特性を記述します。いわゆる要件定義書です。プロセスの進捗に従って改訂・洗練されるものです。

調達文書

納入候補からプロポーザル（提案書）を募集するために用います。主に次の文書があります。

①情報提供依頼書：RFI（Request for information）。予定しているプロジェクトに対する興味などの情報を求めます。

②提案依頼書：RFP（Request for proposal）。詳細な提案を求めます。

③入札招請書：IFB（Invitation for bid）。入札金額を求めます。

④見積り依頼書：RFQ（Request for quotes）。見積り金額を求めます。

発注先選定基準

入手したプロポーザルを評価するための基準です。特定条件を必須要件とするスクリーニングを定義することもあります。図「発注先選定基準の例」は、発注先選定の基準とする一覧表で、発注先ごとに作成します。具体的には、具体的な評価内容を元に評価項目を5点法などの得点モデル法で採点し、さらにプロジェクトの特性によって各評価項目に重み付けを行い、項目ごとの得点と重みという係数を乗じ、総合点を得る方法です。この表は提案書ごとの評価に使われます。

内外製決定

内外製分析の結果です。

変更要求

調達マネジメント計画によって、プロジェクトマネジメント計画書へ影響が及ぼされ、更新が必要になることがあります。

プロジェクト文書更新版

この時点で更新される可能性がある文書は、要求事項文書、要求事項トレーサビリティ・マトリックス、リスク登録簿などです。

発注先選定基準の例

評価項目	得点	重み	結果	評価内容
ニーズの理解				納入者のプロポーザルが調達作業範囲記述書にどれだけ十分に対応しているか
全体コストまたはライフサイクル・コスト				選定した納入者が、事業として最も低い総コスト（購入コストと運用コスト）を実現できるか
技術力				納入者は、必要な技術スキルや知識を有するか、あるいはそれを取得できると考えてよいか
リスク				作業範囲記述書にどれだけのリスクを内包しているか 選定した納入者が負担するリスクはどのくらいで、納入者はそれをどのように軽減するのか
マネジメントの取組み				納入者は、プロジェクトを確実に成功させるためのマネジメントのプロセスや手順を持っているか、あるいは開発できると考えてよいか

項目				説明
技術的な取組み				納入者が提案した技術的な方法論、技法、ソリューション、サービスなどは、調達文書の要求事項を満たしているか、またおおむね期待どおりの結果を提供できるか
保証				納入者は、最終プロダクトについてどのくらいの期間、何を保証することを提案するか
資金力				納入者は、必要な資金を有しているか、あるいは無理なく手当できると考えてよいか
生産能力と意欲				納入者は、将来発生する可能性のある要求事項を満たす能力と意欲をもっているか
ビジネスの規模とタイプ				納入者の事業は、購入者や政府機関が定めている契約の発注条件となっている特定の事業区分（例：小企業、女性社主企業、優遇適格小企業）に該当するか
納入者の過去の実績				選定した納入者と過去の取引実績はどうか
照会状				納入者は、事業経験や契約上の要求事項の順守状況を証明するため、過去の顧客からの照会状を提出できるか
知的財産権				採用する作業プロセスやサービス、またはプロジェクトで生成するプロダクトに関して、納入者は知的財産権を有しているか
所有権				採用する作業プロセスやサービス、またはプロジェクトで生成するプロダクトに関して、納入者は所有権を主張しているか
総合点				

8-10 ステークホルダー・マネジメント計画

ステークホルダーのニーズ、利害、プロジェクトの成功に影響を及ぼす可能性を検討します。その上でプロジェクトのライフサイクルを通し、ステークホルダーに効果的に関与してもらうための適切なマネジメント戦略を策定します。

▶▶ インプット、ツールと技法

インプット情報には、次の事項があります。

プロジェクトマネジメント計画書

ステークホルダーに関するさまざまな情報が得られます。

ステークホルダー登録簿

ステークホルダー特定プロセスで作成し分類した、ステークホルダーに関する一覧表です。

組織体の環境要因

あらゆる要因を参考にします。

組織のプロセス資産

あらゆる情報を参考にします。

ツールと技法には、次の事項があります。

専門家の判断

ステークホルダー・マネジメント戦略の立案には、有識者からのサポートが大切です。例えば、上級役員、チーム・メンバー、組織内の部署や個人、すでに特定されたステークホルダー、同様なプロジェクトを経験したマネジメント、特定分野専門家、業界団体やコンサルタント、専門家の協会や技術関連の協会、規制当局、非政府組織 (NGO)、などと相談しながら進めます。

会議

専門家との会議です。

分析技法

ステークホルダーの現状分析を行います。そのうえで期待する関わりを決めます。

8-10 ステークホルダー・マネジメント計画

ステークホルダー評価マトリックスの例

ステークホルダー	不認識	抵抗	中立	支持	指導
A氏	現状		目標		
B氏		現状	目標		
C氏			現状、目標		

不認識：プロジェクトについて不認識だが、潜在的影響力を持つ
抵　抗：プロジェクトについて認識があり、潜在的影響力を持ち、変化への抵抗がある
中　立：プロジェクトについて認識があるが、支持も抵抗もしない
支　持：プロジェクトについて認識があり、潜在的影響力を持ち、変化を支持する
指　導：プロジェクトについて認識があり、潜在的影響力を持ち、プロジェクト成功を確実にするために積極的に関与している

▶▶ アウトプット

アウトプットには、次の事項があります。

ステークホルダー・マネジメント計画書

ステークホルダー・マネジメント戦略について記述します。たとえば、次の事項があります。

- 主要なステークホルダーに「期待する」関与度、および「現在」の関与度
- ステークホルダーに及ぼす変化の範囲と影響
- ステークホルダー間の相互関係と重なりあいの可能性
- 現在のプロジェクト・フェーズにおけるステークホルダーのコミュニケーション要求事項
- 言語、書式、内容、詳細度などの、ステークホルダーに配布する情報
- その情報を配布する理由と、ステークホルダーの関与に対して予測される影響
- 必要な情報をステークホルダーに配布するタイミングと頻度
- プロジェクトの進捗と進展にともなってステークホルダー・マネジメント計画書を更新し、洗練する方法

プロジェクト文書更新版

ここで更新される可能性のある文書には、次の事項があります。

- プロジェクト・スケジュール
- ステークホルダー登録簿

8-11 PMBOK ガイドと IT 系プロジェクト運用例 ②計画

「第 6 章 5 つのプロセス群……立上げ」で開始した受注プロジェクトの計画を行います。マネジメント・プロセスが中心ですが、成果物指向プロセスとの関係も解説します。

▶▶ プロジェクトマネジメント計画

　最初にプロジェクトのライフサイクルを決めます。組織に決められた方法論がなければ、ここでフェーズ構成を決めます。立上げを 2012 年 7 月 1 日として、本稼働は 2013 年 5 月 1 日ですから 10 ヵ月間の開発です。要件定義がプロジェクト成功のカギと考えて、フェーズと概略スケジュールを次のように考えました。

①要件定義フェーズ
　　9 週間（プロジェクト計画を含む）
②設計フェーズ
　　10 週間
③実装フェーズ
　　16 週間（単体テストを含む）
④試験フェーズ
　　14 週間（テスト計画を含む）
⑤引き渡しフェーズ
　　4 週間（本稼働後支援）
⑥終結フェーズ
　　2 週間

　合計 55 週となりますが、要件定義から試験のフェーズまでは重複型で実施し、10 週間の短縮を見込みます。引き渡しフェーズは試験の完了を待って直列型とし、終結も直列型とします。試験フェーズの直後にプロジェクト・バッファを 1 週間加えて、合計 46 週と見込みました。これは最終決定ではなく、詳細スケジュール作成の目安としますが、WBS の第 1 レベルとします。進捗管理は週単位で行います。

8-11 PMBOKガイドとIT系プロジェクト運用例 ②計画

フェーズ構成とスケジュール

- 要件定義(9)
- 設計(10)
- 実装(16)
- 試験(14)
- 引き渡し(4)
- 終結(2)

( )内の数字は時間で、単位は週。

▶▶ フェーズで実施するプロセス

次にプロセスを決めます。これはWBSの第2レベルになるか、成果物に表現を変えてワーク・パッケージとなります。チーム育成とマネジメントは、すべてのフェーズに共通なプロセスとします。本来は各プロセスで使用するツールと技法を決めますが、ここでは省略します。

①要件定義フェーズ

1. プロジェクト憲章作成
2. チーム編成
3. ステークホルダー特定
4. プロジェクトマネジメント計画書作成
5. 要求事項収集
6. 終結

②設計フェーズ

1. 設計計画（立上げを含む）
2. 運用計画
3. 設計書作成（外部・内部設計）
4. 品質管理
5. 終結

③実装フェーズ

1. 作業計画（立上げを含む）
2. ソフトウエア作成（単体テスト、テスト・シミュレーター作成を含む）

3. 調達（ハードウエア、ソフトウエア、業務委託など）

4. 運用手順書作成（試験フェーズで更新される）

5. 品質管理

6. 終結

④試験フェーズ

1. テスト計画（立上げを含む）

2. テスト実行（テスト・データ作成を含む）

3. 品質管理

4. 終結

⑤引き渡しフェーズ

1. 品質管理

2. 顧客満足度調査

3. 終結

⑥終結フェーズ

1. チーム解散

2. 事務終了

3. 報告書作成と配布

4. 終結

▶▶ 補助計画書

次に変更マネジメント計画書を記述します。この内容は、役割分担とプロセスの定義です。役割は次のように決めます。

コーディネータ

変更要求受付、情報伝達、変更委員会コーディネーション

変更委員会

プロジェクト・マネジャー、リーダー、営業

プロセスは、フローチャートを作成して全員に配布します。実際の例は「10-2 統合変更管理」を参照してください。

他の補助計画書については、チームの中で役割を分担して作業しますが、スコープ・

マネジメント計画を先に開始します。そのなかで、要求事項収集のための要求事項マネジメント計画書とスコープ・マネジメント計画書を作成します。さらに、スケジュール・マネジメント計画書とコスト・マネジメント計画書まで作成します。

▶▶ 要求事項収集

　最初に、要件定義書のフォーマットを決めます。例えばUSDM法によるテンプレートなどが便利です。同時にステークホルダー特定で把握した顧客と連絡し、打ち合わせのスケジュールを作ります。なるべく多くの人と直接会えるように考慮します。すでにステークホルダー・マネジメントの始まりです（184ページの表「USDM法の例」参照）。

　要求事項には変更がつきものなので、要求事項を出した人を明示し、その人の言葉で表現します。さらに要求事項ごとに、理由を明示します。要求事項トレーサビリティ・マトリックスも忘れずに作成します。それによって変更時の対処が容易になります。要求事項の精度を定義することは困難ですが、「後々の変更要求が少ないほどよい」と考えれば、変更の量が10%以内であれば成功といえます。USDM法の開発者は、「5%以内も可能である」といっています。

　機能要件と非機能要件については、顧客と決めた期限でいったん打ち切ります。次のスコープ定義とWBS作成の時点で、要求事項の追加・変更のタイミングがあります。並行してスコープ定義プロセスを開始します。

　さらに契約書を参照しながら、プロジェクトの進め方について、進捗会議の頻度、開催場所、役割、報告書、検収方法などを決めます。契約書に詳細が記述されていない場合には時間がかかりますが、後のトラブル防止のために、両者が完全に合意するまで議論します。

▶▶ スコープ・ベースライン

　要求事項のうちシステム性能に直結する機能要件と非機能要件がまとまったら、アーキテクトに指示してシステムの基本となるアーキテクチャーを作成します。ここでは、例えば中央集約型のメインCPUを配置するのか、分散型サーバー系で構成するのか、などをデザインします。それを基にしてスコープ記述書を作成します。成果物スコープは、仕様書としての位置付けで、成果物など技術的にも表現します

ので、かなり詳細なものになります。

マネジメント関係では、プロジェクトの除外事項や、制約条件と前提条件を洗い出して記述します。この項目は変化することがあるので、別表にします。項目を洗い出す際はチェックリストを利用すると便利です。例を表「制約条件、前提条件のチェックリスト」に示しておきます。

できあがったら、外部設計に取り掛かります。スコープ記述書の内容を顧客と確認したいのですが、理解しにくいので、体系化・可視化するためにWBSを作成します。成果物と作業は、スコープ記述書とWBSで確認できますが、運用に関わる「人とシステムのインターフェース」は外部設計書で確認することになります。お互いに納得したら、成果物指向プロセスとしては、内部設計に取り掛かります。マネジメント・プロセスとしては、スコープ・ベースラインが定義できたので、他の知識エリアの補助計画書作成に取り掛かります。

USDM法の例

分類(記号)	要求仕様書				優先度	備考欄	関連文書	プログラム
	要求	(要求番号)	要求内容の記述					
		理由	要求の背景や理由の記述					
		説明	追加の詳細説明(セルを拡大して図表を添付してもよい)					
	要求	(要求番号)	階層化した要求					
		理由						
		説明						
		＜仕様分類名＞		主分割記号				
			＜仕様分類名＞	補助分割名				
			(仕様番号)	仕様記述				
			(仕様番号)					
		＜仕様分類名＞						
			(仕様番号)					
			(仕様番号)					
			(仕様番号)					
			(仕様番号)					
		理由						

8-11 PMBOK ガイドと IT 系プロジェクト運用例 ②計画

制約条件、前提条件のチェックリスト

□品質上の制約は何か	成果物の精度は 3 シグマで管理
□予算上の制約は何か	予備費込みで 5,000 万円以内
□納期上の制約は何か	5 月 31 日納期厳守
□スコープ上の制約は何か	
□ライセンス上の制約は何か	
□既存のソフトウェアを使う場合の制限は何か	
□セキュリティ上の制約は何か	
□法律上の制約は何か	
□組織上の制約は何か	
□外注する場合の制約は何か	
□既存のシステムとの互換性などの制限はないか	
□新しい技術に制約はないか	
□このプロジェクトの前提条件は何か	
□その他、考えられる条件はあるか	

▶▶ スケジュール・ベースライン

　スケジューリング・ソフトを利用すると効率的ですが、ここでは手作業でプレシデンス・ダイアグラムを作成します。まずマイルストーンを確認します。
「要件定義フェーズ開始・完了、設計フェーズ開始・完了、実装フェーズ開始・完了、試験フェーズ開始・完了、引き渡しフェーズ開始・完了、プロジェクト終結フェーズ開始・完了」
ゲート・レビューは、それぞれの完了時に実施されるものとします。
　最初にフェーズごとにスケジュールを作成します。そのために WBS のワーク・パッケージを要素分解し、作業を洗い出します。10cm 四方程度の付箋紙に作業名を記入します。このプロジェクトのサイズですと、実装フェーズでも 40 枚程度です。
　二番目にアクティビティ順序設定のために、大きな白板に付箋紙を並べますが、「開始」と「終了」の付箋紙 2 枚をターミネーターとして白板の両端に置きます。チームで確認しながら、「終了ー開始」の関係を前提として、「開始」から順に付箋紙を並べていき、付箋紙間を線で結びます。
　三番目に、各作業の所要期間見積りを行います。各作業を担当する人数と PC などの機材を想定して資源ブレークダウン・ストラクチャーを作成し、スプレッド・シー

トを利用して三点見積り法を実施すると非常に簡単です。そこから得られた所要期間見積りを並べた付箋紙の期間の欄に記入します。筆記具は、記入後に訂正しやすいように軟らかめの鉛筆を用います。

　最後に、クリティカル・パス法で、最早開始日、最早終了日、最遅終了日、最遅開始日、余裕期間、の順に計算します。結果としてクリティカル・パス所要期間が得られますが、マイルストーンに間に合わないスケジュールになるのが一般的です。この際、要員が決まっているのでしたら作業に割り当てます。そうすると資源の競合が発生することがありますから、順序設定を見直します。さらに、リードを利用したファスト・トラッキングと、資源を追加するクラッシングなどの短縮技法を適用し、再度クリティカル・パスを計算します。何度か繰り返して、バッファも設定し、実行可能なベースラインとするようにバー・チャートを作成します。最後に、使用した付箋紙のデータと順序関係をスプレッド・シートに記録しておきます。これがアクティビティ属性になります。

▶▶ コスト・ベースライン

　先ほど作成した資源ブレークダウン・ストラクチャーからアクティビティごとにコスト見積りを実施します。それをワーク・パッケージ単位に集約し、WBSの要素ごとに計算し、プロジェクト全体のコスト見積りが完成しますが、スプレッド・シートを利用すれば簡単です。アクティビティの共通コストやコンティンジェンシー予備を忘れずに算入します。資源ブレークダウン・ストラクチャーに、社員の人件費を記入することになりますが、具体的な給与を入れることはできません。この場合は、人事部から適切な社員層の平均年収を入手して、管理単位の週給や月給に換算します。誤差はありますが、それを見越しての許容範囲による管理なのです。外注人件費の場合は、契約によって支払い金額が把握できますからそれを採用します。すべてのコストが把握できたら、スケジュールに沿って支出計画書を作成します。この作業も、スプレッド・シート上で行えば、資源ブレークダウン・ストラクチャーとのリンクを使って、信頼のおけるコスト・ベースラインとすることができます。

　問題は、この総コストが立上げ時点で算定した概略予算を超過した場合です。利益分が減少することになり、それが会社としての許容範囲であればいいのですが、そうでなければ会社としての対策を考えなければなりません。全コストの見積り金

額を見直すことになりますが、最後には、あらためて顧客と協議して契約金額を増加するか、スコープを縮小するために要求事項を削減することになります。このための交渉は、プロジェクトの早い時点で行わなければ効果がありません。

要求マネジメント計画書に要求事項の優先順位を付けるプロセスを定義してあれば、要求事項に対して、次の分類も可能です。

Must 項目
当システム本稼働の必須条件です。
Should 項目
なければ、運用にかなりの制限を受けます。
Could 項目
なければ、ときどき支障をきたしますが人でカバーできます。
Would（あるいは Will not）項目
あったら便利と考える機能です。

この区分から優先順位を付けて規模を縮小します。

よく、A、B、C、D というようなランク付けを行うことがありますが、定義があいまいなことが多く、結果として A+ とか A++ というランクまで登場してきて、なんのことかわからない、という事態になりかねません。

▶▶ IT系プロジェクトのリスク

品質、人的資源、コミュニケーションおよび調達は割愛して、具体的なリスク・マネジメント活動について解説します。

立上げの時点で、ある程度のリスクが想定されます。特に IT 系プロジェクトの場合、スケジュールにおけるリスクが浮かんできます。ですから、スケジュール作成の早い時点で、チームが感じているリスクを洗い出しておきます。分析や対策は後で考えます。そして、ドラフト版スケジュールができた時点で、メンバーで What-If 分析を行います。具体的には、スケジュール表とプレシデンス・ダイアグラムを前にして、メンバーが感じていたリスク、あるいは不安について語り合い、それがスケジュールではどうなっているのかをメンバー全員で確認します。そうすると、具

体的なリスク原因がわかってきますから、リスク登録簿に追記して、対策を講じるかどうかを決めます。受容できる場合でも必ず全員で確認します。

　よくあるリスクには、要員のスキルに関することや、病気による急な休み、ベンダーからの納期遅れなどが挙げられます。原因によっては、時間バッファを設定して吸収することも可能ですが、スキルのリスクでは、たいていの場合追加トレーニングが対策になります。しかし、トレーニングそのものにもリスクがあります。いわゆる二次リスクです。例えば、せっかくトレーニングしても効果があがらない、トレーニングのために十分な時間がとれない、予算を割けない、などというものです。

　トレーニングは、プロジェクトの早い時点で実施しないと効果が小さいものです。スケジュールを見ながら、どこにトレーニング日程を組み込むのか、頭の痛い問題です。またトレーニングの種類によっては外部研修に参加しなければならないものもあって、その研修の可用性に制約を受けることもあります。

　IT系プロジェクトは、要員のスキルへの依存性がかなり高い傾向にあります。プロジェクトの独自性を考えると、プロジェクトの当初からトレーニングを考慮すべきです。当然のことながら、技術上のトレーニングだけでなく、マネジメント上のトレーニングも必要です。うちのエンジニアならできるはず、という考え方がリスクだと認識します。いつもと違うところは何か、というようにきめ細かな感性が要求されます。

第**9**章

5つのプロセス群
……実行

PMBOKガイドには実行プロセスとして8つのプロセスが定義されています。実行プロセスでは、プロジェクト自体のマネジメントだけでなく、プロジェクト要員の育成とマネジメント、品質保証やステークホルダーとの交渉などでプロジェクト・マネジャーの手腕が重要となります。

図解入門
How-nual

9-1 プロジェクト作業の指揮・マネジメント

プロジェクト目標を達成するために、プロジェクトマネジメント計画書で定義された作業を実行します。その作業とは、プロジェクト要求事項を完了するためのアクティビティを実行し、成果物を生成することです。

▶▶ プロジェクト作業の指揮・マネジメント

プロジェクト・マネジャーは、計画したアクティビティの実行を指揮し、プロジェクト内に存在するさまざまな技術上、および組織上のインターフェースのマネジメントを行います。このために、プロジェクトマネジメントのスキルと同時に一般的なマネジメントのスキルも要求されます。このプロセスでは、変更管理委員会の指示に従って、承認された変更作業も実行します。

▶▶ インプット、ツールと技法

インプット情報には次の事項があります。

プロジェクトマネジメント計画書
すべてを参照します。

承認済み変更要求
図「変更ログのデータフロー」にあるように、公式の変更管理プロセスを通して作成された「変更ログ」の内容を確認します。変更要求書が変更管理委員会によって承認され、作業が指示されていればスケジュールに沿って変更作業を実施します。変更を管理するコーディネーターは、変更要求書の提出を受け付けたら変更ログに記入します。変更管理委員会はその内容をレビューし、要求が妥当であれば承認し、その結果を変更ログに記入します。承認された変更要求は、計画の上で「変更作業」として実行され、その状況を変更ログに記入し記録として残します。また、変更要求が承認されなかった場合には、非承認の理由を変更ログに記入し記録として残します。ここで実施する変更作業には、次の事項があります。

①是正処置：管理基準から外れた状態を正常に戻すための処置です。
②予防処置：管理基準から外れないようにする未然防止の処置です。
③欠陥修正：故障や不具合を修理したり、取り換えたりする処置です。

組織体の環境要因

効率的、効果的に作業するための要因を参照します。

組織のプロセス資産

標準ガイドや過去の教訓を参考にします。

ツールと技法には、次の事項があります。

専門家の判断

インプット情報を評価するために、有識者や経験者に相談します。

プロジェクトマネジメント情報システム

効率的、効果的なマネジメントのための自動化システムなどです。

会議

情報交換、意思決定などのために開催されます。

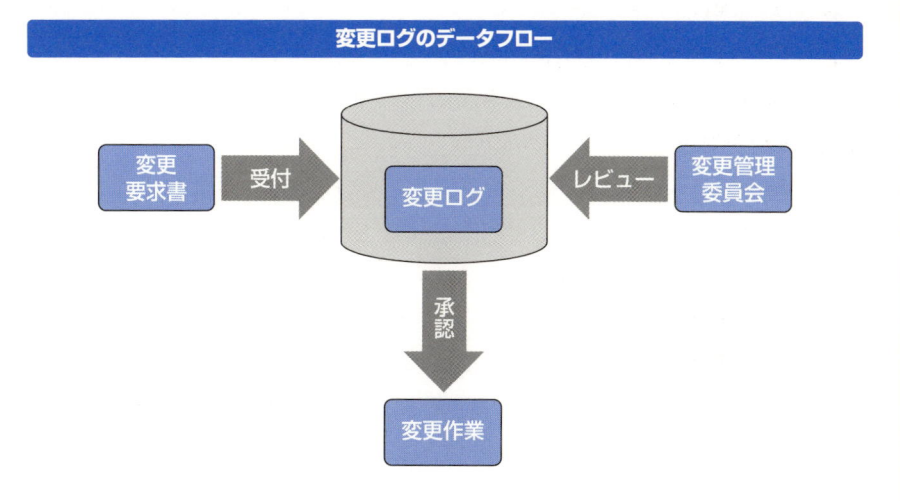

変更ログのデータフロー

変更要求書 →受付→ 変更ログ ←レビュー← 変更管理委員会
変更ログ →承認→ 変更作業

▶▶ アウトプット

このプロセスのアウトプットには、次の事項があります。

成果物

成果物の一部、あるいはすべてです。

作業パフォーマンス・データ

成果物を生成した結果、提出される生の実績情報です。この情報は各種コントロール・プロセスにおいてレビューされ作業パフォーマンス情報になります。記載する内容には、次の事項があります。

①成果物の生成状況

②スケジュールの進捗状況

③発生したコスト

変更要求

作業の実行中に問題が発見された場合に提出します。その内容には、次の事項があります。

①是正処置

②予防処置

③欠陥修正

④更新：計画や文書の更新版を作成するための要求ですが、プロジェクトマネジメント計画書など、公式な変更管理対象の文書に限定します。

プロジェクトマネジメント計画書更新版

この時点では、全補助計画書とベースラインが更新される可能性があります。

プロジェクト文書更新版

この時点で更新される可能性がある文書は、要求事項文書、プロジェクト・ログ（課題ログ、前提条件ログなど）、リスク登録簿、ステークホルダー登録簿です。

9-2

品質保証

適切な品質標準と運用基準の適用を確実に行うために、品質の要求事項と品質コントロール測定結果を監査し、すべてのプロセスの品質改善を繰り返し行う手法である継続的プロセス改善のために、包括的な支援を行います。

▶▶ 品質保証

継続的なプロセス改善は、無駄をなくし付加価値のないアクティビティを取り除きプロセスを効率よく効果的に実行することができます。改善活動は全員参加が望ましいのですが、決められた担当者で実施されることもあります。

▶▶ インプット

インプットには次の事項があります。

品質マネジメント計画書
品質マネジメント・プロセスの実行方法を確認します。

プロセス改善計画書
改善活動の進め方についてのガイドを確認します。

品質尺度
品質マネジメント計画で定義された検査基準と検査方法を確認します。

品質コントロール測定結果
品質コントロール・プロセスで測定された情報をプロセス改善に活用します。

プロジェクト文書
品質保証活動に関係する文書を確認します。

▶▶ ツールと技法

ツールと技法には次の事項があります。

品質計画マネジメントとコントロールのツールと技法
品質マネジメントにおけるすべてのツールと技法を活用します。次に例として新QC七つ道具を示します。

① 親和図：マインドマップ法に似ています。さまざまな考え方の系統的なパターンを形作るために結合可能なアイデアをまとめる技法です。
② PDPC 法：目標に至る過程で生じるさまざまな条件を考慮しながら、目標を達成するプロセスを決定するために用います。
③ 相関図：多くの関連項目に論理的順序関係を見いだし、多少複雑なシナリオにおける創造的な問題解決プロセスに使用されます。
④ ツリー・ダイアグラム：系統図とも呼ばれます。WBS などブレークダウンを行うツールにおける要素分解の階層を示すために用いられます。
⑤ 優先順位マトリックス：一連の作業における実行の優先順位を決めるために重要な課題や適切な代替案を特定する場合に使われます。
⑥ アクティビティ・ネットワーク図：プレシデンス・ダイアグラム法（PDM）として以前使われていた AOA (Activity on Arrow) 様式と、最も一般的に使われる AON (Activity on Node) 様式の両方が使われます。
⑦ マトリックス・ダイアグラム：マトリックスを構成する行と列の間に存在する要因、原因、および目標間の関係の強さを表示するために使用されます。

品質監査

第三者によって、方針やプロセスなどの順守状況を体系的にレビューします。この活動は、予定に沿ってあるいは適宜に、組織内または組織外の監査員によって実施されるように、計画時に役割を決めておきます。監査によって、問題点の特定、生産性の向上、品質コスト削減、成果物の受入れ率向上、などが期待できます。さらに、品質コントロール・プロセスと同様に、変更作業の実施状況をレビューします。

プロセス分析

プロセス改善計画書の手順に従ってプロセスを分析し、必要な改善策を提案します。そのときに品質コントロール測定結果や「なぜなぜ」を繰り返す根本原因解決法などを活用して、プロセスの実行中に経験した問題点や矛盾、あるいは付加価値のないアクティビティなどについて検討します。

7つ道具とプロセス分析の関係

作業結果 → 品質検査 → 品質コントロール測定結果 → プロセス分析（品質保証）

QC7つ道具＋新QC7つ道具

▶▶ アウトプット

アウトプットには次の事項があります。

変更要求

監査や改善活動の結果、品質改善のために提出されます。この変更要求は、プロジェクト全体として検討され、母体組織の方針、プロセス、手順などの効果と効率の向上に寄与します。

プロジェクトマネジメント計画書更新版

この時点で更新される可能性のある内容は、品質マネジメント計画書、スケジュール・マネジメント計画書、コスト・マネジメント計画書です。

プロジェクト文書更新版

この時点で更新される可能性のある内容には、次の事項があります。

①品質監査報告書：監査結果をまとめた文書です。

②トレーニング計画書：監査の指摘事項からトレーニングが実施されることがあります。

③プロセス文書：改善活動の結果から更新されます。

組織のプロセス資産更新版

組織の品質標準や品質マネジメント・システムなどが更新される可能性があります。

9-3

プロジェクト・チーム編成

人的資源の可用性を確認し、プロジェクトの任務を完了するために必要なチームを設定します。人的資源はプロジェクトの必要条件ですから、さまざまな制約条件のもとで、チーム・メンバーを選出し獲得します。

▶▶ プロジェクト・チーム編成

まずプロジェクト・マネジャーを任命し、プロジェクト・マネジャーの考え方で要員計画を立て、その計画に従って要員を集めます。プロジェクトによっては最初からメンバーが決められているケースがありますが、スキルの不一致というリスクを抱える可能性があります。

▶▶ インプット

インプット情報には次の事項があります。

人的資源マネジメント計画書

役割と責任、プロジェクト組織図、および要員マネジメント計画書を確認します。

組織体の環境要因

プロジェクトへ参加可能な要員などについて人的資源の情報を確認します。

組織のプロセス資産

人的資源に関する標準方針などの情報を確認します。

▶▶ ツールと技法

ツールと技法には次の事項があります。

先行任命

本人に事前承諾なしで任命する場合があります。例えば次のケースです。

①競争入札時に、特定の要員任命を約束する。

②特定の専門知識に依存する場合。

③立上げ時点に、プロジェクト憲章で任命される場合。

交渉

要員を獲得する場合、次の相手との交渉が必要になります。

①機能部門マネジャー：社内から要員を獲得する場合

②母体組織内の他のプロジェクト：一時的な共有とする場合。

③外部組織：社内から獲得できない場合。

獲得

プロジェクト外部から獲得したい場合に実施します。調達マネジメント活動が必要となります。

バーチャル・チーム

「共通の目標を持った要員の集まりで、相互に顔を合わせることがほとんどまたは全くないまま役割をはたすもの」と定義され、一箇所へ集合（コロケーション）せず物理的に分散したままバーチャルなチームを構成することです。

多基準意思決定分析

さまざまな要素を加味して人選します。その要素には次の事項があります。

①可用性：プロジェクトへ就業可能であること

②コスト：予算以内であること

③経験：プロジェクトに貢献できるような経験があること

④能力：必要なコンピテンシーを持っていること

⑤知識：関連する知識を持っていること

⑥スキル：関連するスキルを持っていること

⑦態度：他のメンバーをチームを組めること

⑧国際的要素：地域、タイムゾーン、言語（コミュニケーション）

バーチャル・チームとコロケーション

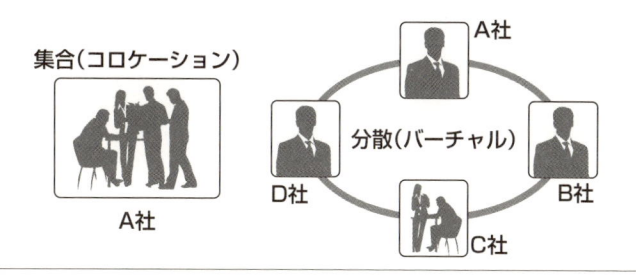

▶▶ アウトプット

アウトプットとして、次の事項があります。

プロジェクト要員任命

要員任命にはさまざまな文書が利用されます。

①プロジェクト・チーム名簿

②覚書

③組織図やスケジュールなどの計画書に名前を記入したもの

資源カレンダー

任命された要員のプロジェクトへの可用性をカレンダーにします。休暇や他のプロジェクトでの作業などを明示します。

プロジェクトマネジメント計画書更新版

この時点で更新される可能性がある内容は、次の事項です。

人的資源マネジメント計画書：必要スキルとメンバーの保有スキルが一致しない場合、対策と共に要員マネジメント計画書の更新が必要な場合があります。

9-4

プロジェクト・チーム育成

パフォーマンスを高めるために、コンピテンシーを強化し、チーム内の交流を促進し、チーム環境を改善します。要するに、チームワークを高めるための活動を行います。

▶▶ インプット、ツールと技法

インプット情報には次の事項があります。

プロジェクト要員任命

チーム・メンバーを確認します。

プロジェクトマネジメント計画書

要員マネジメント計画書から、トレーニング、報奨、懲罰処分などについての計画を確認します。

資源カレンダー

チーム・メンバーがチーム育成に参加できる時期を確認します。

ツールと技法には次の事項があります。

人間関係のスキル

プロジェクト・マネジャーやチーム・リーダーは、チーム・メンバーについて、その感情を理解し、行動を予測し、関心事を認識し、課題を追跡します。その結果、問題を大幅に減少させ、連携を強化することができます。さらに、共感やグループの円滑な意思疎通などのスキルも重要です。

トレーニング

チーム・メンバーのコンピテンシーを高めます。個々のメンバーの育成は、チーム育成の基礎です。

チーム形成活動

チームワークを強化するための活動として、タックマン・モデルを理解し活用します（次ページの図「タックマン・モデル」参照）。タックマンによると、チームは図にあるような「成立期」から「遂行期」までのプロセスを経由して育成されます。プロジェクトチーム結成時点は、「成立期」と呼び、仕事や仲間について不

9-4 プロジェクト・チーム育成

安を感じている状況です。次の「動乱期」は、業務が開始された直後であり、そこでは他人の業務内容が気になり出します。「安定期」では自分の仕事が落ち着いた状況になります。さらにお互いに気心が知れてくると「遂行期」に入ります。ここでは助け合いが始まり、チームとしての能率が最も高まり、目標の達成と終結により「解散期」となります。

行動規範

全員で議論し明確な指針を確立し、全員で順守します。

コロケーション

チーム・メンバーの大部分を物理的に同じ場所に集めることです。チーム会議室、スケジュールを掲示する場所、コミュニケーションや連帯感を強化する設備などを準備する必要があります。

表彰と報奨

プロジェクトのパフォーマンス評価を通して報奨を決めます。文化の違いによって、チーム表彰と個人表彰を使い分けます。個人に対する報奨は、その人が重要だと考えているニーズに合った場合にのみ効果があります。報奨の対象は、望ましい行動にのみ限定し、全員が達成可能なものとします。一部のメンバーしか得られない報奨は、チームの結束を害するので注意します。

人事考課ツール

評価のためにさまざまな技法を駆使します。その結果弱点を見いだし、相互理解や信頼を深めます。

タックマン・モデル

成立期	動乱期	安定期	遂行期	解散期
・チーム形成の初期段階 ・チームメンバーが招集紹介され、プロジェクトの目的が説明される	・行動が開始される ・自分の立場を有利にしようとするためチームメンバーが対立的になる	・チーム内での自分の立場が安定する ・プロジェクトの問題に集中する	・成熟した育成段階 ・チームの生産性が高い ・チームメンバー間の信頼性が高い	

▶▶ アウトプット

アウトプットには次の事項があります。

チームのパフォーマンス評価

チームの機能の実効性について評価します。評価基準は、適切な関係者全員で決めます。評価項目には次の事項があります。

①スキルやコンピテンシーの改善

②要員の離職率の低減

③チーム結束力の強化

評価項目としては、次の事項があります。

①プロジェクト目標を基準とした技術的な成功

②スケジュール目標の達成度合い

③コスト目標の達成度合い

評価結果として、トレーニング、コーチング、メンタリング、助力、などチームのパフォーマンス改善に必要な活動を変更要求を提出して行います。

組織体の環境要因更新版

この時点で更新される可能性のある要因には、次の事項があります。これらの情報は共有化せず人事管理システムへ保管します。

①要員の教育研修記録

②スキル評価などの人事管理情報

なお、チーム結束力の強化の評価項目には、次の事項があります。

成功

プロジェクト目標を基準とした技術的な成功です。

達成度

スケジュール目標の達成度合いです。

コスト目標の達成度合い

評価結果として、トレーニング、コーチング、メンタリング、助力などチームのパフォーマンス改善に必要な変更要求を行います。

9-5 プロジェクト・チーム・マネジメント

プロジェクトのパフォーマンスを最適化するために、チーム・メンバーのパフォーマンスを調べ、フィードバックを行い、課題を解決します。

▶▶ プロジェクト・チーム・マネジメント

ここではメンバー主体にマネジメントします。従ってチームの行動を観察し、コンフリクトをマネジメントし、課題を解決し、メンバーのパフォーマンスを評価します。

▶▶ インプット、ツールと技法

インプット情報には次の事項があります。

人的資源マネジメント計画書
役割と責任、プロジェクト組織、要員マネジメント計画書を確認します。

プロジェクト要員任命
チーム・メンバーを確認します。

チームのパフォーマンス評価
チームとしての評価を確認します。

課題ログ
課題を誰がいつまでに解決するのかを確認します。

作業パフォーマンス報告書
プロジェクト全体としての状況を確認します。

組織のプロセス資産
表彰や報奨に関する情報を確認します。

ツールと技法には次の事項があります。

観察と対話
チーム・メンバーの作業と態度を継続して把握します。

プロジェクト・パフォーマンス評価

個々のメンバーのプロジェクトにおける活動の評価を行います。役割と責任を再確認し、建設的なフィードバックを与え、課題を発見し、トレーニング計画や次期の目標設定を行います。

コンフリクト・マネジメント

集団活動の特徴として、対立は避けられないものです。この問題をオープンにしてチームで解決することにより、さらにチームが強固になります。解決にあたっては、個人の人間性や過去を問題にせず、直面している課題や現在に焦点を当てます。コンフリクト解消のための技法を示します。（図 「対立の要素解消技法」参照）。

課題ログ

課題解決のための責任者と目標期日を一覧表に記載します。

人間関係のスキル

例として、次の事項があります。

① リーダーシップ：ビジョンを伝え、高いパフォーマンスを達成するようにチームを鼓舞します。

② 影響力：説得力を持って、要点や立場を明確に述べることができる能力です。そのためには、お互いの信頼を維持しながら合意に達するための、重要な情報収集や積極的傾聴が必要です。

③ 効果的な意思決定：達成すべき目標に焦点を当てて、事前に取り決めた意思決定プロセスに従います。これによってメンバーの人間関係の資質を育て、創造性を活性化できます。

対立の要素

立上げ	計画	実行	終結
①プロジェクト優先度 ②管理手続き ③スケジュール ④人的資源 ⑤コスト ⑥技術的見解 ⑦人間関係	①プロジェクト優先度 ②スケジュール ③管理手続き ④技術的見解 ⑤人的資源 ⑥コスト ⑦人間関係	①スケジュール ②技術的見解 ③人的資源 ④プロジェクト優先度 ⑤管理手続き ⑥コスト ⑦人間関係	①スケジュール ②人的資源 ③人間関係 ④プロジェクト優先度 ⑤コスト ⑥技術的見解 ⑦管理手続き

▶▶ アウトプット

アウトプットには次の事項があります。

変更要求

要員に関する課題が原因で支障がある場合に提出します。たとえば、次の事項があります。

①是正処置：要員の配置転換、外注、補充

②予防処置：担当者不在時対応のためのクロス・トレーニングや、役割のさらなる明確化

プロジェクトマネジメント計画書更新版

この時点で更新される可能性がある計画書は、人的資源マネジメント計画書です。

プロジェクト文書更新版

この時点で更新される可能性があるものには、次の事項があります。

①課題ログ

②役割記述書

③プロジェクト要員任命

組織体の環境要因更新版

メンバーの評価やスキルを更新し、人事管理システムへ保存します。

組織のプロセス資産更新版

この時点で更新される可能性のある情報には、次の事項があります。

①過去の情報と教訓の文書

②テンプレート

③組織の標準プロセス

▶▶ 対立の要素の解消

どんなに仲よさそうなチームでも、隠れた対立はあるものです。チーム外との対立も考えられます。その対立の要素は本項で紹介しましたが、ここでは、その解消方法について解説します。

対立の要素解消技法

技法	内容
撤退や回避	・現在ある、または潜在的なコンフリクト状態から身を引き、対応する準備が整うまで、または他の誰かが解消するまで課題を先送りする
鎮静や適応	・意見の異なる部分ではなく、同意できる部分を強調し、相手のニーズに対して立場を認め、調和と関係を維持する
妥協や和解	・関係者全員がある程度は納得できる解決策を模索し、対立を一時的または部分的に解消する
強制や指示・命令	・相手を犠牲にして自分の観点を押し付ける ・単に自分が勝ち相手が負ける (win-lose) という解決策であり、通常は、権力のある地位を利用して緊急事態を解決する場合に使う
協力や問題解決	・異なる観点から複数の視点や洞察を取り込む ・一般にコンセンサスとコミットメントにつながる協調性のある姿勢とオープンな対話をすることが求められる

9-6 コミュニケーション・マネジメント

コミュニケーション・マネジメント計画に従ってプロジェクト情報を生成、収集、配布、保管、検索、および最終的な廃棄を行います。この活動はプロジェクト・ライフサイクルを通して、すべてのマネジメント・プロセスで実行します。

▶▶ インプット

インプットには次の事項があります。

コミュニケーション・マネジメント計画書

ステークホルダーに対するコミュニケーション方法などを確認します。

作業パフォーマンス報告書

プロジェクト作業の監視・コントロール・プロセスで作成された、プロジェクト全体のパフォーマンスを表す報告書です。

組織体の環境要因

次の事項を参照します。

①組織の文化と構造
②政府や産業界の標準と規則
③プロジェクトマネジメント情報システム

組織のプロセス資産

次の事項を参照します。

①コミュニケーション・マネジメントに関する方針、手続き、プロセス、ガイド
②テンプレート
③過去の情報と教訓

▶▶ ツールと技法

ツールと技法には、次の事項があります。

コミュニケーション技術

コミュニケーション・マネジメント計画にもあるように、プロジェクトによってさまざまな技術が要求されます。

9-6 コミュニケーション・マネジメント

コミュニケーション・モデル

コミュニケーション・マネジメント計画書にもあるように、プロジェクトによってさまざまなモデルが採用されます。

コミュニケーション方法

コミュニケーション・マネジメント計画書にもあるように、プロジェクトによってさまざまな方法が採用されます。

情報マネジメント・システム

プロジェクト情報は、さまざまなツールによって伝達され、マネジメントされます。その例を次に示します。

① ハード・コピー文書：手紙、メモ、報告書、プレスリリース
② 電子コミュニケーション・マネジメント：電子メール、ファックス、ボイスメール、電話、テレビやWeb会議、Webサイト、メールマガジン発刊
③ 電子プロジェクトマネジメント・ツール：スケジューリングとプロジェクトマネジメントのソフトウエア、会議とバーチャル・オフィスの支援ソフトウエア、ポータル、共同作業マネジメント・ツール

パフォーマンス報告

パフォーマンス情報を収集し配布します。その情報には、状況報告、進捗測定値、予測、などを含みます。この活動は定期的に行われ、プロジェクト予測、プロジェクト進捗とパフォーマンスを理解し伝達するためのベースライン対実績データの分析を行います。詳細な報告書の内容の例を次に示します。

① 過去のパフォーマンス分析
② プロジェクト予測の分析（タイムとコスト）
③ リスクと課題の現状
④ 報告期間における作業実績
⑤ 次の報告期間における作業予定
⑥ 報告期間における変更のサマリー
⑦ レビューや議論されるべき関連情報

▶▶ アウトプット

アウトプットには次の事項があります。

プロジェクト伝達事項

伝達事項には、次の事項があります。

①パフォーマンス報告書

②成果物状況

③スケジュール状況

④コスト状況

⑤プロジェクトマネジメント計画書更新版：この時点で更新される可能性のある計画書は、ベースラインとコミュニケーション・マネジメント計画書です。

⑥プロジェクト文書更新版：この時点で更新される可能性のある文書は、課題ログ、プロジェクト・スケジュール、プロジェクト資金要求事項です。

組織のプロセス資産更新版

配布した情報のコピーやフィードバックを教訓として残すことです。この時点で更新される可能性のある情報には、次の事項があります。

①ステークホルダーへの通知

②プロジェクト報告書：教訓、課題ログ、プロジェクト完了報告書、他の知識エリアからのアウトプットなどです。

③プロジェクトのプレゼンテーション：情報および提供方法は、聞き手のニーズに合わせます。

④プロジェクト記録：コレスポンデンス（交信記録）、メモ、議事録、プロジェクトについて記述したその他の文書などです。

⑤ステークホルダーからのフィードバック：参考にして改善のために利用します。

⑥教訓の文書化：課題の原因、是正処置の選択理由など、情報配布についての教訓を残します。

情報配布のイメージ

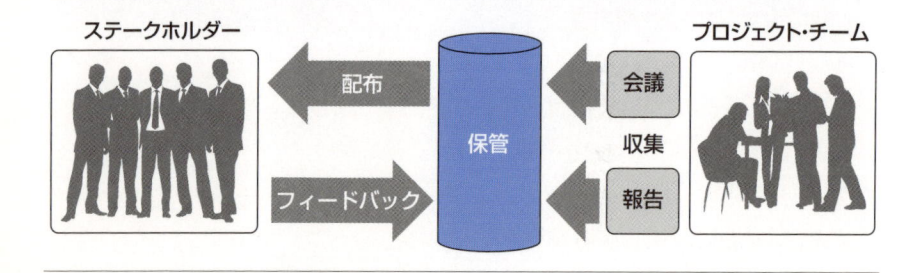

9-7

調達実行

調達実行プロセスは、調達マネジメント計画に基づき、納入業者の選定と交渉を経て、適切な納入者を決定し、契約を結ぶものです。

▶▶ インプット、ツールと技法

インプット情報には、次の情報があります。

調達マネジメント計画書

品目ごとの調達に関する方針を確認します。

調達文書

契約のために準備した文書を確認します。

発注先選定基準

調達マネジメント計画で準備した基準です。

納入候補のプロポーザル

提案書です。

プロジェクト文書

リスク登録簿とリスク関連の契約決定事項です。

内外製決定

内外製分析の結果です。

調達作業範囲記述書

調達するプロダクト、サービス、所産についての特性を確認します。

組織のプロセス資産

納入候補およびすでに適格であると認定された納入者の一覧表で、過去の実績を確認します。

ツールと技法には、次の事項があります。

入札説明会

すべての納入候補が、調達に関して明確かつ共通の理解を得られること、および特定の応札者に有利な取扱いとならないように行う会議です。質問に対する回答

は、修正条項として調達文書を更新します。また公平を期すために、すべての納入候補がほかの納入候補からのすべての質問を聞くことができ、かつ購入者からのすべての回答を聞けるように配慮します。

プロポーザル評価法
組織として評価し選定します。

独自見積り
納入者から提示された回答に対するベンチマークとして、納入候補のコスト見積りと大きな差がある場合に、購入者側の調達作業範囲記述書が不十分なのか、あるいは納入者側が誤解しているのかを判定します。

専門家の判断
プロポーザルを評価する際、組織のさまざまな専門家によってレビューされます。

公告
一般刊行物に広告を掲載したりポスターを掲示したりします。

分析技法
ベンダーからの提供される価値について分析します。

調達交渉
契約書の構成、要求事項や購入条件を明確にします。

▶▶ アウトプット

アウトプットには次の事項があります。

選定納入者
調達交渉の結果、契約締結を行うと決めた納入者です。

合意書
一般的に契約書を指します。

資源カレンダー
契約対象の資源の量とその可用性、個々の特定の資源の稼働日や非稼働日を文書化します。

変更要求
契約内容に基づく調達マネジメントからの変更要求はプロジェクトマネジメント計画全体へ影響を及ぼします。

プロジェクトマネジメント計画書更新版

この時点で更新される可能性のある内容は、3つのベースライン、コミュニケーション・マネジメント計画書、調達マネジメント計画書です。

プロジェクト文書更新版

この時点で更新される可能性のある文書は、要求事項文書、要求事項トレーサビリティ・マトリックス、リスク登録簿、ステークホルダー登録簿です。

COLUMN 動機付け理論④マズローの欲求5段階説

プロジェクト成功のためには、プロジェクト要員のヤル気を出させることが大切です。そのための動機付け理論にはさまざまありますが、ここではマズローの欲求5段階説について解説します。

「人の欲求には5段階あり、下から順に満足していくものである」という理論です。それを順に表すと、図のような順番になります。それぞれを解説します。

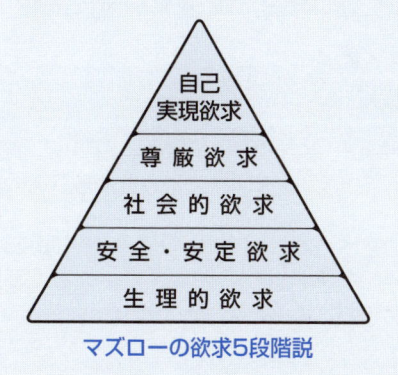

自己実現欲求
こういう人間になりたい、という欲求です。
尊厳欲求
他人から認められたい、とか尊敬されたいという欲求です。
社会的欲求
社会や団体への帰属欲求です。
安全・安定欲求
安全に暮らせる場所に対する欲求です。
生理的欲求
食欲など、人間が生きていくための最低限の欲求です。

たとえば、自分の部下が低いレベルの欲求段階で悩んでいるような場合、上司から高いレベルの話をされていても効果がありません。個人的な悩みなど把握困難なこともありますが、効果的な動機付けのためには、悩みのレベルに適応した相談や対処が求められます。常日頃のコミュニケーションによって、相談しやすい雰囲気を作ることが大切です。

マズローの欲求5段階説
（自己実現欲求／尊厳欲求／社会的欲求／安全・安定欲求／生理的欲求）

9-8 ステークホルダー・エンゲージメント・マネジメント

ステークホルダーのニーズや期待を満足させるために、プロジェクト・ライフサイクルを通して、コミュニケーションし、ともに働き、課題の発生に対処し、プロジェクトの活動についてステークホルダーの適切な関与を強化します。

▶▶ ステークホルダー・エンゲージメント・マネジメント

ステークホルダー・エンゲージメント・マネジメントを実施することで、プロジェクト・マネジャーがステークホルダーからの支援を増強し、抵抗を最小限に抑えるのを可能にし、プロジェクトの成功の機会を大幅に高めます。

▶▶ インプット

インプットには次の事項があります。

ステークホルダー・マネジメント計画書

ステークホルダーをどのように関与させるかの方法を確認します。

コミュニケーション・マネジメント計画書

ステークホルダーの期待をマネジメントするためのガイドや情報を確認します。

ステークホルダー・コミュニケーション要求事項

伝達情報（言語、形式、内容、詳細化の程度）

変更ログ

タイム、コスト、リスク、に関する変更については適切なステークホルダーに伝達しなくてはなりません。

組織のプロセス資産

次の事項を確認します。

　①組織のコミュニケーション要求事項

　②課題マネジメント上の手続き

　③変更管理手続き

　④以前のプロジェクトについての過去の情報

9-8 ステークホルダー・エンゲージメント・マネジメント

ステークホルダー・エンゲージメント・マネジメントの対応例

現状から良い方向へ変える活動

ステークホルダー	不認識	抵抗	中立	支持	指導
A氏	現状 →			目標	
B氏			現状 →	目標	
C氏				現状、目標	

▶▶ ツールと技法

ツールと技法には、次の事項があります。

コミュニケーション方法

コミュニケーション・マネジメント計画書で定めた、個々のステークホルダーとのコミュニケーション方法を使います。

例えば次のような事項があります。

人間関係のスキル

①信頼関係の構築

②コンフリクトの解消

③積極的傾聴

④変化への抵抗の克服

マネジメント・スキル

①プロジェクト目標へ向かってコンセンサスを促進する

②プロジェクトを支援するために影響力を及ぼす

③プロジェクト・ニーズを満足するために合意を形成する

④プロジェクトの成果を受け入れるための組織の行動を修正する

▶▶ アウトプット

アウトプットには、次の事項があります。

課題ログ

ステークホルダー・エンゲージメント・マネジメントの結果として課題が提起されることがあります。

変更要求

ステークホルダー・エンゲージメント・マネジメントの結果としてプロダクトやサービスへの変更要求が提起されることがあります。

プロジェクトマネジメント計画書更新版

この時点で更新される可能性のある計画書は、ステークホルダー・マネジメント計画書です。

プロジェクト文書更新版

この時点で更新される可能性のある文書は、ステークホルダー登録簿です。

9-9
PMBOKガイドとIT系プロジェクト運用例 ③実行

「8-11 PMBOKガイドとIT系プロジェクト運用例 ②計画」でプロジェクトマネジメント計画が承認されたので、いよいよ実行が開始されます。当プロジェクトでは、要件定義フェーズが終結し、それと重複した設計フェーズや実装フェーズが開始されます。

▶▶ 設計フェーズ

　　このフェーズは、前フェーズの途中から開始されていて、まだ計画プロセスの継続として前フェーズのスコープ・ベースライン作成へ統合されます。設計チームが構成され、フェーズ立上げの役割としてプロジェクト憲章を確認し、組織の方針に変更がないことを確認し、役割分担を決めて設計計画と運用計画を始めます。まだ前フェーズの要件定義は完了していませんが、システム構成に関わる概略機能はすでに提案書に記載したので、要求事項収集チームに対しシステム・アーキテクチャには変更がないことを確認します。変更がある場合には変更管理委員会から連絡があるはずですが、それを確実に反映させます。

　　設計計画に規定されたマイルストーンを達成するように、外部設計書と内部設計書を作成するための作業とスケジュールを詳細化します。このプロジェクトでの運用計画は、チーム人数の制約から、外部設計書が完成したら開始するようにスケジュールしました。設計計画が完成したらプロジェクト・マネジャーがレビューし、承認を得たら外部設計書の作成を開始します。

　　前フェーズの要求事項収集が完了し、外部設計書が完成したらWBSとの整合性を確認し、スコープ・ベースラインとともに顧客へ説明し、承認を得ます。ここが大きなマイルストーンになります。

　　顧客の承認を得たら内部設計を開始します。外部設計書と内部設計書とも品質管理の対象として、品質管理部門へ品質検査を依頼します。品質検査に合格したらスコープ妥当性確認を実施し、この検査に合格したら両設計書を納品します。

　　このフェーズの終結として、作成された文書類を整理し、設計チームとしての振り返りを行い、教訓を文書化し保管します。

▶▶ 実装フェーズ

　このフェーズも前フェーズの途中から開始します。ここでの立上げとして、プロジェクト憲章と組織の方針が変わらないことを確認します。作業計画は、設計計画が完了次第、運用計画と並行して開始します。作業計画のほとんどの部分はスケジュール作成時に定義されているので、ここでは実行するために、アクティビティ属性を確認し、ベースラインに影響しないように詳細化や調整を行います。例えば、個々のソフトウエア・コーディング作業期間の枠の中で、単体テストのスケジュールや方法を決めます。テスト・シミュレーターは組織にある標準ツールを活用しますので、テスト・データ生成作業が必要になります。

　コード設計を含めた内部設計が完成したら、いよいよソフトウエアのコーディング作業に入ります。要求事項収集プロセスで作成した「要求事項トレーサビリティ・マトリックス」で要求事項とソフトウエア・モジュール名とを確実に紐付けします。コーディング作業は外部に依頼するので、作業計画が終了次第、購買部門に業務委託先との契約を依頼します。同時に、必要なハードウエアとソフトウエアの調達を開始します。これは単体テストのための最小構成から順に調達し、結合テスト前にすべてが構成可能なように、バッファを1週間ほど組み込んでマイルストーンを設定します。

　運用計画の完成を待って、運用手順書の作成にかかります。この作業は、運用部門との共同作業とします。運用手順書は、総合テストの結果によって更新される可能性が高いので、変更作業がしやすい形式にしておくと便利です。

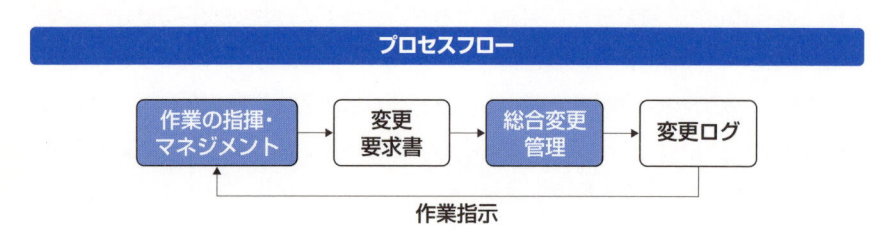

プロセスフロー

作業の指揮・マネジメント → 変更要求書 → 総合変更管理 → 変更ログ
（作業指示）

▶▶ 試験フェーズ

　このフェーズも前フェーズの途中から開始します。テスト計画は、運用手順書と同時に作成を開始して、作成したらプロジェクト・マネジャーと品質管理部門のレ

ビューを受けます。ポイントは2つあります。まず品質検査のために、品質基準に見合っていることを確認できるかどうかです。次に、要求事項に見合っているかどうかを確認できることです。要するに、顧客と合意した、機能要件、非機能要件、品質要件について確認できるテスト内容であることが重要です。

　テスト項目には、顧客要求以外に、開発側で想定したシステム構成上の課題の項目も含めます。特に、障害発生の場合のリカバリー方法や手順については、顧客側では詳細なケースを特定できないことの方が多いので、技術者が積極的に提案しなければなりません。アプリケーション側の異常ケースは、顧客に提示してもらいます。リスクとして考えられるすべてのシナリオを分析し、漏れがないようにテスト・シナリオを作成します。

　実装フェーズが終結し、テスト・データが出来上がったらテストを開始します。テストは、結合テスト、総合テスト、負荷テストを各3回実施します。1回のテスト時間は8時間を確保し、テスト評価に3日を予定します。その間、修正と次回テスト準備を行います。1日をバッファとして、1ショットで1週間です。負荷テストは、本番環境を構築してオペレータを配置して行い、運用テストを兼ねますので、通常業務に差し支えないように休日の作業になります。

　ここまでで合計9週間ですが、経験上、問題解決に長時間要するケースが発生することを見込んで、総合テストの最後と、各負荷テストの後に1週間のデバッグ期間を追加しました。これは追加テストの可能性を見込んだためです。さらに1週間のバッファを最後に付与すると、全体で14週間となりました。テスト結果の評価のために品質管理部門による統計的分析を依頼し、安定稼働を確実にできるようにします。プロジェクト後半になると、メンバーの疲れがピークになってきます。精神論だけでは品質は確保できません。作業には十分な時間を確保したいものです。試験フェーズの終結は、主要ステークホルダーによるレビューが実施され、プロジェクトとしての受入れが決定されます。

▶▶ 業務委託

　このプロジェクトでは、ハードウエアおよびソフトウエア購入以外に必要な調達があります。それは、プログラムのコーディングとテスト・データ作成業務を委託すること、およびテスト要員を獲得することです。ここでは業務委託について解説

します。

　日本のITプロジェクトの契約形態には、いわゆる一括請負が多いのですが、この契約を対象とする法律は民法です。民法では請負契約の特徴として、受注側に成果物完成責任や瑕疵担保責任が課されていますが、報告義務を義務付けていません。従って、進捗状況を報告したり、会議を開催したりするためには、契約書に明記する必要があります。契約書に明記しない場合は、要件定義書に明記して契約書に添付する必要があります。

　業務委託という契約形態は、民法上「準委任契約」に相当します。この契約は、役務の提供が目的ですから、原則として瑕疵担保責任や成果物完成責任はありません。「委任契約」は、例えば税理士、会計士、司法書士などのような法律上の業務を行う契約で、「準委任」はそれ以外の業務としています。一般には、両方とも「委任」と呼んでいます。

　さて、どちらが望ましいか検討しなければなりませんが、スコープが明確な場合は一般的に請負契約にしています。スコープが不確実な場合は、準委任契約の方がよいと思われます。両者の大きな違いは、請負が結果を求めるのに対し、委任は役務の提供を求めることです。従って、発注側が作業指示を出すのでしたら委任で、作業を任せて結果だけを求めるのでしたら請負にします。

　請負契約を締結する場合にスコープが不明確のままですと、受注側に大きなリスクが生じやすいといえます。

　派遣の場合は、民法ではなく人材派遣法による制約がありますが、特性は、委任契約に類似しています。人材派遣法では二重派遣を禁止していますので、その点を注意します。派遣の場合は、発注側から作業員へ直接作業指示が出ますが、請負契約では、作業指示は出せません。定常的に作業指示が直接出されている場合は、たとえ契約書が請負であっても、裁判所には派遣や委任とみなされます。つまり完成責任がなくなってしまいます。指示された通りに作業したのだから、結果には責任を負わない、という考え方です。

　という背景から、このプロジェクトでは委任契約としました。チームを構成する要員の一人として作業管理を行います。

9-9 PMBOK ガイドと IT 系プロジェクト運用例 ③実行

派遣と請負の違い

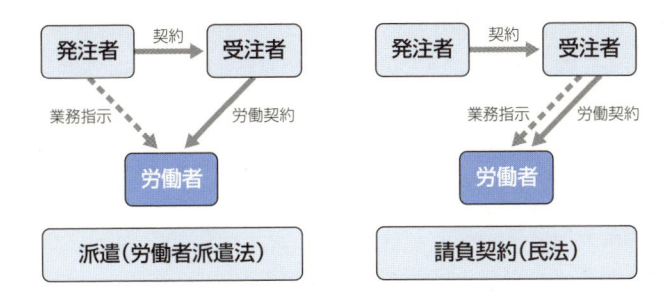

発注者 →契約→ 受注者
業務指示 ⇢ 労働者 ← 労働契約
派遣（労働者派遣法）

発注者 →契約→ 受注者
業務指示 ⇢ 労働者 ← 労働契約
請負契約（民法）

▶▶ チーム形成

　チーム育成とマネジメントは、すべてのフェーズに共通なプロセスとしました。このプロジェクトは、日本のIT系プロジェクトで典型的な体制として、弱いマトリックス型としました。プロジェクト・マネジャーは定常業務と兼務ですが、チーム・メンバーは、自分の部下と運用部門および外部からの業務委託要員を中心に構成し、支援部隊として営業部門、品質管理部門、購買部門、施設部門、法務部門などに参加してもらいました。

　そこで、まず外部要員はまだ決まっていない時点で、キックオフ・ミーティングを開催し、顧客の役員に挨拶していただいて、全員の意識向上を図りました。顧客役員に退出いただいた後、内部での質疑セッションがあり、用意したプロジェクト憲章を説明し、目的と目標を共有しました。

　フェーズごとの立上げプロセスで、常に基本を確認するように、プロジェクト憲章に目を通し、ベクトル合わせを行いました。そして作業開始にあたっては、個々の要員に明確な指示を与え、全員がお互いの作業内容を知ることができるように、役割分担表とスケジュール表を壁に掲示しました。

　最初の週には、なるべく昼食を一緒にとれるように声をかけ、相互コミュニケーションを図りました。忙しくなってくると食事時間もバラバラになりやすいので、お茶やコーヒーのサービスなど、手近で行えるように什器を用意しました。

　2週目には、お互いの人柄もわかり合えるようになってきたので、金曜の夜に簡単なパーティを催し、交流を図りました。翌週からは、プロジェクト・マネジャーとメンバーとの一対一の面談を30分行うこととし、全員のスケジュールに入れました。

最初は固い表情での面談だったのですが、徐々に慣れてくると、さまざまな相談が寄せられるようになってきました。ここでのポイントは聞き役に徹することです。そして、一人ひとりのプロジェクトへの動機が把握できれば、さまざまな対立のマネジメントやチームワーク強化に役立ちます。

▶▶ 対立（コンフリクト）のマネジメント

　さまざまな対立要素をオープンにしてチームとして解決するには、まず当事者同士で解決を図るように、「9-5 プロジェクト・チーム・マネジメント」表「対立の要素解消技法」にある「協力や問題解決」から始めます。それでも解決されないようならば、リーダーやマネジャーによるファシリテーションを通じて解決を目指します。それでもダメならば次の「妥協」、「鎮静や適応」というように考えます。そこまでが解決の方法でしょう。途中で「撤退や回避」が起こると表面上は解決されたように見えますが、根本的には解決されていないので再発のリスクを含んでいます。混乱が続く場合、最後は業務命令とせざるを得ないこともあります。

第10章

5つのプロセス群……
監視・コントロール

監視・コントロール・プロセス群では、プロジェクトの計画時との差異や進捗の監視、差異を解消するための変更のマネジメントを実施します。一般的に「管理」といわれる活動にあたり、PMBOKガイドではコストや品質、スケジュールをマネジメントするための11のプロセスが定義されています。

10-1 プロジェクト作業の監視・コントロール

プロジェクトマネジメント計画書に定義されたパフォーマンス目標を達成するために、進捗の追跡、レビュー、統制を行います。

▶▶ プロジェクト作業の監視・コントロール

監視とは、パフォーマンス情報の収集、測定、配布、およびプロセスの改善を推進するために行う測定結果とその傾向を評価することです。そしてその評価に基づいて対策を講じることをコントロールといいます。

知識エリアに定義されているコントロール・プロセスが作業パフォーマンス・データをもとにパフォーマンス分析を行い、作業パフォーマンス情報を作成します。このプロセスでは、他の知識エリアからの作業パフォーマンス情報を集めてプロジェクト全体としての観点でレビューし、対策を講じ、その状況をとりまとめて作業パフォーマンス報告書とします。

▶▶ インプット、ツールと技法

インプット情報には次の事項があります。

プロジェクトマネジメント計画書
すべての情報を参照します。

スケジュール予測
残作業期間見積り、SV、SPI を確認します。

コスト予測
残作業コスト見積り、CV、CPI、EAC を確認します。

妥当性確認済み変更
変更が適切に実行されたことを確認します。

作業パフォーマンス情報
各コントロール・プロセスによって分析された作業パフォーマンス・データは分析されて作業パフォーマンス情報となります。

10-1　プロジェクト作業の監視・コントロール

組織体の環境要因
業界標準、作業認可システム、リスク許容度、プロジェクトマネジメント情報システムなどを確認します。

組織のプロセス資産
コミュニケーションの要求事項、財務管理手順、問題管理の手順、リスク・コントロールの手順、プロセス測定データベース、教訓データベースなどを参照します。

ツールと技法には、次の事項があります。

専門家の判断
プロジェクト作業の監視・コントロール・プロセスから得られる情報の判定のために、有識者や経験者に相談します。

分析技法
さまざまな分析技法が使用されます。例えば次の事項です。回帰分析、グループ化技法、原因分析、根本原因分析、予測技法、故障モード影響分析（FMEA）、故障の木（FTA）、予備設定分析、傾向分析、アーンド・バリュー・マネジメント、差異分析。

監視・コントロールの流れ

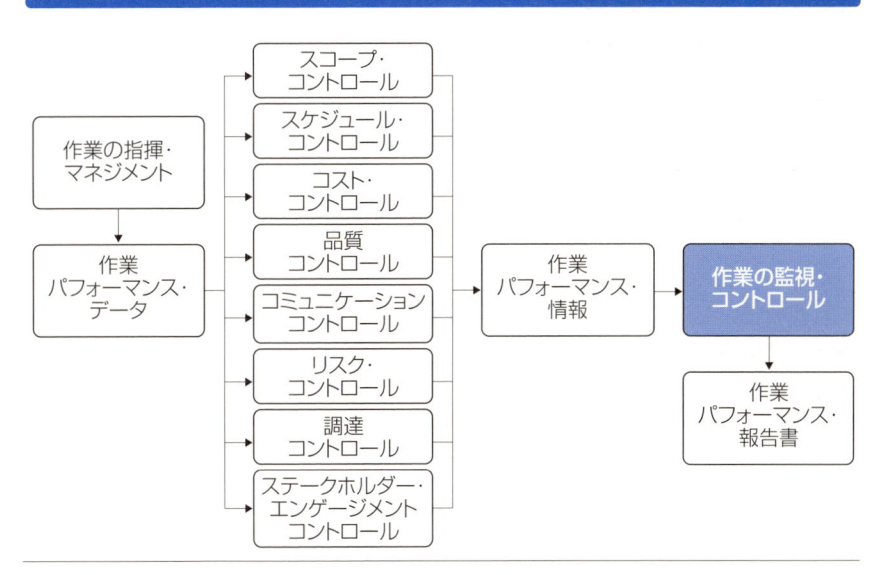

- 作業の指揮・マネジメント
- 作業パフォーマンス・データ
- スコープ・コントロール
- スケジュール・コントロール
- コスト・コントロール
- 品質コントロール
- コミュニケーションコントロール
- リスク・コントロール
- 調達コントロール
- ステークホルダー・エンゲージメントコントロール
- 作業パフォーマンス・情報
- 作業の監視・コントロール
- 作業パフォーマンス・報告書

10-1 プロジェクト作業の監視・コントロール

▶▶ アウトプット

アウトプットには、次の事項があります。

変更要求

実績値と計画値を比較した結果として、対策を講じるために発行します。

作業パフォーマンス報告書

作業パフォーマンス情報をとりまとめてプロジェクト全体の状況を報告書にしたものです。この報告書は、コミュニケーション・マネジメントのプロセスによって配布されます。

プロジェクトマネジメント計画書更新版

この時点で更新される可能性がある内容には、次の事項があります。

①スコープ・マネジメント計画書
②要求事項マネジメント計画書
③スケジュール・マネジメント計画書
④コスト・マネジメント計画書
⑤品質マネジメント計画書
⑥スコープ・ベースライン
⑦スケジュール・ベースライン
⑧コスト・ベースライン

プロジェクト文書更新版

この時点で更新される可能性がある文書には、次の事項があります。

①予測：コストとスケジュールの完了予測です。通常は作業パフォーマンス報告書に含まれます。
②作業パフォーマンス報告書：分析の結果更新される可能性があります。
③課題ログ：課題が解決されたり、新たな課題が発生したりした場合に更新されます。

10-2

統合変更管理

すべての変更要求のレビューと承認、さらに成果物、組織のプロセス資産、プロジェクト文書、プロジェクトマネジメント計画書などへの変更のマネジメントを行います。

▶▶ 統合変更管理

　プロジェクトの変更管理に対して、組織としての変更管理の仕組みを持つことがあります。これをコンフィギュレーション・マネジメント、あるいは構成管理と呼びます。プロジェクトの有期性から、コンフィギュレーション・マネジメントの仕組みを共有し、変更を効率的にコントロールします。CMDBと呼ばれる「コンフィギュレーション・マネジメント・データベース」にプロジェクトマネジメント計画書とプロジェクト文書を格納し、プロジェクトの変更管理の担当とします。一方、同じくCMDBに格納された設計書などの成果物とプロセスの仕様などは、コンフィギュレーション・コントロールの担当とします。組織には通常、情報システム部門などが活用するコンフィギュレーション・マネジメント・システムがあります。その仕組みにはCMDBというデータベースが含まれるので、プロジェクトでは、そのデータベースを間借りして効率化を図ります。プロジェクトの変更管理はプロジェクトマネジメント計画書（下図中「計画書」）とプロジェクト文書（下図中「文書」）の保管場所としてCMDBを活用し、管理します。

CMDBと文書

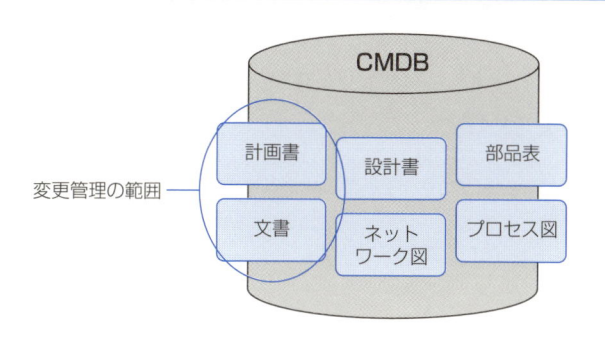

▶▶ インプット、ツールと技法

インプット情報には次の事項があります。

プロジェクトマネジメント計画書

すべてを確認します。

作業パフォーマンス報告書

プロジェクト全体のパフォーマンス情報です。

変更要求

すべての変更要求の受け口です。他のプロセスにはありません。

組織体の環境要因

効率的に行うためにプロジェクトマネジメント情報システムを活用します。

組織のプロセス資産

変更管理手順やコンフィギュレーション・マネジメント知識ベースを参照します。

ツールと技法には、次の事項があります。

専門家の判断

変更管理会議へ出席する専門家です。

会議

変更管理委員会（CCB: Change Control Board）の会議です。委員会の役割と責任を明確にして、ステークホルダーの合意を得ます。変更要求をレビューし、その可否を判断します。委員会のすべての決定を文書化し、情報共有およびフォローアップのためにステークホルダーに通知します。もし変更管理委員会を設置しない場合は、プロジェクト・マネジャーが意思決定の全権を持つこともあります。

変更管理ツール

変更管理やコンフィギュレーション・マネジメントを効率よく進めるためにさまざまなツールが使用されます。

▶▶ アウトプット

アウトプットには、次の事項があります。

承認済み変更要求

変更管理システムによって承認された変更要求です。変更作業は、多くの場合プ

ロジェクト作業の指揮・マネジメント・プロセスで実施されます。

変更ログ

否決された変更要求を含め、変更要求のレビュー結果を記録し、ステークホルダーへ通知します。

プロジェクトマネジメント計画書更新版

すべての計画が対象となります。

プロジェクト文書更新版

変更要求ログや、公式な変更管理プロセスに基づくすべての文書が対象です。

10-3

スコープ妥当性確認

完成したプロジェクトの成果物の公式な受入れを行います。

▶▶ スコープ妥当性確認

　品質尺度を基準とした品質コントロール・プロセスの検査に合格した成果物を、顧客やスポンサーとともにレビューし、それが満足のいくような形で完成したことを確認し、顧客やスポンサーから成果物の公式な受入れを得る活動です。スコープ妥当性確認の検査に合格したら、統合マネジメントの「プロジェクトやフェーズの終結」プロセスへと移行します。つまり、このプロセスは、監視・コントロール・プロセス群の最後のプロセスといえます。

スコープ妥当性確認

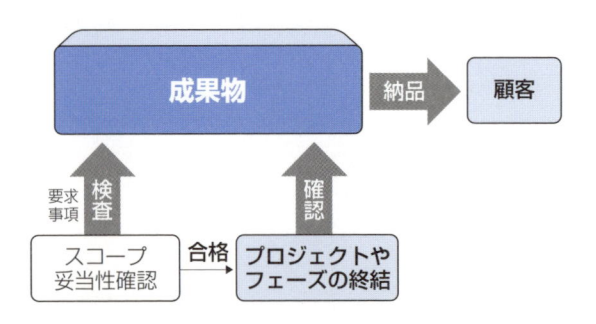

▶▶ インプット、ツールと技法

　インプット情報には次の事項があります。

プロジェクトマネジメント計画書

　スコープ・マネジメント計画書とスコープ・ベースラインを確認します。

要求事項文書

　顧客要求を確認します。

要求事項トレーサビリティ・マトリックス

　要求事項の変化を確認します。

10-3　スコープ妥当性確認

検証済み成果物

品質コントロールにおける検査に合格した成果物です。

ツールと技法には次の事項があります。

検査

作業や成果物が要求事項と成果物受入れ基準に適合しているかどうか確認するために行う、測定、試験、検証などの活動です。この検査という用語は、適用業務領域によってさまざまな呼び方があります。例えば、レビュー、製品レビュー、監査、ウォークスルーなどがあります。なお、スコープ妥当性確認の前提条件として、品質コントロールにおける検査に合格する必要があります（図「品質管理とスコープ妥当性確認」参照）。

グループ意思決定技法

妥当性確認の際に使用されます。

品質コントロールとスコープ妥当性確認

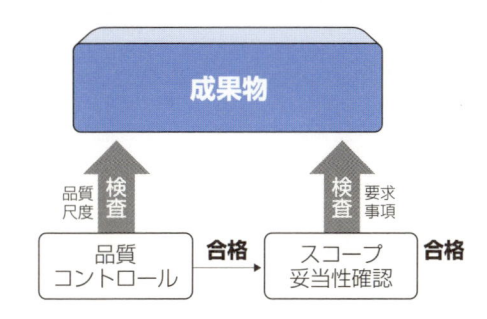

▶▶ アウトプット

アウトプットには、次の事項があります。

受入れ済み成果物

顧客またはスポンサーからの公式な署名を受けとり、承認されます。スコープ妥当性確認に合格したら終結プロセスを通じて納品します。

変更要求

検査で問題があって、受け入れられなかった場合、欠陥修正のために提出されます。

10-3 スコープ妥当性確認

作業パフォーマンス情報
当プロセスの活動結果として作成されステークホルダーへ伝達されます。

プロジェクト文書更新版
完成時の成果物や報告書の状態を定義する、あらゆる文書が更新されます。

COLUMN クリティカル・チェーン法（CCM）

CCMは、CPMの弱点といわれる資源関係の不確実性を改良したものです。資源の制約を持つアクティビティを結んだパスをクリティカル・チェーンと呼び、不確実性に対してバッファを配置して、スケジュールの遅れを吸収します。

- 資源バッファ；資源の競合状態からの不確実性による遅れを吸収
- 合流バッファ；クリティカル・チェーン外からの遅れを吸収
- プロジェクト・バッファ；クリティカル・チェーンの最後に配置し、プロジェクト全体の遅れを吸収
- バッファは、実作業がない時間だけのアクティビティであるが、余裕ではないことに留意
- バッファを適切に配置しないとスケジュールの遅れを吸収できない

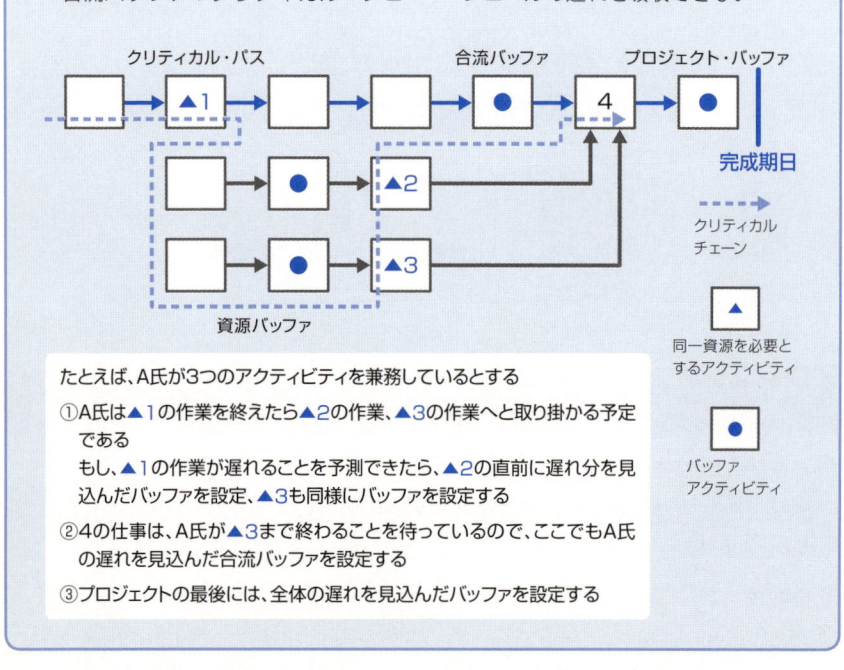

たとえば、A氏が3つのアクティビティを兼務しているとする
① A氏は▲1の作業を終えたら▲2の作業、▲3の作業へと取り掛かる予定である
　もし、▲1の作業が遅れることを予測できたら、▲2の直前に遅れ分を見込んだバッファを設定、▲3も同様にバッファを設定する
② 4の仕事は、A氏が▲3まで終わることを待っているので、ここでもA氏の遅れを見込んだ合流バッファを設定する
③ プロジェクトの最後には、全体の遅れを見込んだバッファを設定する

10-4

スコープ・コントロール

プロジェクト・スコープと成果物スコープの状況を監視し、スコープ・ベースラインに対する変更をマネジメントします。実際に変更が生じた場合、他のコントロール・プロセスとの間の統合が行われます。

▶▶ スコープ・コントロール

スコープは、スコープ・ベースラインのコントロール外で変更されることがあり、これを「スコープ・クリープ」と呼びます（図「スコープ・クリープのイメージ」参照）。これは防止されなければならない事態で、「スコープ・コントロール」で状況を監視し、差異分析と変更要求によってコントロールすることが求められます（図「スコープ・コントロール」参照）。

▶▶ インプット、ツールと技法

インプット情報には次の事項があります。

プロジェクトマネジメント計画書

参照する内容には、次の事項があります。

①スコープ・ベースライン

②スコープ・マネジメント計画書

③変更マネジメント計画書

④コンフィギュレーション・マネジメント計画書

⑤要求事項マネジメント計画書

要求事項文書

顧客からの要求事項を確認します。

要求事項トレーサビリティ・マトリックス

要求事項の達成状況変更状況を確認します。

作業パフォーマンス・データ

作業の生データから変更要求についての状況を確認します。

組織のプロセス資産

10-4 スコープ・コントロール

スコープ・コントロールに関連した、公式、非公式の方針、手順、およびガイドラインを確認します。

ツールと技法には、次の事項があります。

差異分析

スコープ・ベースラインからの差異を分析し、対策用に変更要求を提出します。

スコープ・クリープのイメージ

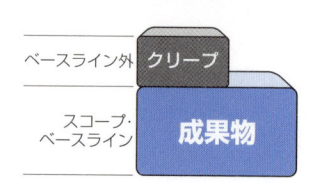

スコープ・コントロール

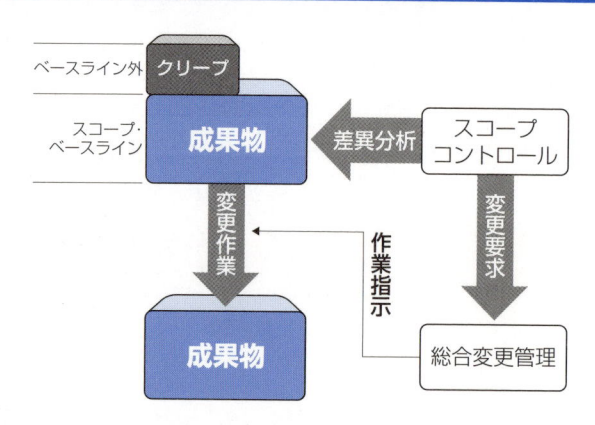

▶▶ アウトプット

アウトプットには次の事項があります。

作業パフォーマンス情報

差異分析などのパフォーマンス分析結果を文書化します。

変更要求

パフォーマンス分析の結果から、問題があれば提出します。

10-4 スコープ・コントロール

プロジェクトマネジメント更新版

この時点では、ベースラインが更新される可能性があります。

プロジェクト文書更新版

この時点で更新される可能性がある文書には、次の事項があります。

要求事項文書、要求事項トレーサビリティ・マトリックス

組織のプロセス資産更新版

差異の原因やそのための採用した是正処置の理由、および教訓などを文書化して保存します。

COLUMN 主なリスク特定手法

どのリスクがプロジェクトに影響をあたえるか、見極めるため役立つ手法を紹介します。

主なリスク特定手法の内容

手法の例	内容
ブレーンストーミング	全員参加として、立場を離れて自由闊達に意見を出す。相手の意見を否定することは厳禁。反対意見を表明する場合は理由を明示すること
SWOT分析	プロジェクトなど、分析の対象の領域について、その内的要因としてのStrengths（強み）、Weaknesses（弱み）、および外的要因としてのOpportunities（機会）、Threats（脅威）についてブレーンストーミング形式で話し合いリスクとして認識する
デルファイ法	偏見を最小限にするために、無記名のアンケート形式として誰の意見かわからないようにし、コーディネータが集計結果を再度全員に提出して再び意見を集める
文書レビュー	その時点で見ることができるすべての文書類を集めて、詳細について見直す。「てにをは」や句読点などについても注意する

SWOT分析

・Strengths, Weaknesses, Opportunities and Threats

内部：**S**trengths 強み ／ **W**eaknesses 弱み

外部：**O**pportunities 好機 ／ **T**hreats 脅威

10-5

スケジュール・コントロール

プロジェクトの進捗を更新するためにプロジェクトの状況を監視し、スケジュール・ベースラインに対する変更をマネジメントします。進捗管理の結果から適切な対策を講じます。

▶▶ インプット

インプット情報には、次の事項があります。

プロジェクトマネジメント計画書
スケジュール・ベースラインとスケジュール・マネジメント計画書を確認します。

プロジェクト・スケジュール
実績を反映させた最新版のスケジュールを確認します。

作業パフォーマンス・データ
成果物生成時の作業実績情報を確認します。

プロジェクト・カレンダー
スケジュール・モデルのために参照します。

スケジュール・データ
さまざまなスケジュールに関するデータです。

組織のプロセス資産
スケジュール・コントロールに関する組織の情報を確認します。

▶▶ ツールと技法

ツールと技法には次の事項があります。

パフォーマンス・レビュー
スケジュール・パフォーマンスを測定し、ベースラインと比較し分析します。手法の例を示します。
①傾向分析：傾向を見ながら将来の状態を予測します。
②クリティカル・パス法：実行によってクリティカル・パスが変わるのでその状態をリスクとして特定します。

③クリティカル・チェーン法：残余バッファの量と必要なバッファの量の差を分析します。

④アーンド・バリュー法：スケジュール差異（SV）とスケジュール効率指数（SPI）を分析します。

プロジェクトマネジメント・ソフトウエア

可視化して、アクティビティの計画日と実施日を追跡し、プロジェクト・スケジュールに対する変更の影響を予測します。

資源最適化技法

資源効率向上のために、資源平準化や資源円滑化によって要員に対する作業配分を最適化します。

モデリング技法

What-If 分析やシミュレーションなどによって、さまざまなシナリオを検討します。

リードとラグの調整

遅れを取り戻すために調整します。

スケジュール短縮

遅れを取り戻すために、クラッシング*やファスト・トラッキング*を採用します。

スケジューリング・ツール

プレシデンス・ダイアグラムなどのスケジュール・ネットワーク分析を行います。

▶▶ アウトプット

アウトプットには次の事項があります。

作業パフォーマンス情報

パフォーマンス・レビューの結果を文書化します。他のコントロール・プロセスからのアウトプットとまとめられて、プロジェクト作業の監視・コントロール・プロセスによって作業パフォーマンス報告書にまとめられます。

スケジュール予測

アーンド・バリュー・マネジメント*における期間予測

変更要求

パフォーマンス分析結果から対策を講じる必要がある場合に提出します。

プロジェクトマネジメント計画書更新版

***クラッシング** 追加リソースの投入により納期を短縮すること。
***ファスト・トラッキング** 作業を同時並行で行い納期を短縮すること。
***アーンド・バリュー・マネジメント** 「10-6 コスト・コントロール」で解説します。

10-5 スケジュール・コントロール

この時点で更新される可能性がある内容は、次の事項です。

①スケジュール・ベースライン：スコープ変更、アクティビティ資源見積り、アクティビティ所要期間見積り、などに関連する変更要求が承認された場合、ベースラインが変更されることがあります。

②スケジュール・マネジメント計画書：マネジメント方法が更新されることもあります。

③コスト・ベースライン：クラッシングを実施する場合にはコスト追加になるので、ベースラインの更新が必要になることもあります。

プロジェクト文書更新版

この時点で更新される可能性がある文書は、次の事項です。

①スケジュール・データ：スケジュールの元になる情報です。

②プロジェクト・スケジュール：更新されたスケジュール・データから、プロジェクト・スケジュールを更新します。

③リスク登録簿：リスク・マネジメントへの伝達を行います。

組織のプロセス資産更新版

作業パフォーマンス測定結果や得られた教訓などを共有のために保管します。

スケジュール・コントロールのイメージ

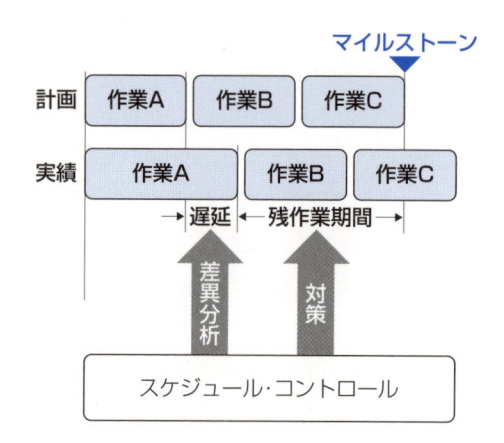

10-6 コスト・コントロール

プロジェクトの予算を更新するためにプロジェクトの状況を監視し、コスト・ベースラインへの変更をマネジメントします。現在まで支出した実コストを記録し、認可された資金額を超えないようにします。プロジェクトは価値を創出する活動なので、支出に対して達成した作業の価値を考慮します。

▶▶ インプット、ツールと技法

インプット情報には、次の事項があります。

プロジェクトマネジメント計画書

コスト・ベースラインとコスト・マネジメント計画書の内容を確認します。

プロジェクト資金要求事項

予算設定時に要求した資金の必要量です。マネジメント予備を含んでいます。

作業パフォーマンス・データ

成果物生成時に報告される生の作業実績情報です。費やしたコストを含んでいます。

組織のプロセス資産

コスト・コントロールに関する組織の情報を確認します。

ツールと技法には、次の事項があります。

アーンド・バリュー・マネジメント

Earned Value Management (EVM)。業種を問わずすべてのプロジェクトに適用可能な技法で、パフォーマンス測定ベースラインを基準に、コスト、スケジュール、スコープを統合的に測定します（次ページの図「EVM 例」参照）。

予測

EVM 等で算出されたコストとスケジュールに関する完了予測です。コスト予測を EAC (Estimate at completion) で、スケジュール予測を tEAC (time EAC) で表わします（239 ページの表「EAC 計算式」参照）。EAC は基本的には AC（実コスト）に ETC（残作業見積り）を加えて算出しますが、ETC を算出する考え方がいくつか存在します。ここでは 2 つの手法を紹介します。CPI が 1 に近い場合

には BAC から EV を差し引いた値とします。CPI が 1 から離れている場合には BAC を CPI で割った値とします。

残作業効率指数

To-Complete Performance Index（TCPI）。EVM で算出される、残作業を遂行する際に求められる効率指数です。

パフォーマンス・レビュー

時系列に沿ったコスト・パフォーマンスの変動、アクティビティやワーク・パッケージの予算の超過と未消化、進行中の作業を完了するために必要なコスト見積りなどを比較検討します。

プロジェクトマネジメント・ソフトウエア

3 つの EVM の値（PV、EV、AC）を監視し、グラフ化して傾向を表示し、プロジェクトの最終結果の範囲を予測します。

予備設定分析

コンティンジェンシー予備とマネジメント予備を分析します。

EVM 例

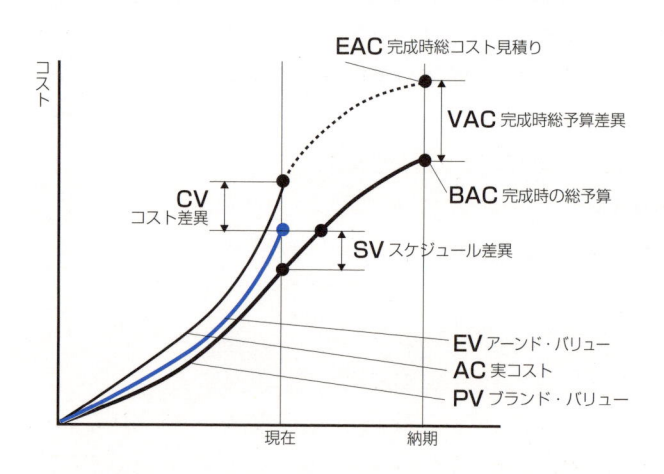

コスト

- EAC 完成時総コスト見積り
- VAC 完成時総予算差異
- BAC 完成時の総予算
- CV コスト差異
- SV スケジュール差異
- EV アーンド・バリュー
- AC 実コスト
- PV プランド・バリュー

現在　　納期

EAC 計算式

EVM項目	定義	計算式
BAC	総予算	WPに対する予算
EV	出来高	0-50-100%法など
PV	現在までの累積予算計画値	コスト・ベースライン（WPごと）
AC	実コスト	支出したコスト
CV	コスト差異	＝EV－AC
CPI	コスト効率指数	＝EV÷AC
SV	スケジュール差異	＝EV－PV
SPI	スケジュール効率指数	＝EV÷PV
EAC	完了時総コスト見積り	＝AC＋ETC
ETC	残作業見積り（CPI≒1.0）	＝BAC－EV
ETC	残作業見積り（CPI≠1.0）	＝BAC÷CPI
tEAC	総期間見積り	＝予定期間÷SPI
TCPI（BAC）	BACを目標にした残作業効率指数	＝（BAC－EV）÷（BAC－AC）
TCPI（EAC）	EACを目標にした残作業効率指数	＝（BAC－EV）÷（EAC－AC）

▶▶ アウトプット

アウトプットには次の事項があります。

作業パフォーマンス情報

パフォーマンス分析結果を文書化します。

コスト予測

EAC の値を文書化します。

変更要求

検討結果から必要な対策を提案します。

プロジェクトマネジメント計画書更新版

コスト・ベースラインとコスト・マネジメント計画書が更新される可能性があります。

プロジェクト文書更新版

この時点で更新される可能性がある文書は、コスト見積りと見積りの根拠などです。

組織のプロセス資産更新版

検討結果と教訓を文書化します。

10-7

品質コントロール

パフォーマンスを査定し、必要な変更を提案するために、品質活動の実行結果を監視し記録します。このプロセスには、成果物の品質検査と変更作業の確認、という2つの役割があります。

▶▶ インプット

インプット情報には、次の項目があります。

プロジェクトマネジメント計画書

品質マネジメント計画書を確認します。

品質尺度

検査基準です。

品質チェック・リスト

検査項目です。

作業パフォーマンス・データ

技術的パフォーマンス、スケジュール・パフォーマンス、コスト・パフォーマンス、について計画との比較を確認します。

承認済み変更要求

変更作業が正しく行われたどうかを確認します。

成果物

品質検査対象として指定された成果物です。プロジェクトのすべての成果物を検査するわけではありません。

プロジェクト文書

合意書、品質監査報告書、是正処置を含む変更ログ、トレーニング計画、効果性の検討、プロセス文書（QC七つ道具や新QC七つ道具によって得られたもの）などです。

組織のプロセス資産

品質コントロールに関する、組織の情報を確認します。

ツールと技法

ツールと技法には、次の事項があります。

QC 七つ道具

次の7事項です。

①特性要因図：魚の骨図や石川ダイアグラムとも呼ばれ、根本原因解析に使われます。

②パレート図：80対20の法則として知られ、事象を発生量順に棒グラフに表すことによって重要度が明示されます。

③散布図：データの集まりにおける2つのパラメーター間の相関関係を表し、そのデータ集団全体（母集団）の特性を表現するために使われます。

④フローチャート：プロセスの流れを図示化したものです。

⑤管理図：時系列に表現した折れ線グラフの一種ですが、中心線の上下に限界線を設定して管理状態を維持するようにコントロールします。

⑥チェックシート：集計表とも呼ばれ、データ集計時にチェックリストとして使用されます。

⑦ヒストグラム：データを棒グラフで表した分布図です。

統計的サンプリング

品質マネジメント計画書の規定に従ってサンプルを抽出し試験します。

検査

作業結果が文書化された品質標準に適合するかどうかを決定する試験です。

承認済み変更要求レビュー

変更作業が承認されたとおりに実施されたかどうかを確認します。

10-7 品質コントロール

QC7つ道具

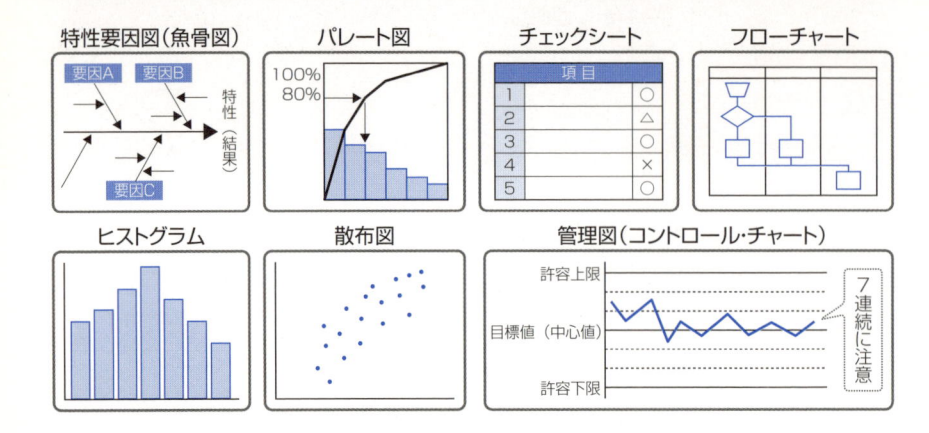

特性要因図（魚骨図） パレート図 チェックシート フローチャート

ヒストグラム 散布図 管理図（コントロール・チャート）

▶▶ アウトプット

アウトプットには、次の事項があります。

品質コントロール測定結果
品質コントロール活動の結果を品質マネジメント計画書で指定された形式にまとめます。

妥当性確認済み変更
変更作業をレビューした結果を変更管理委員会に報告します。

検証済み成果物
検査合格として、スコープ妥当性確認プロセスへ送られます。

作業パフォーマンス情報
品質コントロール・プロセスの活動を記述します。

変更要求
検査で異常が発見された場合に提出します。

プロジェクトマネジメント計画書更新版
品質マネジメント計画書やプロセス改善計画書が更新される可能性があります。

プロジェクト文書更新版
この時点で、品質標準が見直されて更新される可能性があります。

組織のプロセス資産
記入済みのチェック・リストや教訓を記録します。

10-8
コミュニケーション・コントロール

プロジェクトのライフサイクルを通して、プロジェクト・ステークホルダーの情報ニーズを満たすためにコミュニケーションを監視し、コントロールします。

▶▶ コミュニケーション・コントロール

このプロセスは、コミュニケーション・マネジメント計画やコミュニケーション・マネジメントのプロセスへ影響を及ぼし、プロセス反復のトリガーとなります。正しいメッセージが正しい時期に正しい受け手に配布されることを確実にするように注意深く、評価およびコントロールされなければなりません。

▶▶ インプット、ツールと技法

インプット情報には、次の項目があります。

プロジェクトマネジメント計画書
コミュニケーション・マネジメント計画書を確認します。

プロジェクト伝達事項
コミュニケーション・マネジメント・プロセスで作成された情報です。

課題ログ
課題の責任者と共に、課題の解決にあたります。

作業パフォーマンス・データ
作業の指揮・マネジメント・プロセスで作成された生データです。

組織のプロセス資産
次の例があります。
①報告書テンプレート
②伝達事項を定義した方針、標準、および手続き
③可能なコミュニケーション技術
④許可されたコミュニケーション・メディア
⑤記録保持方針
⑥セキュリティ要求事項

10-8 コミュニケーション・コントロール

ツールと技法には、次の事項があります。

情報マネジメント・システム

プロジェクト・マネジャーのための標準的なツールです。

専門家の判断

有識者や経験者に相談します。

会議

プロジェクト・パフォーマンスを伝達するための、プロジェクト・チームとの会議です。

報告のデータフロー

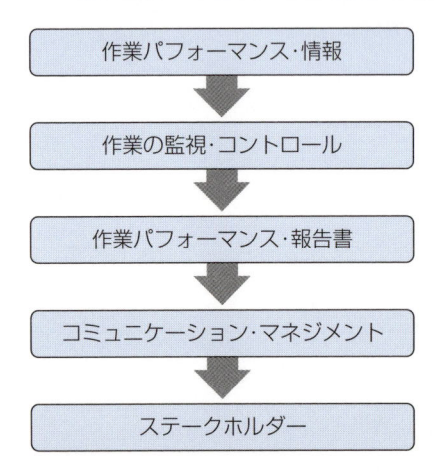

作業パフォーマンス・情報
↓
作業の監視・コントロール
↓
作業パフォーマンス・報告書
↓
コミュニケーション・マネジメント
↓
ステークホルダー

▶▶ アウトプット

アウトプットには、次の事項があります。

作業パフォーマンス情報

作業パフォーマンス・データを分析した結果です。

変更要求

変更にはさまざまな要因があり、プロジェクトのあらゆる側面に影響します。

プロジェクトマネジメント計画書更新版

この時点で更新される可能性がある内容は、次の事項です。

①コミュニケーション・マネジメント計画書

プロジェクト文書更新版

この時点で更新される可能性のある文書には、次の事項があります。

①予測

②パフォーマンス報告書

③課題ログ

組織のプロセス資産更新版

この時点で更新される情報には、次の事項があります。

①報告書形式

②教訓文書

10-9

リスク・コントロール

プロジェクトを全期間にわたり、リスク対応計画を実行し、特定したリスクを追跡し、残存リスクを監視し、新たなリスクを特定し、リスク・プロセスの有効性を評価します。

▶▶ リスク・コントロール

リスク対応策はプロジェクト・ライフサイクルを通して実行されますが、新たなリスク、変化するリスク、放置されたリスクなどを継続的に監視します。その情報をもとに差異分析や傾向分析を行い、計画の有効性、予想外の影響、適切な対策などについて定期的に報告します。

▶▶ インプット、ツールと技法

インプット情報には次のものがあります。

プロジェクトマネジメント計画書

リスク・マネジメント計画書を参照します。

リスク登録簿

計画時に記入された情報について確認します。

作業パフォーマンス・データ

成果物生成時に報告される作業情報です。

作業パフォーマンス報告書

プロジェクト全体の情報報告書から状況を確認します。

ツールと技法には、次の事項があります。

リスク再査定

定期的に実施し、新たなリスクの特定、現在のリスクの再査定、放置されたリスクの終結を行います（図「リスク・マネジメントと再査定」参照）。

なお、リスク・マネジメントはプロジェクトのなかで継続的に実施される活動です。リスク再査定は、図のように PDCA サイクルの考え方に基づき、「リスク特定」「リスク分析（定性・定量）」「リスク対策」の各プロセスを定期的に繰り返し実行し、

査定を実施します。これにより既存のリスクだけでなく、残存リスクについても監視します。

さらにステークホルダーなどからの変更要求によって、プロジェクトに新たなリスクが発生しないかについて検討します。

リスク監査

リスク・マネジメント活動の有効性とともに、特定されたリスクとその根本原因に対するリスク対応策の有効性を検証し文書化します。この活動は、リスク・マネジメント計画書に従って適切な頻度で実施します。

差異・傾向分析

リスク事象を監視しコントロールするために実績情報を使用してプロジェクトの実行における傾向をレビューします。また EVM などを活用して差異分析や傾向分析を実施し、コストやスケジュールの目標からの逸脱を予測します。例えば目標からの逸脱は、脅威または好機の潜在的な影響が発生したことを示しますから、それに対して適切な処置を施します。

技術的パフォーマンスの測定

実行中の技術的成果とプロジェクト計画書に規定した技術的達成項目とを比較して分析します。例えば、あるマイルストーンの時点で、作成した機能が予定よりも多いか少ないかなどの逸脱状況を把握して、スコープの達成度合いを予測します。

予備設定分析

残存しているコンティンジェンシー予備の量が十分かどうか判断します。

会議

進捗会議では必ずリスクについて議論する時間を確保し、頻繁に議論すればするほど、脅威や好機が特定できるようになります。

10-9 リスク・コントロール

リスク・マネジメントと再査定

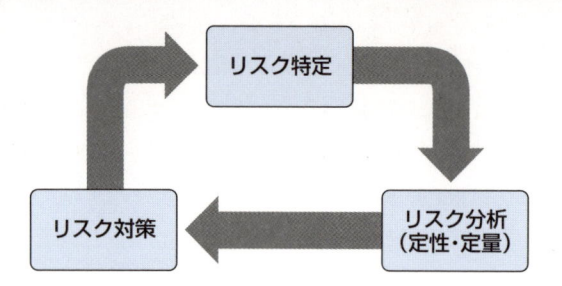

リスク特定 → リスク分析（定性・定量） → リスク対策 → （リスク特定へ戻る）

▶▶ アウトプット

アウトプットには、次の事項があります。

作業パフォーマンス情報

作業パフォーマンス・データを分析した結果として作成します。

変更要求

コンティンジェンシー計画や迂回策を実施するために提出します。

①是正処置：コンティンジェンシー計画や迂回策

②予防処置：傾向分析の結果からの未然防止策

プロジェクトマネジメント計画書更新版

リスク対応計画プロセスで示したものと同じものです。

プロジェクト文書更新版

リスク・コントロールの活動状況を反映するようにリスク登録簿が更新されます。

組織のプロセス資産更新版

リスク・マネジメント活動の結果を、適宜あるいは終結時に、保管します。

10-10 調達コントロール

調達に関わる相互関係をマネジメントし、契約のパフォーマンスを監視し、必要に応じて変更と是正を行います。いわゆる契約の下で行われる「ベンダー管理」といわれる活動で、進捗管理、品質管理、変更管理が中心です。

▶▶ 調達コントロール

調達コントロールの活動はベンダーを対象にしていますが、プロジェクトマネジメント・プロセスに統合できます。その相互関係を図「調達管理と標準プロセスの相互関係」に示します。

▶▶ インプット

インプット情報には、次の情報があります。

プロジェクトマネジメント計画書
当調達品目のために記述した、調達マネジメント計画書を確認します。

プロジェクト文書
調達マネジメント計画で契約のために準備した文書です。

合意書
納入者と締結した契約内容を確認します。

承認済み変更要求
契約に関わる変更要求が承認されたものです。

作業パフォーマンス報告書
納入者から提出された報告書で、次の事項を含みます。
①技術的文書：契約条項に沿った技術文書や成果物の情報
②作業パフォーマンス情報：成果物の達成状況

作業パフォーマンス・データ
納入者側のパフォーマンス・データで、監査やレビューのために使われます。

10-10 調達コントロール

▶▶ ツールと技法

ツールと技法には、次の事項があります。

契約変更管理システム

契約に関する変更管理プロセスです。プロジェクト内の変更管理プロセスとは別に規定しますが、両者は統合されます。

調達パフォーマンス・レビュー

納入者における進捗状況などを、契約条項に照らしてレビューします。この活動を実施する場合は、活動自体を契約書に記載して合意しておく必要があります。

検査と監査

納入者の作業プロセスが規定に従っていることの検証や、成果物の検証のために実施しますが、この活動も、契約書に記載されていなければ実施できません。

パフォーマンス報告

納入者の活動を評価するために作成された作業パフォーマンス情報をプロジェクト内に報告します。

支払いシステム

納入者から提出された請求書を検収した後で、購入者側の買掛管理システムにより処理します。

クレーム管理

納入者からクレームが発生した場合に適切に対応します。当事者同士で和解に達するように努力し、解決できなければ契約書に記載された紛争解決（ADR）の手順に従います。

記録マネジメント・システム

調達に関わる、すべての情報を記録します。

調達管理と標準プロセスの相互関係

標準プロセス	調達管理項目
作業の指揮・マネジメント	ベンダーに対する作業指示
作業の監視・コントロール	ベンダーからの報告書
品質コントロール	ベンダーからの納品物の検査
統合変更管理	契約条項の変更
リスクの監視・コントロール	リスク対策としての評価

▶▶ アウトプット

アウトプットには、次の事項があります。

作業パフォーマンス情報

納入者から提供された作業パフォーマンス・データと作業パフォーマンス報告書をもとに、納入者の活動を評価するために作成します。

変更要求

必要に応じ契約事項に関する変更要求を提出します。この要求が承認されたら、契約変更管理システムに従い納入者と交渉を開始します。この結果はプロジェクトマネジメント計画書に影響を及ぼします。

プロジェクトマネジメント計画書更新版

この時点で更新される可能性がある内容は、次の事項です。

①調達マネジメント計画書：コストやスケジュールに影響を与えるなど、調達マネジメントに影響を与える承認済み変更要求をすべて反映します。

②スケジュール・ベースライン：全体的なプロジェクト・パフォーマンスに影響を与える遅延が出た場合、スケジュール・ベースラインを更新する必要があります。

③コスト・ベースライン：全体的なプロジェクト・パフォーマンスに影響を与えるコスト超過が出た場合、コスト・ベースラインを更新する必要があります。

プロジェクト文書更新版

調達文書の更新が必要になる可能性があります。

組織のプロセス資産更新版

コレスポンデンス（交信記録）など、メモを含めすべての情報を文書化し保管します。そのなかには、支払い要求や納入者パフォーマンス評価文書も含まれます。

10-11 ステークホルダー・エンゲージメント・コントロール

プロジェクト・ステークホルダーの総合的な関係を監視し、ステークホルダーの関与を得るための戦略と計画を調整します。

▶▶ ステークホルダー・エンゲージメント・コントロール

このプロセスでは、プロジェクトが進行し、その環境が変化するのに伴い、ステークホルダー・エンゲージメント活動の効果と効率を維持または向上させることができます。

▶▶ インプット、ツールと技法

インプットには、次の事項があります。

プロジェクトマネジメント計画書

プロジェクト全体の進め方を確認します。

課題ログ

新しい課題や解決された課題について確認します。

作業パフォーマンス・データ

作業の状況について確認します。

プロジェクト文書

ここで確認する文書としては、次の事項があります。

①プロジェクト・スケジュール

②ステークホルダー登録簿

③課題ログ

④プロジェクト伝達事項

ツールと技法には、次の事項があります。

情報マネジメント・システム

プロジェクト・マネジャーがさまざまな報告書をとりまとめるために使用します。

10-11 ステークホルダー・エンゲージメント・コントロール

専門家の判断

有識者や専門家に相談します。

会議

状況ミーティングなどの会議が開催されます。

▶▶ アウトプット

アウトプットには、次の事項があります。

作業パフォーマンス情報

成果物作成時に提出される生の情報です。

変更要求

必要に応じて是正処置や予防処置が提案されます。

プロジェクトマネジメント計画書更新版

この時点ではあらゆる補助計画書が更新される可能性があります。

プロジェクト文書更新版

この時点で更新される可能性のある文書には、次の事項があります。

①ステークホルダー登録簿や課題ログ

組織のプロセス資産更新版

更新される可能性のある事項には、次のものがあります。

①ステークホルダーへの通知

②プロジェクト報告書

③プロジェクト・プレゼンテーション

④プロジェクト記録

⑤ステークホルダーからのフィードバック

⑥教訓文書

10-12
PMBOK ガイドと IT 系プロジェクト運用例 ④監視・コントロール

監視・コントロール・プロセスはプロジェクト全体を司る役割をもっていますので、フェーズに分ける必要はありませんが、常に 8 つの知識エリアの切り口で状況を分析し対策をとるように活動します。「9-9 PMBOK ガイドと IT 系プロジェクト運用例 ③実行」でいよいよ実行が始まったプロジェクトについて、どのように管理していくのかを解説します。

▶▶ 統合マネジメント

　この知識エリアは、プロジェクト全体の監視を行うために、ベースラインを中心に差異分析を実施した情報をまとめ、必要に応じて対策を講じます。さらにベースラインの一貫性を確保するために変更をマネジメントします。

　具体的には、変更管理コーディネータを任命し、変更要求の受け付け、情報伝達、変更ログの管理を行います。品質検査を担当する品質管理部門に協力して、変更作業をレビューします。このコーディネータの役割で重要なことは、スコープ・クリープ*を作らせないように全員に働きかけることです。要するに、勝手な作業をしないように注意を喚起し、守らせることです。

　組織の IS 部門には、ネットワーク図や機器構成図あるいは設計図などの管理のための、いわゆるバージョン管理のための社内標準プロセスがあります。これをコンフィギュレーション・マネジメント・システムといいますが、このプロセスの担当者と協力して、プロジェクトにおける変更管理との役割分担を明確にします。

変更管理とコンフィギュレーション・マネジメント

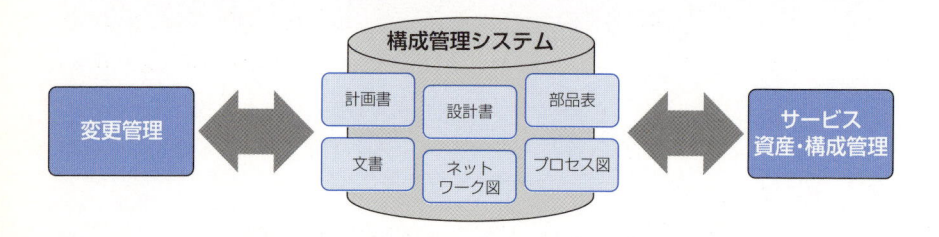

構成管理システム
- 計画書
- 設計書
- 部品表
- 文書
- ネットワーク図
- プロセス図

変更管理 ⇔ 構成管理システム ⇔ サービス資産・構成管理

＊**スコープ・クリープ**　「10-4 スコープ・コントロール」で解説。

10-12 PMBOK ガイドと IT 系プロジェクト運用例 ④監視・コントロール

▶▶ 3つのベースライン

　統合マネジメント・エリアの監視・コントロール・プロセスにおける総合的な判断を支援するために、スコープ、スケジュール、コスト、の各コントロール・プロセスは、それぞれの領域における差異分析やパフォーマンス分析を行います。

　まずプロジェクトにおける分析について解説します。

　スコープ・コントロールの基準はスコープ・ベースラインですが、その基になった要求事項の達成状況を監視します。要求事項収集時に、要求事項トレーサビリティ・マトリックスをスプレッド・シートで作成したので、そこに管理項目を追加します。作業者、作業開始予定日、作業開始日、完了予定日、完了日、予算、実績コスト、作成状況、課題、他部署への要求事項などの項目です。要するに、一般的な作業報告書は作業者中心の内容ですが、要求事項中心の作業報告に変換します。こうしておけば、抜けやスコープ・クリープがなくなります。

　スケジュール・コントロールの基準はスケジュール・ベースラインなので、各作業の進捗状況を監視します。達成率は、作業の特性によって算出しにくいことがあるので、一律に次のようにします。

未着手　0%
作業中　25%（始めたばかりでも、終わりそうでも同じ）
作業終了　50%（自己申告）
リーダーによる確認　75%（チーム・レビュー）
レビューの指摘事項対応済み　100%（チーム確認）

　これをワーク・パッケージ単位で集計すればアーンド・バリューの出来高（EV）になります。

　コスト・コントロールの基準は支出計画書ですが、人件費が問題です。人事部から、プロジェクト・メンバーの平均年収を出してもらって、それを週給に直します。外注部分は、便宜上、月々の支払い額を週に分割します。何か支払いが生じたものについては、作業報告書から拾い上げます。これらの数字をアーンド・バリューの実コストへ算入します。

　アーンド・バリュー法は、スプレッド・シートで簡単に計算できるので、PV、EV、

AC、CV、CPI、SV、SPI、EAC のパラメータを管理図にして報告書へ記載します。

▶▶ 品質マネジメント

　この知識領域では、検査と監査がポイントですが、短期間のプロジェクトなので時間的余裕がなく、監査を省略します。ただし第三者監査の観点で、各フェーズ終結のレビューでは必ず担当役員の承認を得ることとします。検査は、品質管理部門と相談し、ISO9001 認証時に作成した品質目標を達成するための、具体的な品質尺度と検査項目を決めます。品質管理部門の担当者には、試験フェーズだけでなく、実装フェーズの単体テストのレビューにも参加してもらいます。

　試験フェーズでは、すべてのデータ収集と分析を行います。テストごとに、トラブルの傾向分析や時系列法による安定度予測を行い、結果を分析し、次回のテスト準備に反映させます。また基幹ソフト等の問題も予想されるので、ソフトウエア・メーカーの支援体制を確認し、問題管理を行います。

　問題管理は、基本的には IS 部門で実施している ITIL 準拠の仕組みに従いますが、自分たちで開発している部分については、独自のプロセスを構築します。例えば、問題管理票（課題ログ）を作成し各担当者が記入しますが、それらをサーバーに登録し、まとめてリーダーが管理します。管理票に求められる記載事項としては、次の事項があります。

問題管理表の記載項目

事項	内容
問題発生日	問題が実際に起こった日、および認識した日
事象	現象等
原因	真の原因
影響度	開発に与える影響度と範囲
緊急度	進捗への影響度
対処策	一時策や恒久策
一時策対処日	
解決日	恒久策適用日
確認方法	
対応担当者	
支援者	氏名、役割と関与期間

10-12　PMBOK ガイドと IT 系プロジェクト運用例　④監視・コントロール

　リーダーは、この管理票の分析を行い、リスク対策を考えます。例えば未解決問題が長引いて緊急度が高まった場合には、専門家の支援を早く依頼したり、作業順序を変更したりするために、変更管理委員会に提案します。提案を受けた変更管理委員会は速やかに結論を出し、適切な指示を行います。

▶▶ コミュニケーション・マネジメント

　コミュニケーション・マネジメントは、情報のマネジメントと、人とのコミュニケーションが含まれますが、ここでは情報のマネジメントについて解説します。ちなみに、チームのマネジメントのためのコミュニケーションは、「9-9 PMBOK ガイドと IT 系プロジェクト運用例 ③実行」で解説したように、個々人との一対一の面談の効果が、かなり期待できます。

　コミュニケーション・マネジメントには会議が含まれますから、そのコーディネータを決めます。会議の招集、議事録作成、資料配布などを担当します。このプロジェクトでは、プロジェクト報告書作成も兼任します。この配置には、情報の一貫性という利点がありますが、一方、偏りというリスクがありますから、リーダーやプロジェクト・マネジャーは、常に読者の観点でレビューして、情報伝達の正確性を保つように指導します。

　情報の伝達は、プッシュ型コミュニケーションになりやすいので、できるだけ顔をあわせて伝えたいものです。プロジェクト内の電子メールについては、簡潔な文章を心がけるように指導します。例えば、一回のメールは画面スクロールなしで読める長さにしたり、やたら必要のない Cc* や Bcc* を付けない、という行動規範を決めたりします。メールの宛先(To)には、対応を求める目的があります。一方 Cc は、コピーを送るから知っておいてほしい、程度の意味なので、Cc の人から返事を期待してもいけません。Bcc は、それを使用しているかどうか明示されないので、他人には宛先がわからないという利点があります。しかし何らかの事情で Bcc を使用していることがわかってしまうと、それを多用する人には、不信感を抱かされます。誰に Bcc しているのかわかりませんから、送られた To や Cc の方は不安になるのです。プロジェクト内ではチームワークを育むためにも、機密事項以外は透明性を保ちたいので、Bcc の使用はなるべく避けます。

　このプロジェクトはコロケーション* で進めますから、顔をあわせて行う効果的な

＊ **Cc**　カーボン・コピー。
＊ **Bcc**　ブラインド・カーボン・コピー。
＊ **コロケーション**　「9-3 プロジェクト・チーム編成」で解説。

コミュニケーションが期待できます。コミュニケーションは、プロジェクト成功と失敗の主要因であることを思い出してください。情報に偏りや不透明性があると、対立の元になります。

▶▶ リスク・マネジメント

　このプロジェクトの最大のリスクは、フェーズを重複型で進めるというスケジュールに関するリスクと、顧客の社内クラウドを構築するという初めての試みにおける技術的リスクです。

　スケジュール・リスクに対しては、十分にバッファを付加しました。技術的リスクに対しては、スキル向上が求められますので、プロジェクトの前半に勉強会を実施することになりました。そこで要件定義フェーズのなかで1日間の外部講師による講座を実施するようにスケジュールし直しましたが、バッファ分を使ったので、ベースラインには影響しません。コストもコンティンジェンシー予備費から支出します。

　他に特定したリスクのなかには、次の事象がありました。

・終結レビューの時に担当役員が不在で、判断が遅れる
・電力事情から計画停電が実施され、作業が停止、遅延する
・外注したプログラマーのスキルが低くて品質が下がる
・システムを活用する営業員の遠隔通信機器のスペックがバラバラ
・顧客から変更要求が頻発する

　これらには、なぜなぜ分析を活用し、それぞれ真の原因を特定し、対策を講じ、必要に応じてスケジュールに組み込みました。いずれもベースラインへの大きな影響はなく、進捗会議のなかで確認していくことにしました。議題には必ずリスク・マネジメントを含み、新たなリスクに関しても全員で特定し、分析し、対応するように時間配分しました。

▶▶ 調達マネジメント

　このプロジェクトの調達マネジメントのキーポイントは、外注プログラマーの管理です。業務委託契約で、作業場所をプロジェクト・ルームにしたので、安全など

10-12 PMBOK ガイドと IT 系プロジェクト運用例 ④監視・コントロール

についても管理責任があります。

　委託先管理者との協議で、作業報告書はプロジェクト側で決めた形式で記述し毎週月曜日の朝に電子メールの添付書類として提出してもらいます。その報告書を受けとったチーム・リーダーは、内容をレビューし、必要事項を要求事項トレーサビリティ・マトリックスへ転記します。また、アーンド・バリュー法のスプレッド・シートへも転記し、社員からの情報を含めすべてのデータを計算します。

　通常のコミュニケーション・マネジメントと大きな違いはありません。注意する点は、自社社員ではないので、契約書に従って管理が行われることです。契約書に定義された業務以外の業務は指示できません。いわゆる業務スコープが明確になっていることが特徴です。これをいい加減にすると、スタッフの不安要因になることがあります。受託した会社は弱い立場にあるので、少々のことは我慢してしまいます。結果としてスタッフのモラールが下がることにもなりかねません。従って普段のコミュニケーションや付き合い方は、社員と同様にすることが重要です。ただ、本人に関して何らかの問題が発生した場合、速やかに受託側の管理者と相談します。

COLUMN　マネジメント能力の強化

そもそも「マネジメント」には、日本語の「管理」という意味以上に「経営」という意味があります。プロジェクトを「決められた期間と限られた予算の中で成果を出す活動」という意味でとらえると、プロジェクトマネジメントは「プロジェクトを経営すること」といえます。ということは、マネジメント能力を「経営能力」と言い換えても過言ではありません。

その経営に求められる能力とは何かというと、プロジェクトに関しては第3章で解説した「コンピテンシー」です。プロジェクトマネジメントに関する知識を持ち、その知識を活用して目標を達成する実践力と、チーム力を発揮するためのリーダーシップなどが、それにあたります。実践力には管理能力が含まれますので、「管理」と「リーダーシップ」の両方の能力が必要です。

「管理」の主たる業務は、観察と調整ですが、「リーダーシップ」に期待することは、牽引と推進です。これらの能力は一朝一夕に獲得できるものではなく、普段のマネジメント活動で培われていくものです。「観察」とは、「プロジェクトの状況を常に注意深く見る」ことです。作業を見る、人を見る、ということによってプロジェクトの潜在的な問題点を見出し、必要な対策を講じます。観察能力を高めるためには、まず俯瞰する力を付ける必要があります。たとえば、森を見るように大きく全体を見て、次に詳細化して木を見るように考えます。もし、一本の木に問題が発生しても、それは森全体のどの部分にあたるのかを把握しておけば、問題の大きさの程度に悩むことはありません。

「牽引」とは、引っ張ることですから、チームの進む方向を明示して率先垂範します。いわゆるビジョンを示して「ついてこい！」とか「一緒にがんばろうぜ！」というようにチームの後押しをすることも必要でしょう。ただしリーダーシップ・スタイルは、リーダーの人格にも左右されますし状況によって使い分けが必要にもなります。簡単にまねはできませんが、先人達の優れたリーダーシップに関する書籍や文献から学び、少しずつ身につけ実践していくようにしましょう。

このような能力は、若い頃からの積み重ねで培われてきますので、自ら意識を持って努力すると同時に、先輩や上司は育成プログラムを策定し、両者合意のもとで目標を設定します。これこそ「プロジェクト・マネジャー育成プロジェクト」となります。

第11章

5つのプロセス群
……終結

　プロジェクトやフェーズの終結プロセスは、すべてのプロセス作業を終了させ、立上げの時点で示したプロジェクトの目的・目標が達成されたことを確認するという重要な役割があります。そしてプロジェクトの2つの重要なアウトプット、すなわち成果物のステークホルダーへの納品とプロジェクトの教訓の文書化作業を実施します。

11-1 プロジェクトやフェーズの終結

プロジェクトやフェーズを公式に終了するために、すべてのプロジェクトマネジメント・プロセス群内のすべてのアクティビティを完結します。

このプロセスでは、すべてのプロジェクト作業が完了し目標を達成したことを確認します。フェーズの場合は、前フェーズから引き継いだすべての先行情報をレビューします。最終的な成果物の引き渡しの場合には、スコープ妥当性確認で受け入れた成果物をレビューし、プロダクト、サービス、所産を次のフェーズ、または生産部門や運用部門へ引き渡すために必要な処置および活動を実施します。もしプロジェクトの中止による終結の場合には、そのためにとった処置の理由を調査して文書化します。終結活動は、チームの解散、顧客満足度調査、文書類や機器類の整理、最終的な報告など、事務終了手順を参照して効率的に進める必要があります。

▶▶ インプット

インプット情報には、次の事項があります。

プロジェクトマネジメント計画書

すべての情報を確認します。

受入れ済み成果物

品質の検査に合格し、スコープ妥当性確認プロセスで受入れられた成果物です。

組織のプロセス資産

過去の情報と教訓データベースから、終結に関するさまざまな情報と、プロジェクトやフェーズの終結のガイドラインあるいは要求事項を確認します。その内容には、次の事項があります。

①プロジェクトの記録と文書

②プロジェクト終結に関するすべての情報と文書

③先行するプロジェクト選定結果や、プロジェクト・パフォーマンスに関する情報

④リスク・マネジメント活動からの情報

⑤プロジェクト監査：第三者によるレビューに関する情報

⑥プロジェクト評価：顧客満足度調査など、ステークホルダーによる評価に関する情報

移管基準（引き渡しにおける評価基準に関する情報）

ツールと技法

ツールと技法には、次の事項があります。

専門家の判断

事務終了アクティビティの実行時に適用します。専門家や経験者からの支援活動は、適切なプロジェクトやフェーズの終結を可能にします。

分析技法

顧客満足度調査結果の分析や、各種データの分析のために、回帰分析や傾向分析が使用されることがあります。

会議

さまざまな会議が開催されます。

アウトプット

アウトプットには、次の事項があります。

最終プロダクト、サービス、所産の移管

最終のプロダクト、サービス、所産をステークホルダーへ引き渡します。

組織のプロセス資産更新版

この時点で更新される内容には、次の事項があります。

①プロジェクト・ファイル：プロジェクト活動の結果として生じたすべての文書です。

②プロジェクトやフェーズの終了文書：プロジェクトやフェーズが完成したことを示す公式の文書、および成果物を定常業務グループや次のフェーズなどに移管したことを示す公式の文書などです。プロジェクトが中止された場合には、公式の文書でその理由を示し、完成した成果物と未完成の成果物を他者へ引き渡す手順を明示しておく必要があります。

③過去の情報：将来のプロジェクトやフェーズで活用するために、課題やリスクに関する情報や技法などを教訓の知識ベースへ登録します。

11-1 プロジェクトやフェーズの終結

プロジェクト完了報告書

プロジェクト完了報告書には、下図のような要素を記述します。マネジメント・サマリーには、プロジェクト状況を1ページで表現するように記述し、他のページの項目で詳細な情報分析を行います。

①マネジメント・サマリー

②差異分析／評価の実施：進捗目標、要員、コスト目標、協力会社、生産性目標、変更管理、品質目標、最終目標。

COLUMN　保管すべき資料の例

プロジェクトで作られた、あるいは使われた資料はすべて保管されるべきですが、次にその主なものを紹介します。

保管すべき資料の例

書類分類	内容
成果物関係一式	設計書、構成図、試験報告書、など
統合マネジメント関係	プロジェクト憲章、プロジェクトマネジメント計画書（補助計画書とベースラインを含む）、変更管理ログ、問題管理票
スコープ関係	制約条件リスト、前提条件リスト、要求事項トレーサビリティマトリックス
スケジュール関係	作業一覧、マイルストーンリスト、スケジュール表（実績）、資源カレンダー
コスト関係	コスト見積り、資金要求事項、コスト予測
品質関係	品質尺度、品質チェックリスト
人的資源関係	プロジェクト組織図、役割分担表、評価表
コミュニケーション関係	プロジェクト報告書、作業報告書、プロジェクト完了報告書、教訓
リスク関係	リスク管理票
調達関係	契約書、調達文書、選定基準、納入者リスト
ステークホルダー関係	ステークホルダー管理票、ステークホルダー対応戦略、ステークホルダー要求事項

11-2 調達終結

プロジェクトにおける個々の調達を終結します。調達に関わるすべての作業と成果物が受入れ可能であることを検証し、プロジェクトやフェーズの終結をサポートします。

▶▶ 調達終結

　このプロセスは、納入者からの納品を受けて開始され、納入者側の「スコープ妥当性確認」と「プロジェクトやフェーズの終結」プロセスとを同期させます。したがって、いわゆる検収が実施され合格すれば終結が行われます。しかしながら不合格の場合は、納入者へ公式に通知され「調達コントロール」プロセスへ戻ります。

　「調達」は「契約」ですから、未解決のクレームを最終処理し、最終結果を反映させるために記録を更新し、将来の利用に備えて情報を保管するなどの管理的な作業を行います。調達終結についての具体的な手順は、契約書に規定しておくことが大切です。特に契約の中途解約は特殊なケースであり、当事者双方の合意や一方の当事者の責務不履行によって起こったり、契約事項に沿って購入者側の都合で起こったりするので、解約条項で明確にします。

▶▶ インプット、ツールと技法

　この作業に利用されるインプット情報には、次の事項があります。

プロジェクト文書

　終結時にはすべての文書を収集し、索引を付けて保管しなければなりません。

プロジェクトマネジメント計画書（調達マネジメント計画書の内容を確認）

　ツールと技法には、次の事項があります。

調達監査

　調達マネジメント計画から調達コントロールまでの調達プロセスの活動を体系的にレビューし、当プロジェクトや母体組織の他のプロジェクトにおいて契約の作成や管理に反映することができるように、成功と失敗を特定します。

交渉による和解

すべての調達関係において、係争中のすべての課題、クレーム、紛争などを交渉によって、公正に最終的な和解に導くことが重要です。直接交渉による和解が不可能な場合は、仲裁や調停など何らかの紛争解決（ADR）を模索し、裁判所への提訴は最後の手段と考えます。

記録マネジメント・システム

法的要件により、すべての記録が適切に保管される必要があります。

▶▶ アウトプット

アウトプットには、次の事項があります。

完了済み調達

権限を持つ調達管理者から納入者に対し、契約が完了したことを公式の書面で通知します。公式に調達を終結するための要求事項は、事前に、契約書の条項として調達マネジメント計画書に記載しておきます。

組織のプロセス資産更新版

この時点で更新される情報には、次の情報があります。

①調達ファイル：完了済み契約を含め、索引を附した契約文書一式を作成し、最終プロジェクト・ファイルとします。

②成果物受入れ：権限を持つ調達管理者から納入者に対して、成果物を受け入れるかどうかを公式な書面で通知します。この活動に関する要求事項は、事前に、契約書に記載されていなければなりません。

③教訓の文書化：教訓や経験したこと、プロセスの改善提案などを作成し、プロジェクト・ファイルに収めます。

調達終結と調達コントロールとの関係

11-3 ドキュメント作成

「プロジェクトマネジメントは文書屋だ」ともいわれるくらい多くのドキュメントを作成しますし、終結ではプロジェクト・マネジャーも「事務管理官」といわれます。ここでは最終的な報告書の作成について解説します。

▶▶ アクティビティ定義

最終的な報告書を書くタイミングは重要です。顧客への報告書でしたら、納品する成果物のひとつとしてスケジュールのマイルストーンが決められますから、それに従います。それ以外に社内向けの報告書の場合は、終結プロセスのなかに組み込みます。プロジェクト全体でいえば、納品したら終わりではなく、最後の報告書を提出して完了する、というスケジュールを作成しなければなりません。例としてIT系プロジェクトでアクティビティ定義をします。

納品
　成果物の引き渡しです。契約に定められた納品すべき文書類も同時に引き渡します。

本番立会
　契約事項やプロダクトの特性にあわせて期間を定めます。

チーム解散
　他の作業のための最小人数を残して大多数を離任させます。

プロジェクト機材やソフトウエアの処分
　プロジェクトのために購入したPCなどを組織のルールに従って処分します。

プロジェクト・ルーム明け渡し
　事務処理用の最低限のスペースだけを確保して大部分を明け渡します。

顧客満足度調査
　プロジェクト評価のために関係者にアンケートを実施し、報告書にまとめます。

反省会
　チームやステークホルダーを集めて内部的な評価をします。その後にパーティを開催することもあります。

文書類整理
すべての書類を組織のプロセス資産として登録します。
最終報告書作成
完了報告書としてすべての内容を反映させて作成します。
報告書配布
ステークホルダーへ配布します。
ユーザーの検収作業（運用テストや確認テスト）

▶▶ スケジュール作成

　他のアクティビティとして、メンバーの評価やステークホルダーへのあいさつ回りなど、ステークホルダー・マネジメントとしてのアクティビティもありますが割愛しました。このアクティビティの順序設定、アクティビティ資源見積り、アクティビティ所要期間見積りを行い、スケジュールを作成します。実際には並行作業がありますが、結構な時間がかかります。結局、最終報告書はプロジェクト活動のひとつとして、プロジェクト・スケジュールに反映させるのです。繰り返しますが、成果物を納品することは、プロジェクトの大きなマイルストーンですが、けっして最後の活動ではないということを理解してください。普通は、このあと別途に保守契約による作業が続きます。

終結スケジュールの例

アクティビティ	第1週	第2週	第3週
納品	♥		
ユーザー検収作業	←→		
本番立会		←→	
チーム解散			▼
機材処分			←→
部屋明け渡し			←→
顧客満足度調査		←→	
反省会			▼
文書類整理		←→	
最終報告書作成		←→	
報告書配布			←→
メンバー評価		←→	
挨拶回り			←→

11-4
PMBOKガイドとIT系プロジェクト運用例 ⑤終結

システムが完成し、いよいよ本番稼動です。発注側の検収が無事終わっても、しばらくはプロジェクト・メンバーによる技術的サポート業務が続きます。最後に完了報告書を提出して検収を受けるまでは気が抜けません。

▶▶ 引き渡し

　引き渡しフェーズは、試験フェーズの終結後の5月1日開始となりました。いわゆる本番開始で、顧客主催によるテープカット・セレモニーに参加します。このセレモニーには、技術的な作業のために手が離せないメンバーを除いて、プロジェクト・メンバー全員を参加させます。晴れやかなセレモニーに参加することによって達成感が充足され、今後のプロジェクトへの参加意欲が湧きます。

　顧客との契約条件で、技術的サポートのために最初は開発者全員を要所に配置しますが、すべての問題が解決され1週間の安定稼働を条件に、その翌週から正常稼働時サポート体制とします。品質管理部門による安定稼働の判定を受けて顧客に報告し、承認を得ます。これで納品と受入れが完了するので、このフェーズの終結として、プロジェクト・マネジャーは担当役員へ報告し、営業部へ連絡し、請求書を発行する手続きを開始します。

終結フェーズ・フロー

本番 → 立会 → 評価 → 報告 → 終結

▶▶ 顧客満足度調査

　その間、品質の観点から稼働状況を細かく分析し、安定稼働と評価された時点で顧客満足度調査を実施します。顧客の上層部からオペレータまで幅広い人々の声を

11-4 PMBOK ガイドと IT 系プロジェクト運用例 ⑤終結

収集し、分析し、結果はステークホルダーへ配布され、将来のプロジェクトの教訓とします。

例として、調査内容には、次の事項があります。各事項は得点モデル法で記入してもらいます。

顧客満足度調査の項目

	5：非常に満足	4：満足	3：どちらでもない	2：不満足	1：非常に不満足	0：該当せず
①総合満足度						
②要求事項達成の満足度						
③工期の満足度						
④契約金額の満足度						
⑤進め方の満足度						
⑥コミュニケーションに関する満足度						
⑦システムの使いやすさの満足度						
⑧システムの効率の満足度						
⑨レスポンス・タイムに関する満足度						
⑩画面デザインの満足度						
⑪サポート技術員に対する満足度						
⑫営業部員の満足度						
⑬システム・エンジニアに対する満足度						

これらを詳細に分析します。総合満足度が最も重要ですが、他の項目が総合満足度に影響しますので、どの項目が最も影響を及ぼしているのかを分析します。そのためには、回帰分析手法が便利ですが、不慣れな場合には品質管理部門に依頼するといいです。

▶▶ 引き渡しの確認

このプロジェクトの引き渡し基準は、1 週間の安定稼働でした。それを顧客と一緒に確認するのですが、もともと検収条件をスコープ記述書へ記載しました。とこ

ろが「安定」の定義が不明確でした。そこで「安定」についてあらためて洗練し、詳細化することにしました。

　品質管理ではバグ曲線を利用しますが、このプロジェクトでは平坦になった期間を安定1週間、としたことになります。ところが、影響の大きな問題が発生したとします。問題はすぐに解決されましたが、これをどう評価するか、という課題が発生しました。問題管理プロセスのなかで影響度を1：高、2：中、3：低と定義したので、結果としては、影響度1，2に相当する問題が発生しないことを条件に加えました。3の影響度は、業務には影響を与えないが解決したい問題、ですから対象外としました。

　この基準で判定しましたが、引き渡しフェーズの終結レビュー時に、担当役員から問題が提起されました。過去の障害の傾向分析から、次に問題が発生する予測ができないか、ということです。急ぎ品質管理部門が検討を開始し、MTBF（平均故障期間）の試算に挑戦しました。ところが、サンプル数が少ないため誤差の多い結果となったので、参考資料として引き続き検討することになりました。ただし、受注側としては継続困難な活動なので、顧客へ申し渡しを行うこととしました。

▶▶ チーム解散

　技術的な仕事はすべて完了したので、後始末に関わる数人を残してチームを解散します。この場合の基準は、離任基準として要員マネジメント計画書に記載したので確認します。プロジェクト・マネジャーとしては、一人ひとりに挨拶し、感想を聞きたいところです。日本式では解散パーティ、いわゆる打ち上げを実施し、お互いに苦労をねぎらいます。

　このパーティの目的は、単にメンバーをねぎらうだけではなく、タックマン・モデルに従って解散します。つまりチーム形成活動を通じてチームワークを育むようにリーダーシップを発揮してきたことに対しての評価を得たいのです。理想として「このプロジェクトに参加して非常によかった。次の機会にもぜひこのメンバーと一緒に仕事をしたい」という言葉が欲しいのです。

　チームの評価は、このように仕事が終わって初めて評価できるものです。成果物が完成したから成功、という評価だけでなく、参加したメンバーの成長に役立てたかどうかも重要な評価項目です。納期通り予算以内にいいモノができたとしても、

11-4　PMBOK ガイドと IT 系プロジェクト運用例　⑤終結

メンバーが病院送りになるプロジェクトは成功とはいえません。

　例えばアポロ計画は、J.F. ケネディ大統領が宣言した「1960 年末までに月に人間を送る」という目標は、隊員たちが無事に帰還できて初めて成功といえたのです。身近なところでは、2010 年の FIFA ワールドカップに参戦して帰国した日本チームが、成田空港で非常に楽しい記者会見をしていました。その中で筆者が興味を持った会見は、長谷部主将の言葉でした。「ぼくはこのチームとサッカーができて幸せでした。また機会があったらこのチームで戦いたい」チームを率いた監督にとっては、最高の賛辞だったことでしょう。

▶▶ 事務終了

　数人を残してチームを解散した後は、事務終了手続きが待っています。解散パーティの余韻があるかもしれませんが、プロジェクトはまだ完全には終了していません。次の作業が待っています。

プロジェクト用に入手した機材の処分
すべての書類の整理
報告書作成と配布
プロジェクト・ルームの明け渡し

　処分すべき機材には、PC などのハードウエアやソフトウエアが含まれます。これらには資産価値が残る場合があるので、母体組織と相談して処分を決めます。残った金額によっては、最終的に実コストにマイナス計上します。処分に費用がかかる場合もあるので注意します。

　整理すべき書類の中には、契約関係があります。これは法律によって保管期間が決められていますから、しかるべき部署に保管を依頼します。その他の資料は索引を付けて検索しやすく整理し、保管庫や知識ベースへ保存します。

　最後に、プロジェクト・ルームを片づけて掃除し、明け渡します。

　報告書は、次ページで解説します。

▶▶ 報告書作成と教訓

　報告書には、さまざまな統計データと分析データがあります。次ページの表「整理すべき統計情報の例」に示したように、実績情報として、工数、工期、費用、規

模などを記述しますが、大切な要素として、変更要求状況があります。これは、どの程度正確に要求事項を把握できたのか、という評価ですから、よい教訓となります。その他にも品質、顧客満足度の調査結果、協力会社の評価など、重要な情報を記述します。

整理すべき統計情報の例

項目	統計情報
①工数	計画上の人月に対する実際に要した人月
②工期	日程計画に対する実績
③費用	予算に対する実際に要した費用
④規模	プログラム・ステップ数、面数、帳票数などの計画と実績
⑤変更要求状況	要求数、変更数、要求事項数に対する割合%
⑥品質	信頼性、効率性、使用性などの計画と実績
⑦顧客満足度調査結果	残された課題と将来へ向けての提言
⑧協力会社	品質、効率、技術力、コスト

さらに「差異分析と評価」にあるように、プロジェクト監査に対して準備しなければならない情報もあります。実績と計画との差異の分析結果、その原因、プロジェクトマネジメント活動の評価、それから得られた教訓など、真摯に検討した結果を記述します。

差異分析と評価
　①計画と実績の差異
　②差異の真の原因
　③管理技術の評価
　④教訓
　⑤成果物関連の教訓
　⑥マネジメント関連の教訓

これらの情報に加えて、プロジェクト・マネジャーとしての全体的な感想を意見書としてまとめます。この報告書を主要なステークホルダーへ提出し、了承を得ます。これで終結となります。顧客への挨拶も忘れないようにします。

▶▶ 参考文献一覧

- PMP パーフェクトマスター──PMBOK 第 4 版対応（鈴木 安而・伊熊 昭等・海部 雅之 / 評言社）
- プロジェクトマネジメント知識体系ガイド(PMBOK ガイド)第 4 版(Project Management Institute, Inc./Project Management Institute, Inc.)
- ポートフォリオマネジメント標準 第 2 版（Project Management Institute, Inc./PMI 日本支部）
- プログラムマネジメント標準 第 2 版（Project Management Institute, Inc./PMI 日本支部）
- ワーク・ブレークダウン・ストラクチャー実務標準 第 2 版（Project Management Institute, Inc./ 新技術開発センター）
- ビジネスアナリシス知識体系ガイド(BABOK ガイド) Version 2.0（IIBAR 日本支部）
- ITILRV3 ファンデーション（Van Haren Publishing）
- ザ・ゴール（エリヤフ・ゴールドラット / ダイヤモンド社）
- クリティカルチェーン（エリヤフ・ゴールドラット / ダイヤモンド社）
- ザ・チョイス（エリヤフ・ゴールドラット / ダイヤモンド社）
- デスマーチ 第 2 版（エドワード・ヨードン / 日経 BP 社）
- 三方良しの公共事業改革（岸良裕司 / 中経出版）
- 企業 IT 動向調査報告書 2012　ユーザー企業の IT 投資・活用の最新動向（2011 年度調査）（一般社団法人日本情報システム・ユーザー協会（JUAS））

（順不同）

▶▶ 著者紹介

鈴木　安而 （すずき　やすじ）

日本アイビーエム、アドビシステムズを経て PM アソシエイツ株式会社（PMI 認定公認教育機関 R.E.P. 認定番号 2720）を設立、プロジェクトマネジメントおよびビジネス・プロセス・アウトソーシングのコンサルテーションと人材育成サービスを手がける。PMP、PMI 会員、IIBA 会員。公式ガイド『PMBOK ガイド第 5 版日本語版』の翻訳チームリーダー。

著書に『図解入門 よくわかる最新 PMBOK の基本と要点』『図解入門よくわかる最新プロジェクトマネジメントの基本と要点』（秀和システム）、『PMP パーフェクトマスター』（共著、評言社）、雑誌媒体への寄稿として『日経システムズ』などがある。

▼ PM アソシエイツ株式会社ホームページ

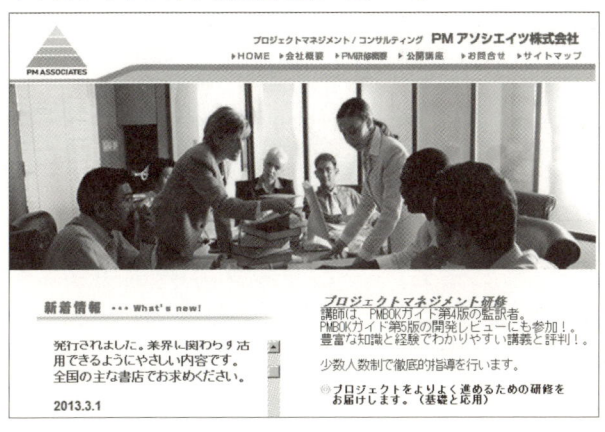

URL：http://www.pmakk.jp/

索 引
INDEX

英数字

5つのプロセス ・・・・・・・・・・・・・・・・・・・ 13,26
BABOKガイド ・・・・・・・・・・・・・・・・・・・・・・ 21
CAPM ・・・・・・・・・・・・・・・・・・・・・・・・・・・・ 13
EVM ・・・・・・・・・・・・・・・・・・・・ 123,237,238
ISO21500 ・・・・・・・・・・・・・・・・・・・ 15,48,77
ISO9000 ・・・・・・・・・・・・・・・・・・・・・・・・・・ 77
ITIL ・・・・・・・・・・・・・・・・・・・・・・・・・・・ 20,22
OPM3（組織的プロジェクトマネジメント成熟度モデル）・・・・・・・・・・・・・・・・・・・・・・・・・・ 18
PERT分析 ・・・・・・・・・・・・・・・・・・・・・・・・ 134
PMBOK ・・・・・・・・・・・・・・・・・・・・・・・・ 10,14
PMCDF（プロジェクト・マネジャー・コンピテンシー開発体系）・・・・・・・・・・・・・・・・・・・・ 19
PMI ・・・・・・・・・・・・・・・・・・・・・・・・ 11,14,20
PMO ・・・・・・・・・・・・・・・・・・・・・・・・・・・ 60,
PMP資格試験 ・・・・・・・・・・・・・・・・・・・・・・ 11
QC7つ道具 ・・・・・・・・・・・・・・・・・・・・ 78,241
RBS ・・・・・・・・・・・・・・・・・・・・ 121,154,161
WBS作成 ・・・・・・・・・・・・・・・・・・・・・ 34,119
WBS辞書 ・・・・・・・・・・・・・・・・・・・・・ 69,121
WBS(Work Breakdown Structure)
 ・・・・・・・・・・・・・・・・・ 21,69,112,119,184
What-If分析 ・・・・・・・・・・・・・・・・・・・・・・ 137

あ行

アクティビティ・リスト ・・・・・・・・・・・・・・ 125
アクティビティ資源見積り ・・・・・・・・・・・・ 130
アクティビティ順序設定 ・・・・・・・・・・・・・・ 128
アクティビティ所要期間見積り ・・・・・・・・・ 132
アクティビティ属性 ・・・・・・・・・・・・・・・・・ 127
アクティビティ定義 ・・・・・・・・・・・・・・・・・ 125
アーンド・バリュー ・・・・・・・・ 74,237,255

か行

監視・コントロール ・・・・・・・・ 12,36,90,222
企画（顧客要求）フェーズ ・・・・・・・・・・・・・ 39
機能型 ・・・・・・・・・・・・・・・・・・・・・・・・・・・ 58
クリティカル・チェーン法 ・・・・ 123,137,230
クリティカル・パス法 ・・・・・・・ 123,128,234
係数見積り ・・・・・・・・・・・・・・・・・・・・・・・ 133
顧客満足度 ・・・・・・・・・・・・・・・・ 182,267,269
コスト・コントロール ・・・・・・・・・・・・ 75,237
コスト・パフォーマンス・ベースライン ・・ 147
コスト・マネジメント ・・・・・・・・・・・・ 67,140
コスト・マネジメント計画 ・・・・・・・・・ 75,140
コスト見積り ・・・・・・・・・・・・・・・・・・・ 53,142
コミュニケーション・マネジメント
 ・・・・・・・・・・・・・・・・・・・・・ 48,81,156,206
コミュニケーション・モデル ・・・・・・・・・・ 156
コロケーション ・・・・・・・・・・・・・・・・ 197,200
コンティンジェンシー ・・・・・・・・・・・ 101,143
コンピテンシー ・・・・・・・・・・ 16,20,44,260
コンフリクト・マネジメント ・・・・・・・ 42,203

さ行

サービス・・・・・・・・・・・・・・・・・・・・・・ 15,22,24
三点見積り・・・・・・・・・・・・・・・・・・・・・・・・・133
資源カレンダー・・・・・・・・・・・・・・・・・・・・・130
資源ブレークダウン・ストラクチャー
・・・・・・・・・・・・・・・・・・・・・・・・・・・・・131,185
実行プロセス・・・・・・・・・・・・・・ 12,79,93,189
実装フェーズ・・・・・・・・・・・・・・・・ 39,181,216
社内プロジェクト選定例・・・・・・・・・・・・・・・105
終結プロセス・・・・・・・・・・・・12,111,261,267
重複フェーズ・・・・・・・・・・・・・・・・・・・・・・・・ 37
所産・・・・・・・・・・・・・・・・・・・・・・・・・ 11,24,85
情報配布・・・・・・・・・・・・・・・・・・・・・・・158,208
人的資源計画書・・・・・・・・・・・・・・・・・・・・・155
人的資源計画書作成・・・・・・・・・・・・・・・・・・153
人的資源マネジメント・・・・・・・ 67,79,93,153
スケジューリング・ツール・・・・・・・・・122,235
スケジュール・コントロール・・・・・・・・ 72,234
スケジュール作成・・・・・・・・ 72,136,148,268
スケジュール・データ・・・・・・・・・・・・・131,236
スケジュール・ネットワーク分析・・・・・・・・137
スケジュール・ベースライン・・・・・・・・ 73,185
スケジュール・マネジメント計画・・・・ 72,122
スケジュールモデル・・・・・・・・・・・・・・・・・・ 71
スコープ
・・・・・・ 14,26,33,69,90,111,116,228,231
スコープ・コントロール・・・・・・・・ 34,111,231
スコープ・ベースライン
・・・・・・・・・・・・・・・ 35,69,121,183,232,255
スコープ・マネジメント・・ 21,33,69,93,111
スコープ・マネジメント計画・・・ 70,111,183
スコープ妥当性確認・・・・・・・・・・・・・・・・・・・118
スコープ定義・・・・・・・・・・・・・・・・・・・・ 70,116
ステークホルダー
・・・・・・・・ 26,47,64,87,98,178,212,252
ステークホルダー・マネジメント戦略・・・・・ 99
ステークホルダー登録簿・・・・・・・・・・・・・・・・ 99
ステークホルダー特定・・・・・・・・・・88,98,178
ステークホルダーに関する情報・・・・・・・・・・ 99
ステークホルダーの分析マトリックス・・・・・ 99
成果物指向プロセス・・・・・・・・・・・・・・・ 23,184
制約条件・・・・・・・・・・・・・・・・・・・・・・・・・・・ 27
設計フェーズ・・・・・・・・・・・・・・・・・・・・ 39,215
組織・・・・・・・・・・・・・・・・・・・・・・・・16,30,52,54
組織体・・・・・・・・・・・・・・・・・・・・・・・・・ 51,206
組織のプロセス資産・・・・・・・・・・・・・・・ 62,195

た行

タイム・マネジメント・・・・・・・・・・・・・・・・67,71
タスク・・・・・・・・・・・・・・・・・・・・・・・・・・ 25,125
立上げプロセス・・・・・・・・・・・・・・ 13,100,108
タックマン・モデル・・・・・・・・・・・・・・・・・・・199
単一フェーズ・・・・・・・・・・・・・・・・・・・・ 36,37
段階的詳細化・・・・・・・・・・・・・・・・・・・・・ 26,28
調達管理・・・・・・・・・・・・・・・・・・・・・・・・・ 250
調達計画・・・・・・・・・・・・・・・・・・・・・・・・・・101
調達実行・・・・・・・・・・・・・・・・・・・・・・・ 86,209
調達終結・・・・・・・・・・・・・・・・・・・・・・・ 86,265
調達マネジメント・・・・・ 67,85,174,209,258
直列フェーズ・・・・・・・・・・・・・・・・・・・・・・・ 37
定常業務・・・・・・・・・・・・・・・・・・・・・16,53,58
定常業務マネジメント・・・・・・・・・・・・・・・・ 54

定性的リスク分析･･････････････84,165
定量的リスク分析･･････････････84,168
データフロー・ダイアグラム･･････････40
テーラリング････････････････････23,39
統合変更管理･･･････････････････67,225
導入フェーズ･･･････････････････････39
独自性･･･････････････････････24,29,54
トルネード図･･･････････････････････169

な行

なぜなぜ分析･････････････････････163

は行

バーチャル・チーム･･･････････････197
発注先選定基準･･････････････････176
パフォーマンス測定ベースライン･････74
パラメトリック見積り･････････････133
品質計画･･････････････････････99,193
品質コントロール･･････34,151,193,240
品質保証･･･････････････････････77,193
品質マネジメント･･･････67,77,150,193
フェーズ･････････････････････23,36,39
フォロワーシップ･･････････････････45
プレシデンス・ダイアグラム･･･123,128
プログラム・マネジャー････････････17
プログラムマネジメント･････････17,61
プログラムマネジメント標準････････17
プロジェクト･･････････････････9,24,26
プロジェクト・コスト・マネジメント
･･････････････････････････････67,74
プロジェクト・コミュニケーション・マネジメント

･･････････････････････････････67,81
プロジェクト・スケジュール
･････････････････････36,122,136,234
プロジェクト・スコープ・マネジメント
･･････････････････････････････67,69
プロジェクト・スコープ記述書･･････117
プロジェクト・タイム・マネジメント
･･････････････････････････････67,71
プロジェクト・チーム・マネジメント
･････････････････････････････80,202
プロジェクト・チーム育成･･････80,199
プロジェクト・チーム編成･･････80,196
プロジェクト・ポートフォリオ･･･16,20
プロジェクト・マネジャー･･･････11,41
プロジェクト型････････････････････58
プロジェクト憲章･･････････････27,68,97
プロジェクト作業の監視・コントロール
･････････････････････････････67,222
プロジェクト作業の指揮・マネジメント
･････････････････････････････67,190
プロジェクト人的資源マネジメント･･･67,79
プロジェクト体制･･････････････････58
プロジェクト統合マネジメント･･････66
プロジェクト品質マネジメント････67,77
プロジェクト発足要因･･････････････95
プロジェクトマネジメント･･････････9,30
プロジェクトマネジメント・オフィス･･47,60
プロジェクトマネジメント計画書････27,108
プロジェクトやフェーズの終結･･･35,262
プロセス･･････････････････････11,12
プロダクト･･･････････････････15,32

プロダクト・ライフサイクル 32
プロトタイプ 114
補助計画書 66,108
ポートフォリオ 16,20
ボトムアップ見積り 143

ま行

マイルストーン・リスト 126
マグレガーのXY理論 79,118
マトリックス型 58,219
見積りの根拠 131,144
メンタリング 19
モンテカルロ法 169

や行

有期性 24,54
要員マネジメント計画書 80,153
要求事項収集 21,113
要求事項トレーサビリティ・マトリックス
要求事項文書 35,115
要求事項マネジメント計画書 35,70
要件定義書 26,175
予算設定 75,145
予備設定分析 134,143,247

ら行

リスク・マネジメント 24,83,159
リスク対応計画 84,171,246
リスク登録簿 63,163,167
リスク特定 84,162,246
リスクの監視・コントロール 250

リーダーシップ 43,45
倫理規定 12,49
類推見積り 130
ローリング・ウェーブ計画法 29

図解入門よくわかる
最新PMBOK第5版の基本

| 発行日 | 2013年 9月15日 | 第1版第1刷 |
| 発行日 | 2014年 7月10日 | 第1版第2刷 |

著 者　鈴木　安而

発行者　斉藤　和邦

発行所　株式会社　秀和システム
　　　　〒107-0062　東京都港区南青山1-26-1 寿光ビル5F
　　　　Tel 03-3470-4947(販売)
　　　　Fax 03-3405-7538

印刷所　三松堂印刷株式会社　　　　Printed in Japan

ISBN978-4-7980-3924-4 C3034

定価はカバーに表示してあります。
乱丁本・落丁本はお取りかえいたします。
本書に関するご質問については、ご質問の内容と住所、氏名、電話番号を明記のうえ、当社編集部宛FAXまたは書面にてお送りください。お電話によるご質問は受け付けておりませんのであらかじめご了承ください。